新 视 界

始于未知　去往浩瀚

大儒兵法

《曾胡治兵语录》导读

刘 强 —— 著

上海远东出版社

图书在版编目（CIP）数据

大儒兵法:《曾胡治兵语录》导读／刘强著.
上海：上海远东出版社，2025. -- ISBN 978-7-5476
-2085-4

Ⅰ. E892.52

中国国家版本馆 CIP 数据核字第 2025XH8802 号

出品人 曹 建
责任编辑 李 敏　吴蔓菁
封面设计 许林云

大儒兵法:《曾胡治兵语录》导读

刘　强　著

出　　版 上海远东出版社
　　　　　（201101　上海市闵行区号景路 159 弄 C 座）
发　　行 上海人民出版社发行中心
印　　刷 上海锦佳印刷有限公司
开　　本 890×1240　　　1/32
印　　张 10.5
印　　数 1—3050
插　　页 1
字　　数 236,000
版　　次 2025 年 5 月第 1 版
印　　次 2025 年 5 月第 1 次印刷
ISBN　 978-7-5476-2085-4/E・21
定　　价 58.00 元

近代名人论曾、胡二公

胡林翼

　　曾公素有知人之鉴，所识拔多贤将。

薛福成

　　胡林翼以臬司统兵，隶曾国藩部下，即奏称其才胜己十倍。二人皆不次擢用，卓著忠勤。曾国藩经营军事，亦赖其助。

蔡　锷

　　曾、胡两公，中兴名臣中铮佼者也，其人其事距今仅半个世纪，遗型不远，口碑犹存。

赵尔巽

　　国藩事功本于学问，善以礼运。公诚之心，尤足格众。其治军行政，务求蹈实。凡规画天下事，久无不验，世皆称之，至谓汉之诸葛亮、唐之裴度、明之王守仁，殆无以过，何其盛欤！

毛泽东

予于近人，独服曾文正。观其收拾洪、杨一役，完美无缺，使以今日易其位，其能如彼之完满乎？

蒋介石

辛亥以前，曾阅《曾文正全集》一书，……民国二年失败以后，再将曾氏之书与胡、左诸集，悉心讨究，不禁而叹胡润之之才略识见，与左季高之志气节操。

蔡东藩

若曾、胡二公，文足安邦，武能御侮，清之不亡，赖有此耳。

目　录

挽弓当挽强，

用箭当用长。

射人先射马，

擒贼先擒王。

杀人亦有限，

列国自有疆。

苟能制侵陵，

岂在多杀伤。

——杜甫《前出塞九首·其六》

自序
"法自儒家有"

　　杜甫在《偶题》一诗中,谈及诗歌创作经验时说:"法自儒家有,心从弱岁疲。"说他从青少年时期就潜心于诗歌创作,其所取法的思想和方法多来自儒家。"文法"和"诗法"是如此,那么"兵法"呢?历史上的兵家在"诸子"中地位究竟如何?儒家与兵家到底是怎样一种关系?儒学与兵学又有着怎样的渊源?是否真的如有些学者所说的,历史上的儒家一向就有"辟兵的偏见"呢?

　　要想回答这些问题,就必须回到先秦的思想现场和古代学术的文献著录中去,正本清源,擘肌分理,庶几才能得出一个清晰而又可靠的认知。这里,我们不妨借用老杜的这句诗,谈谈本书所谓的"大儒兵法"。

兵家与诸子之关系

　　我们知道,春秋战国是诸子学勃兴的时代,百家争鸣,盛况空前，但从目录学的著录来看，"九流十家"之说却是西汉末刘歆提出来的。所谓"九流"，盖指儒、道、阴阳、法、名、墨、纵横、杂、农这九大思想流派，加上"小说家"，正好凑足"十家"。值得注意的是，在"九流十家"中，对后世影响深远的"兵家"却不曾"预流"。我想，这绝不是因为其不重要，而恰恰是因为其太重要，重要到可与"诸子"并列的地步。目录学的图书分类很好地回答了这一问题。据《汉书·艺文志》载，西汉刘歆总群书而奏《七略》，计有《辑略》《六艺略》《诸子略》《诗赋略》《兵书略》《术数略》《方技略》七种，"兵书"自成一类。又依步兵校尉任宏论次兵书之例，分为兵权谋、兵形势、兵阴阳、兵技巧四种（所谓权谋者，以正守国，以奇用兵，先计而后战，兼形势，包阴阳，用技巧者也。形势者，雷动风举，后发而先至，离合背乡，变化无常，以轻疾制敌者也。阴阳者，顺时而发，推刑德，随斗击，因五胜，假鬼神而为助者也。技巧者，习手足，便器械，积机关，以立攻守之胜者也），凡五十三家，七百九十篇，图四十三卷。可见兵书内容之丰富，地位之重要。南朝齐时人王俭撰《七志》，改六艺为经典，次诸子，次诗赋为文翰，次兵书为军书，次数术为阴阳，次方技为术艺。嗣后，梁阮孝绪撰《七录》，其中有《子兵录》十一部，即儒部、道部、阴阳部、法部、名部、墨部、纵横部、杂部、农部、小说部和兵部；盖合"诸子""兵书"二类为一录。阮孝绪《七录序》称："诸子之称，刘、王并同。又刘有《兵书略》，王以兵字浅薄，军言深广，故改兵为军。窃谓古有兵革、兵戎、治兵、用兵之言，斯则武事之总名也，所以还改军从兵。兵书既少，不足别录，今附于子末，总以子兵为称。"这说明，到了六朝，兵书存世者已不多，不足别为一录，只能合二为一；而事实上，子书与兵书确实有着某种相似性，不仅兵家之书可称一"子"，诸子之书中亦不乏"兵家者言"①。

在先秦典籍中，谈兵戎之要的格言甚多。如《孙子兵法·始计篇》开篇即说："兵者，国之大事。死生之地，存亡之道，不可不察也。"《左传》成公十三年："国之大事，在祀与戎。"《司马法·仁本》："故国虽大，好战必亡；天下虽安，忘战必危。"又《汉书·艺文志》："兵家者，盖出古司马之职，王官之武备也。《洪范》八政，八曰师。孔子曰为国者'足食足兵'，'以不教民战，是谓弃之'，明兵之重也。"由此可见，无论儒家还是兵家，都认为战争是和祭祀同等重要的"国之大事"。用今天的话说，兵家是春秋战国之际最具"跨界"性质和"实操"功能的一种学术思想流派，"兵家者言"遍布先秦诸子经典，几乎构成了那个"礼坏乐崩"时代的"底层逻辑"。

因为在"九流十家"中，名家、农家与兵家基本无涉②，阴阳家虽与兵家不无关系——如《汉书·艺文志》著录兵书就有"兵阴阳"之目——然可资论述的材料实在不多，而传统的兵家如孙子、孙膑、吴起或纵横家如鬼谷子等学界论述已多，所以，我们姑且以儒、墨、道、法、杂五家为例，略述先秦诸子兵法之渊源与流变如下。

---

① 如《汉书·艺文志》著录兵书之目，除《吴孙子兵法》等兵家之书外，还有诸子书中之兵家言，如《孙卿子》《孟子》《公孙鞅》《尉缭》《鹖冶子》《鲍子兵法》《杂家兵法》等，名目甚多。又，《太公》二百三七十篇归入道家类，但其中却有《谋》八十一篇、《兵》八十五篇，论其性质，显然属于兵家。

② 唯名家公孙龙曾与赵惠文王论偃兵，见《吕氏春秋·审应篇》；又尝游燕，说燕昭王偃兵，见《吕氏春秋·应言篇》。

儒家："军礼""慎战""足兵"与"义战"

儒家思想大抵以仁义为本，礼乐为用，故其对战争秉持一种相对理性的态度，一方面正视战争或曰"征伐"难以避免的事实，另一方面又试图将战争控制在合乎"礼乐"的范围内。故周礼有吉（祭祀）、嘉（冠婚）、宾（宾客）、军（军旅）、凶（丧葬）等"五礼"，并主张"以军礼同邦国"（《周礼·春官·大宗伯》）。又《礼记·郊特牲》引孔子说："我战则克，祭则受福。"谓知礼之人，战必能胜，祭必受福，盖得其道矣。同书《曲礼上》："班朝治军，莅官行法，非礼，威严不行。"同书《仲尼燕居》："田猎有礼，故戎事闲也；……军旅有礼，故武功成也。"我们通常所谓的"先礼后兵"，正当作如是观。

这里的"礼"，不仅有礼仪义，还有礼节义。所谓礼节，其实就是"以礼节之"，战争是杀伐暴力之事，极易失控，故必须用礼来节制和规范。《礼记·檀弓下》载大宰嚭曰："古之侵伐者，不斩祀，不杀厉，不获二毛。"说古代哪怕发动侵犯他国的战争，也要遵循"三不原则"，即不砍伐神社之树木，不杀戮染疫之病人，不擒获头发斑白的老人。《穀梁传》隐公五年说："伐不逾时，战不逐奔，诛不填服。"又《司马法·仁本》："古者逐奔不过百步，纵绥不过三舍，是以明其礼也。"《荀子·议兵》也说："不杀老弱，不猎禾稼，服者不禽，格者不舍，奔命者不获。"《礼记·檀弓下》还记了一个颇有争议的故事：

> 工尹商阳与陈弃疾追吴师，及之。陈弃疾谓工尹商阳
> 曰："王事也，子手弓而可。"手弓。"子射诸。"射之，毙一
> 人，韔弓。又及，谓之，又毙二人。每毙一人，掩其目。止
> 其御曰："朝不坐，燕不与，杀三人，亦足以反命矣。"孔子
> 曰："杀人之中，又有礼焉。"

工尹商阳和陈弃疾都是楚国官员，他们一起追赶吴国军队，追上后，驾车的陈弃疾对商阳说："这是王事啊，您可以拿起弓箭了。"商阳拿起来弓（有些犹豫不决）。陈弃疾说："您射他们啊！"商阳于是射了一箭，杀死一人，便把弓放进了弓袋。车子很快又赶上吴军，在陈弃疾的提醒下，商阳又射杀二人。每次射死一人，商阳就把眼睛遮住。后来他让陈弃疾停车罢追，说："在朝堂之上我没有座位，宴会之时我也没资格参与，为大王杀了三人，也足够交差了吧！"对此，孔子的评价是："即使在战场上杀人，也要有礼的节制啊。"

以往，学者们对商阳的行为并不认可，以为失之迂腐。其实，这正是儒家兵学思想的要义，它揭示了战争的礼乐规则和伦理属性。商阳的"韔弓"，正是墨家批评的儒家在战争中所主张的"揜函弗射"（《墨子·非儒下》）。也可以说，儒家"军礼"的核心正是"仁义"。这里隐含着对于战争责任的伦理拷问，战争的发生归根结底是源于君主之间的争夺，双方的士兵不过是"为王前驱"的棋子罢了，对这些"穷人家的孩子"，何必要赶尽杀绝呢？杜甫《前出塞九首·其六》诗云："挽弓当挽强，用箭当用长。射人先射马，擒贼先擒王。杀人亦有限，列国自有疆。苟能制侵陵，岂在多杀伤。"在这组边塞诗的第八首，还有"掳

其名王归，系颈授辕门"的诗句。杜甫的诗，深刻揭示了战争的"责任伦理"问题。今天在欧洲及中东所燃起的战火，不是正贯彻着"擒贼先擒王"（所谓"斩首行动"）的古代兵法策略吗？原来儒家虽然也有"录兵免戎"（《逸周书·文酌》）的主张，但并非一味"温柔敦厚"，畏葸懦弱，当面临你死我活的战争状态时，为了减少更大的伤亡，也不得不付之于"杀"，此即所谓"舍生取义，杀身成仁"。这也是为什么中国古代有那么多"儒将"的真实原因吧。

以西周的军礼为基础，后来形成了"动之以仁义，行之以礼让"的《司马兵法》（《汉书·艺文志》）。就此而言，"军礼"实是兵法的源头，换言之，儒学也是兵学的渊薮。班固编撰《汉书·艺文志》时，径直将《司马兵法》百五十五篇，归入六艺之"礼"部，题为《军礼司马法》，即可见"兵"与"礼"（亦可谓兵家与儒家）关系之一斑。《尚书》作为一部"上古帝王之书"，也有大量与军事有关的珍贵文献，主要见于《甘誓》《汤誓》《牧誓》《费誓》《秦誓》诸篇。所谓"誓"，正是军队出征前的"誓师"动员大会。余如《大诰》《多方》《立政》等篇中也有不少军事内容，体现了"敬天保民""吊民伐罪""除恶务本""偃武修文"的思想。正如论者所说："兵法植根于文明。礼的最尖锐部分是军礼，军礼的最尖锐部分是兵法。把兵法结合于礼，也就是把兵法归于政制，归于文明的构成，以及它的组织动员能力。"①

儒家的兵学思想，散见于《论语》《左传》《孟子》《荀子》等书，归纳起来，不外乎"慎战""足兵"与"义战"三端。

先说"慎战"。《论语·述而》载："子之所慎：齐（斋戒）、

---

① 张文江：《探索中华学术（修订本）》，上海文艺出版社，2024年，第175页。

战、疾。"祭祀、战争和疾病，是孔子最为慎重的三件事。"慎战"并不等于"反战"，而是强调战争的道义原则。故孔子说："天下有道，则礼乐征伐自天子出。天下无道，则礼乐征伐自诸侯出。"（《论语·季氏》）这里，"礼乐"不是"征伐"的"前缀"和"修饰"，而恰恰是战争的前提和法度。《论语·卫灵公》载：

> 卫灵公问陈（阵）于孔子。孔子对曰："俎豆之事，则尝闻之矣；军旅之事，未之学也。"明日遂行。

"俎豆"与"军旅"，正是"礼乐征伐"的指代性表达，二者之间如果发生矛盾，孔子显然是站在"礼乐"一边的。所以，当齐国的陈成子弑简公后，孔子乃沐浴而朝，告于鲁哀公曰："陈恒弑其君，请讨之！"此事最终未果，孔子说："以吾从大夫之后，不敢不告也。"（《论语·宪问》）其所依据的依旧是礼乐。

值得注意的是，孔子说自己"军旅之事，未之学也"，实乃谦辞，不可据此以为孔子不懂军事。据《史记·孔子世家》记载，公元前484年，孔子的弟子冉有统率鲁国军队，与齐国作战，大败齐军。季康子问他："子之于军旅，学之乎？性之乎？"冉有回答说："学之于孔子。"说明孔子虽不主张战争，但对于战阵之事，却十分精通，甚至对学生有所传授。孔子还说过："善人教民七年，亦可以即戎矣。""以不教民战，是谓弃之。"（《论语·子路》）这里的"教民"，和孔子对子路所说的"临事而惧，好谋而成"（《论语·述而》），以及《左传》僖公二十二年所谓"明耻教战"，都是儒家"慎战"思想的体现。

再说"足兵"。《论语·颜渊》记子贡问政，子曰："足食，足兵，民信之矣。"此可谓"治国三要素"，其中"足兵"盖指军备充足，也即孔子所谓"有文事者必有武备，有武事者必有文备"（《史记·孔子世家》）。接着子贡问："必不得已而去，于斯三者何先？"孔子曰："去兵。"子贡又问："必不得已而去，于斯二者何先？"孔子答曰："去食。自古皆有死，民无信不立。"这一番师徒问答颇有意味，孔子先说"足兵"，又说"去兵"，看似矛盾，其实不然。"足兵"是强调军事的重要性，"去兵"则表明，相比国家的"公信力"而言，军事强大还不是最重要的。过分强调"足兵"，可能就会陷入穷兵黩武甚至弱肉强食的丛林世界。反观今日之国际争端，可以得出一个结论：不一定"落后就会挨打"，有时是"欠揍才会挨打"；也不一定就是亨廷顿所谓"文明的冲突"，更多时候恰恰是"野蛮与文明的冲突"。孟子所谓"人必自侮，然后人侮之；家必自毁，而后人毁之；国必自伐，而后人伐之"（《孟子·离娄上》），正此意也。

儒家经典中，最擅长写战争的莫过于《左传》。《左传》襄公二十七年记宋国大夫向戌促成"弭兵"后，向宋襄公邀功请赏，大夫子罕却说："凡诸侯小国，晋、楚所以兵威之。……天生五材，民并用之，废一不可，谁能去兵？兵之设久矣，所以威不轨而昭文德也。圣人以兴，乱人以废，废兴存亡昏明之术，皆兵之由也。而子求去之，不亦诬乎？"这段话是针对"去兵"的主张而言的，其实是从反面论证了孔子"足兵"的必要性。又，同书宣公十二年谓"武有七德"："夫武，禁暴、戢兵、保大、定功、安民、和众、丰财者也。"又有"德立、刑行，政成、事时，典从、礼顺，若之何敌之？见可而进，知难而退，军之善政也"之说，几乎可谓儒家的战争观。从某种程度上说，《左传》就是一部叙事版的"儒家兵法"。

与孙武齐名的另一位兵学家吴起，其"尝学于曾子（申）"（《史记·孙子吴起列传》），又"受业于子夏"（《史记·儒林传》），从中亦可见儒家与兵家的渊源关系。吴起论兵，以"内修文德，外治武备"为旨归，其有"四德"之说，即"绥之以道，理之以义，动之以礼，抚之以仁"，又有"五兵"之说，而首标"义兵"（《吴子·图国》），又提倡"父子之兵""用兵之法，教戒为先"（《吴子·治兵》），凡此种种，皆是儒家的价值理念。故郭沫若指出："吴起尽管是兵家、政治家，但他本质是儒。不仅因为他曾经师事过子夏与曾申，所以他是儒，就是他在兵法上的主张、政治上的施设，也无往而不是儒。据我看来，要他才算得是一位真正的儒家的代表，他是把孔子的'足食足兵''世而后仁''教民即戎'，反对世卿的主张，切实地做到了的。"①

次说"义战"。"义战"的说法出自孟子。孟子说："春秋无义战。……征者上伐下也，敌国不相征也。"（《孟子·尽心下》）这里的"敌国"是指地位和实力对等的国家。朱熹释此云："征，所以正人也。诸侯有罪，则天子讨而正之，此春秋所以无义战也。"② 这还是孔子"礼乐征伐自天子出"的意思。孟子的战争观建立在他的"仁政"思想上，认为"不仁而得国者，有之矣；不仁而得天下者，未之有也"（《孟子·尽心下》）；"行仁政而王，莫之能御"；那种"争地以战，杀人盈野，争城以战，杀人盈城"的战争，在孟子看来，"此所谓率土地而食人肉，罪

---

① 郭沫若：《述吴起》，《青铜时代》，中国人民大学出版社，2005年，第168—169页。
② （宋）朱熹：《四书章句集注》，中华书局，1983年，第364页。

不容于死"(《孟子·离娄上》)。孟子还批判那种叫嚣"我善为陈（阵），我善为战"的人，谓其"大罪也。国君好仁，天下无敌焉。……征之为言正也，各欲正己也，焉用战!"(《孟子·尽心下》)一句"焉用战"，似乎比孔子回答季康子问政时所谓"焉用杀"(《论语·颜渊》)，更为鲜明地表达了"反战"的思想。

因为认为"仁者无敌"，孟子甚至对史书中的战争记载都表示怀疑。他说："尽信《书》，则不如无《书》。吾于《武成》，取二三策而已矣。仁人无敌于天下，以至仁伐至不仁，而何其血之流杵也?"(《孟子·尽心下》)言下之意，武王伐纣，乃以"至仁伐至不仁"的义战，所谓"武王亦一怒而安天下之民"，老百姓应该"箪食壶浆以迎王师"(《孟子·梁惠王下》)，或者"东征西夷怨，南征北狄怨"(《尚书·商书·仲虺之诰》)的，所谓"一戎衣，天下大定"(《尚书·周书·武成》)，怎么可能"血流漂杵"呢?

可见，孟子的"反战"，不是所谓"辟兵"，而是反对"不义之战"。为此，他不仅说"入则无法家拂士，出则无敌国外患者，国恒亡"(《孟子·告子下》)，肯定了"敌国外患"也即战争对于国家治理的作用，还提出了战争胜利的"三要素"，即天时、地利、人和："天时不如地利，地利不如人和。……得道者多助，失道者寡助。寡助之至，亲戚畔之；多助之至，天下顺之。以天下之所顺，攻亲戚之所畔；故君子有不战，战必胜矣。"(《孟子·公孙丑下》)这与孙子的"不战而屈人之兵，善之善者也"(《孙子兵法·谋攻篇》)，吴起的"天下战国，五胜者祸，四胜者弊，三胜者霸，二胜者王，一胜者帝"(《吴子·图国》)可谓不谋而合。这说明，儒家也好，兵家也好，都是把战争的"道义"原则放在首位的。

荀子作为战国中后期的一代大儒，思想已杂糅法家、纵横家和阴阳家的成分，其军事思想见于《荀子·议兵》。荀子提出："凡用兵攻战之本在乎壹民：弓矢不调，则羿不能以中微；六马不和，则造父不能以致远；士民不亲附，则汤武不能以必胜也。故善附民者，是乃善用兵者也。故兵要在乎善附民而已。"与其论战的临武君则认为："兵之所贵者势利也，所行者变诈也。善用兵者，感忽悠暗，莫知其所从出，孙、吴用之，无敌于天下，岂必待附民哉！"这大概代表了兵家的主流观点，所谓"兵者，诡道也"（《孙子兵法·始计篇》），"兵以诈立，以利动"（《孙子兵法·军争篇》）。对此，荀子却不同意，说："仁人之兵，不可诈也。"（《荀子·议兵》）其论甚详，兹不赘引。

如果说荀子"壹民"的思想来自法家，那么"附民""反诈"云云，则又本自儒家，体现了荀子思想的复杂和暧昧。难怪吕思勉先生要把荀子的兵法归入兵家，说："《荀子·议兵》篇，亦殆皆兵家言。兵家言亦多与儒家同者；然儒家言兵，欲以行义；兵家言兵，欲以胜敌；其术同，而所以用其术者不同，故兵果当用与否，能去与否，兵家初不之及。此二家之所以异也。"[1] 吕思勉甚至认为，连杂家著作《吕氏春秋》和《淮南子》的兵法思想，也是出自儒家。关于这点，我们后面再谈。

---

[1]　吕思勉：《非攻寝兵平议》，见《吕思勉论学丛稿》，上海古籍出版社，2006 年，第 23 页。

墨家:"兼爱""非攻"与"墨守"

墨家以"兼相爱,交相利"(《墨子·兼爱中》)为旨归,代表着平民和手工业者的利益,既有人道主义精神,又不无理想主义甚至"空想主义"色彩,其战争理论可以概括为:"兼爱""非攻"与"墨守"。

墨家思想不仅有着"牵一发动全身"的系统和逻辑,而且有着现实针对性。《墨子·鲁问》篇总结其论旨说:"国家昏乱,则语之尚贤、尚同;国家贫,则语之节用、节葬;国家熹音湛湎,则语之非乐、非命;国家淫僻无礼,则语之尊天、事鬼;国家务夺侵凌,即语之兼爱、非攻。"郭沫若谓之墨家"十诫"①。可以说,《墨子》全书体现着国家主义政治哲学的特点,其全部思想主张都可以归结为一点,即所谓"兴天下之利,除天下之害"(《墨子·兼爱下》)。不仅"兼爱"可以推导出"非攻",其他如"尚同""尚贤""节用""节葬"等,无不可以得出"非攻"的结论。且看下面的例子:

> 视人国若其国,谁攻?……若使天下兼相爱,国与国不相攻,家与家不相乱,盗贼无有,君臣父子皆能孝慈,若此则天下治。……(《墨子·兼爱上》)
>
> 诸侯不相爱则必野战,家主不相爱则必相篡,人与人不

---

① 郭沫若:《墨子的思想》,《青铜时代》,中国人民大学出版社,2005年,第119页。

相爱则必相贼，君臣不相爱则不惠忠，父子不相爱则不慈孝，兄弟不相爱则不和调。天下之人皆不相爱，强必执弱，富必侮贫，贵必敖贱，诈必欺愚。凡天下祸篡怨恨，其所以起者，以不相爱生也。（《墨子·兼爱中》）

今小为非，则知而非之；大为非攻国，则不知非，从而誉之，谓之义：此可谓知义与不义之辩乎？是以知天下之君子也，辩义与不义之乱也。（《墨子·非攻上》）

今欲为仁义，求为上士，尚欲中圣王之道，下欲中国家百姓之利，故当若非攻之为说，而将不可不察者此也。（《墨子·非攻下》）

今天下为政者，其所以寡人之道多。……且大人惟毋兴师以攻伐邻国，久者终年，速者数月，男女久不相见，此所以寡人之道也。（《墨子·节用上》）

天之意，不欲大国之攻小国也，大家之乱小家也，强之暴寡，诈之谋愚，贵之傲贱，此天之所不欲也。（《墨子·天志》）……

其至在《墨子·节葬》篇中，还是以"非攻"为前提来强调"节葬"的重要性，说："凡大国之所以不攻小国者，积委多，城郭修，上下调和，是故大国不耆攻之。无积委，城郭不修，上下不调和，是故大国耆攻之。今唯无以厚葬久丧者为政，国家必贫，人民必寡，刑政必乱。若苟贫，是无以为积委也；若苟寡，是修城郭沟渠者寡也；若苟乱，是出战不克，入守不固。"原来，墨子的"非攻"并不是单纯的"反战"，而是"禁止大国之攻小国"，也即"以禁攻寝兵为外，以情欲寡浅为内"（《庄子·天下》)。在《墨子·非攻下》中，墨子非常巧妙地区分了"攻"与"诛"的不同："攻"就是"大国之攻小国"的不义之战，"诛"则是"秉承神意""荐章天命"，以正义之师讨伐有罪之国，如禹征有苗、汤伐桀、武王伐纣等。墨子的结论是，"故大国之攻小国也，是交相贼也，过必反于国"(《墨子·鲁问》)，最后只能自食其果。如果说，墨子说"今攻三里之城，七里之郭，……杀人多必数于万，寡必数于千"(《墨子·非攻中》)，揭露了战争直接杀人和间接杀人的残酷性，可谓"战争伦理学"的话，那么，他经常用"丧师多不可胜数，丧师尽不可胜计"，以及对兵甲车马等的耗费事无巨细的"算计"，则可谓"战争经济学"。墨子终究是务实的，他的崇尚节俭，爱惜财物，对耗费民财民利的批判，都能引起我们的感动。他的"非攻"思想，不仅与"兼爱"互为因果，更与"节用"互为表里，而"节用而爱人，使民以时"(《论语·学而》)，原本也是孔子的价值观。

有意思的是，墨子以"兼爱""非攻"的思想闻名天下，却是先秦最为重要的军事理论家和战争实践家。早有学者指出："其《备城门》诸篇，皆古兵家言，有实用焉"(毕沅《墨子注叙》)；"第五十二篇以下皆兵家言，其文古奥，或不可句读，与全书为不类"(《四库全书总目》)。在《墨子·非儒下》中，墨家甚至一反"非攻"的主旨，批评儒家"胜不逐奔，掩函弗射"的仁义行为，认为这样会造成"暴乱之人也得活，天下害不除"的后果，"是为群残父母而深贱（贼）世也，不义莫大焉！"为了"非儒"并自立门户，墨家常常会将本来比较正确的主张滑向一个极端。"在国的范围内的'非攻'便是在家的范围内的'杀盗'……仅照他的理论推衍，必然会流而为对于攻伐的赞美"。①

　　不过，墨家对这种"除恶务尽"的思想所可能产生的"过犹不及"的弊端，也有基于名家或者说逻辑学的辨析。孔子曾说："人而不仁，疾之已甚，乱也。"（《论语·泰伯》）又说："苟志于仁矣，无恶也。"（《论语·里仁》）其实是给了"不仁"者一个"人"的对待的。而墨家则用一种近乎诡辩的话术指出："盗人，人也；多盗，非多人也；无盗，非无人也。奚以明之？恶多盗，非恶多人也；欲无盗，非欲无人也"，因此，"爱盗非爱人也，不爱盗非不爱人也，杀盗人非杀人也"（《墨子·小取》）。不得不说，"杀盗非杀人"的说法有着基于"人禽之辨"的合理性，其理论前提正是孟子所谓"无恻隐之心，非人也"（《孟子·公孙丑上》），其方法论又与孟子"闻诛一夫纣矣，未闻弑君也"（《孟子·梁惠王下》）的"概念转换"异曲同工。难怪晋人鲁胜说："墨子著书，作《辩经》以立名本，惠施、公孙龙祖述其学，以正刑名显于世。"（《晋书·鲁胜传》）

　　行文至此，忽然想到，曾国藩在《治军条规·开仗条规》所言："刀矛对杀之时，要让贼先动手，我后动手。头一下已过，第二下未来之时，我拨他头一下，正好杀他。"（见本书附录）我们读到此处，心中不免"咯噔"一下。正如坊间颇有人对主张废除死刑的王阳明，却在平定宸濠之乱中杀人无数表示义愤一样，其实都是出于对战争伦理的"生吞活剥"。要知道，战争是一种关乎生死的特殊事态，在热兵器时代，各种致命武器的制造对战争烈度的影响更是无以复加。尤其是，当一方遭到惨绝人寰的

---

① 郭沫若：《青铜时代》，中国人民大学出版社，2005年，第125页。

屠杀之后，制造屠杀的一方，的确已经沦为"非人"，必须对其除恶务尽，斩草除根。正如《司马法·仁本》所说："杀人安人，杀之可也；攻其国，爱其民，攻之可也。"所以，墨家的"杀盗非杀人"的说法，对于古今中外的"反侵略"或"反恐"战争的正义性，是颇有诠释效力的。今天，有人出于善良的天性试图去感化施暴的恐怖分子，最终却让自己付出了生命的代价，这样的教训无疑是惨痛的。须知战争是"人性之恶"的总爆发之地，"以德报怨"式的怀柔和绥靖，早已不是"乡愿德之贼"的问题，而是李斯所说的"借寇兵而赍盗粮"（《谏逐客书》）了！

因为要"禁止大国之攻小国"，就必须研究战备和守城之法，于是，"非攻"和"墨守"就成了墨家战争理论的两个重要方面，殊途同归，相反相成。《墨子》一书的后半部分，诸如《公输》《备城门》《备高临》《备梯》《备水》《备突》《备穴》《备蛾傅》《迎敌祠》《旗帜》《号令》《杂守》等十余篇，皆是探讨守城战备之法，事无巨细，应有尽有，可以说是"墨家兵法大全"。墨家总结了临、钩、冲、梯、堙、水、穴、突、空洞、蚁傅、轒辒、轩车等十二种守战之法，其中除了军事学的战略战术之外，举凡结构力学、物理学、建筑学、地质学、水利学、机械制造、指挥学、管理学等，几乎无所不包。不得不说，儒家提倡的"格物致知"之学，在墨家这里真是得到了尽可能的施展，使其成为"兵技巧家"一派的重要代表。清人俞樾称"墨子惟兼爱是以尚同，惟尚同是以非攻，惟非攻是以讲求抵御之法"（俞樾《墨子间诂序》），可谓切中肯綮。英国科学史家李约瑟也说："墨家筑城防御技术之实施，或者即是……所有中国科学最早记载中之力学与光学之研究的由来。若谓道家之兴趣即是趋重于生物学上的变化，则墨家之兴趣是趋重于物理学与力学之发展。"① 不禁想起2006 年底，刘德华主演的一部以墨家守战为题材的大片，竟然冠以"墨攻"之目，真是对"墨守"的"正话反说"了。

总之，墨家虽以儒家的对立面自居——有其"非儒""非乐""非命""节葬"诸论可证——但归根结底，其思想底色还是儒家的仁义之道，只不过为了标新立异而故意有所损益罢了。淮南王刘安称孔、墨皆"修先圣之术，通六艺之论"(《淮南子·主术训》)，韩愈也说："儒墨同是尧舜，同非桀纣，同修身正心以治天下国家，奚不相悦如是哉? ……孔子必用墨子，墨子必用孔子；不相用，不足为孔墨。"(《读墨子》) 这些说法都有其道理，但也弥合了"中道"和"异端"之间的分际。墨家的"非攻"思想在逻辑上还是难以自洽，一方面，"攻""诛"之辨可能会成为好战者侵伐他国的借口，另一方面，一味地"非攻"，也会滑向"无条件的投降主义"②。故庄子谓其"反天下之心，天下不堪"(《庄子·天下》)；王充谓之"虽得愚民之欲，不合知者之心……此盖墨术所以不传也"(《论衡·薄葬》)。《四库全书总目》分"子部"为十四类，依次为儒家、兵家、法家、农家、医家、天文算法、术数、艺术、谱录、杂家、类书、小说家、释家、道家，墨家因为"寥寥不能成类"，只能归入"杂家"。不管今天有多少墨家信徒为其大张旗鼓地吹捧，墨家思想在历史以及未来的衰落，既是板上钉钉的事实，也反映了事物发展的规律。

---

① ［英］李约瑟著，陈立夫主译：《中国古代科学思想史》，江西人民出版社，1990年，第 200 页。
② 郭沫若：《青铜时代》，中国人民大学出版社，2005 年，第 126 页。

道家："兵者不祥"与"以奇用兵"

相比在战国并为"世之显学"的儒、墨两家，以老、庄为代表的道家对战争则持一种"不得已而用之"的态度。《老子》第三十一章云：

> 夫佳兵者，不祥之器，物或恶之，故有道者不处。君子居则贵左，用兵则贵右。兵者，不祥之器，非君子之器。不得已而用之，恬淡为上，胜而不美，而美之者，是乐杀人。夫乐杀人者，则不可以得志于天下矣。吉事尚左，凶事尚右。偏将军居左，上将军居右。言以丧礼处之。杀人之众，以哀悲泣之，战胜，以丧礼处之。

在老子看来，"兵者不祥之器""胜而不美"，在战争中获胜的一方，不仅不应该欢庆，反而应该悲哀，因为"杀人之众"，故应"以丧礼处之"。与此相应，道家还认为"哀兵必胜"，不可轻敌，更不可能逞强。《老子》第六十九章说："用兵有言，吾不敢为主而为客，不敢进寸而退尺。是谓行无行，攘无臂，扔无敌，执无兵。祸莫大于轻敌，轻敌则几丧吾宝。故抗兵相加，哀者胜矣。"《老子》第六十七章云："夫慈，以战则胜，以守则固。天将救之，以慈卫之。"《老子》第三十章云："以道佐人主者，不以兵强天下。……师之所处，荆棘生焉。"《老子》第三十六章又提出"以柔克刚"："将欲歙之，必固张之；将欲弱之，必固强之；将欲废之，必固兴之；将欲取之，必固与之。是谓微明。柔弱胜刚强。鱼不可脱于渊，国之利器不可以示人。"此章被王阳明称为老子"兵法"（《陈言边务疏》）。老子不仅以吉凶、主客、刚柔论兵，还主张"以奇用兵"。《老子》第五十七章云："以正治国，以奇用兵，以无事取天下。"这里的"以奇用兵"，近乎孙子所谓的"兵者诡道"与"兵不厌诈"。

相比老子，庄子及其后学走得更远，因为庄学颇有"重估一切价值"的倾向，故对于战争，自然取一种解构乃至颠覆的态度。《庄子·天道》云："三军五兵之运，德之末也。""末德"之说即由此而来。又同书《天运》："禹之治天下，使民心变，人有心而兵有顺，杀盗非杀人①，自为种而天下耳，是以天下大骇，儒、墨皆起。"陆德明《经典释文》引家世父曰："兵者，逆人之性而制其死生者也。既有善恶之分，是非之辨，而兵之用繁矣。于是据之以为顺，而杀盗者谓之当然，因乎人心之变而兵以施焉，而人之心乃日变而不可穷矣。"因为人心有变，才会用兵不断，难怪自古就有"兵变"之说。又，《庄子·则阳》篇载华子云："善言伐齐者，乱人也；善言勿伐者，亦乱人也；谓伐之与不伐乱人也者，又乱人也。"不管是好战派、反战派，还是中间派，一概斥之为"乱人"，这正是庄子式的"黑色幽默"。著名的"触蛮之争"的故事即出自《庄子·则阳》此篇：

> 有国于蜗之左角者曰触氏，有国于蜗之右角者曰蛮氏，时相与争地而战，伏尸数万，逐北旬有五日而后反。

---

① 按：此语出《墨子·小取》，郭庆藩《庄子集释》整理本标点以"人"下为句，或有误，今不从。

试想，这么两个"争地而战"，打得不可开交的国家，竟然居处在蜗牛的细小的触角上，该是多么可笑复可悲！又《庄子·列御寇》："圣人以必不必，故无兵；众人以不必必之，故多兵；顺于兵，故行有求。兵，恃之则亡。"意思是：圣人以必为不必，故无须用兵；众人以不必为必，故常常用兵；如主张用兵，行为上就会强迫。兵不可恃，恃之则亡。这一思想显然是从孔子那里来的。《论语·子罕》："子绝四：毋意、毋必、毋固、毋我。"又，同书《微子》孔子说"无可无不可"，都是圣人"以必不必"的智慧境界。孔子既说"足兵"，又说"去兵"，正是"毋必"。而在"足兵"和"去兵"之间，庄子显然更认同后者。

不过，《庄子》虽主张"去兵"，却不赞同"为义偃兵"。《庄子·大宗师》说："圣人之用兵也，亡国而不失人心。利泽施乎万世，不为爱人。"《庄子·庚桑楚》亦云："兵莫憯于志……寇莫大于阴阳，无所逃于天地之间。非阴阳贼之，心则使之也。"在庄子及其后学看来，"心"也好，"志"也罢，是最容易生"变"以至生"乱"的，如果用一个高悬在空中的道德理想来试图消弭战争，结果恐怕只能适得其反。再看《庄子·徐无鬼》中武侯和徐无鬼的一段对话：

> 武侯曰："欲见先生久矣。吾欲爱民而为义偃兵，其可乎？"徐无鬼曰："不可。爱民，害民之始也；为义偃兵，造兵之本也。……无以巧胜人，无以谋胜人，无以战胜人。……夫民死已脱矣，君将恶乎用夫偃兵哉！"

庄子学派认为，标榜"爱民"，正是"害民"的开始；同理，鼓吹"为义偃兵",正是"造兵之本"。又《庄子·人间世》云："昔者尧攻丛枝、胥敖,禹攻有扈,国为虚厉,身为刑戮,其用兵不止,其求实无已。是皆求名实者也。而独不闻之乎? 名实者,圣人之所不能胜也,而况若乎!"总之,"义"也好,"爱"也好,都是"名实",难免都有"私心",不如将其统统取消,那时根本不必用兵,自然也就用不着"偃兵"了。庄子的思想无疑是深刻的,很像是法国大革命时期的罗兰夫人的名言:"自由啊自由! 多少罪恶假汝之名以行!"罗兰夫人是被押上断头台后才恍然醒悟的,庄子则在所有的悲剧到来之前就早已"看透了"。

成书于战国末年的《鹖冠子》也属于道家著作,其中《世兵》《兵政》《天权》《武灵王》诸篇,亦可归于兵家者言。鹖冠子认为,用兵之道,"太上用计谋,其次因人事,其下战克"(《武灵王》)。又说:"兵之胜也,顺之于道,合之于人。"(《兵政》)"处兵者,威柄所持,立不败之地也。"(《学问》)"胜道不一,知者计全。明将不倍时而弃利,勇士不怯法而灭名。……兵以势胜,时不常使,蚤晚绌赢,反向殖生,变化无穷,何可胜言?"(《世兵》)还说:"善用兵者慎,以天胜,以地维,以人成。三者明白,何设不可图?"(《天权》)[1] 鹖冠子重视战争中的计谋,以及天时、地利、人和相结合的战争规划,甚至和兵家一样,也绝不排斥收买敌国近臣做"内间"——所谓"因人事"(《武灵王》)——这都很有"兵权谋家"的气质,故其弟子庞煖成了"战国时代最后一个著名的兵家"[2]。

---

[1] 黄怀信撰:《鹖冠子校注》,中华书局,2014年,分别见于第372、306、313、267、279、348页。
[2] 杨宽:《战国史》,上海人民出版社,2016年,第573页。

法家："强兵""必胜"与"农战"

　　根据《汉书·艺文志》的说法，"法家者流，盖出于理官，信赏必罚，以辅礼制"。一般认为，法家思想可以追溯至春秋时齐国的管仲、晋国的郭偃、郑国的子产等人。不过，管仲、子产都是孔子许为"仁者"的先贤。孔子对管仲辅佐齐桓公"尊王攘夷"，奠定霸业极为推崇，说："桓公九合诸侯，不以兵车，管仲之力也。如其仁，如其仁！"又说："管仲相桓公，霸诸侯，一匡天下，民到于今受其赐。微管仲，吾其被发左衽矣。"（《论语·宪问》）对子产也是不吝赞美："有君子之道四焉：其行己也恭，其事上也敬，其养民也惠，其使民也义。"（《论语·公冶长》）就此而言，作为一代贤相的管仲和子产，都不能算是严格意义上的法家。法家的真正崛起，毋宁说是在战国，而儒、墨、道之间，法家与道家更有渊源，《史记》以老、庄、申、韩同传，不为无因。以下，我们以《管子》《商君书》和《韩非子》三书为例，谈谈法家的兵学思想。

　　《管子》一书乃是战国秦汉之际管仲学派的文集汇编，虽托名管仲，实则并非管子所著，后经刘向整理，流传至今者有七十六篇。《汉书·艺文志》将其列入"子部道家类"，《隋书·经籍志》列入"法家类"，《四库全书》归为"子部法家类"。总的说来，《管子》的思想介于道家和法家之间，同时又有杂家的某些特点；其中《七法》《法法》《兵法》《幼官》《地图》《参患》《制分》诸篇，都是重要的兵学文献。

《管子》论兵，以"强兵""必胜"为要。这与战国时期诸侯混战、霸道横行，"完全是军国主义的空气布满了"① 的时代形势是分不开的。《七法》是一篇重要的兵学论文，所谓"七法"，盖指则、象、法、化、决塞、心术、计数等治国治军的七项原则。文中说："不能治其民，而能强其兵者，未之有也。能治其民矣，而不明于为兵之数，犹之不可。不能强其兵，而能必胜敌国者，未之有也；能强其兵，而不明于胜敌国之理，犹之不胜也。兵不必胜敌国，而能正天下者，未之有也。兵必胜敌国矣，而不明正天下之分，犹之不可，故曰：治民有器，为兵有数，胜敌国有理。"又说："国贫而用不足，则兵弱而士不厉；兵弱而士不厉，则战不胜而守不固；战不胜而守不固，则国不安矣。"在管子学派看来，军事与政治息息相关，不能"强兵"，就不能"治民"，更不能"必胜敌国"。用今天的话说，也就是所谓"富国强兵"。

《管子》论兵，还重法而尚术。《法法》篇开篇即说："不法法则事毋常，法不法则令不行。"强调"以法行法"的重要性，具有鲜明的法家色彩。又以"正"论法，说："勇而不义，伤兵。仁而不法，伤正。故军之败也，生于不义；法之侵也，生于不正。"针对墨家的由"兼爱""非攻"而导出的"废兵""寝兵"之说，则严加排斥，说："寝兵之说胜，则险阻不守；兼爱之说胜，则士卒不战；全生之说胜，则廉耻不立。"（《管子·立政》）还说："贫民伤财莫大于兵，危国忧主莫速于兵。此四患者明矣，古今莫之能废也。兵当废而不废，则古今惑也；此二者不废而欲废之，则亦惑也。"（《管子·法法》）又《管子·七

---

① 熊伟《从先秦学术思想变迁大势观测老子时代》，转引自《罗根泽说诸子》，上海古籍出版社，2001年，第218页。

法》篇说："故明于机数者，用兵之势也。大者时也，小者计也。……遍知天下，审御机数，则独行而无敌矣。""故凡攻伐之为道也，计必先定于内，然后兵出乎境。计未定于内而兵出乎境，是则战之自胜，攻之自毁也。……是故以众击寡，以治击乱，以富击贫，以能击不能，以教卒、练士击驱众、白徒，故十战十胜，百战百胜。"这就是通常所谓"不打无准备之仗"了。《兵法》篇还提出"三官""五教""九章"之说。"三官"即鼓、金、旗，明进退之号令。"五教"则是指"教其目以形色之旗""教其耳以号令之数""教其足以进退之度""教其手以长短之利""教其心以赏罚之诚"。"九章"盖指举日、月、龙、虎、乌、蛇、鹊、狼、韟等九种章旗，各有其行军的章法，"九章既定，而动静不过"。诸如此类，可谓非常详实的军事教材。

值得注意的是，《管子》一方面认为战争"所以辅王成霸"，肯定其积极价值，一方面对其负面作用也有着清醒的认识，如《兵法》篇就指出："举兵之日而境内贫，战不必胜，胜则多死，得地而国败。此匹者，用兵之祸者也。"又说："数战则士罢，数胜则君骄，夫以骄君使罢民，则国安得无危？故至善不战，其次一之。"应该说，这种思想对于今天是具有警示作用的。今有某大国对于小国的入侵，主事者正坐此"用兵四祸"，胜负可不言而喻矣。翻检《管子》一书，诸如此类的"治兵语录"俯拾皆是，足见法家管仲学派对于军事和战争的研究还是非常深入而富有成效的。

《商君书》又名《商子》，成书于战国，是商鞅及其后学的著作汇编，代表了商鞅一派的变法理论和具体措施，其中如《垦令》《农战》《去强》《战法》《兵守》《画策》诸篇均涉及军事内容，是法家兵学思想的重要文献。

作为中国古代"军国主义"和"极权主义"思想的"重灾区"，"内行刀锯，外用甲兵"（《画策》）的《商君书》自始至终都散发着一种穷兵黩武和刻薄寡恩的腐朽气息，其在古代被列为禁书，不为无因。其主要思想若以一言以蔽之，则可曰"农战"或"耕战"，认为"国之所以兴者，农战也""国待农战而安，主待农战而尊"（《商君书·农战》）。本来孔子的"足食，足兵，民信"，其中也包括了"农战"，但商鞅却把"民信之"彻底抛弃，将"农战"极端化、绝对化，这就把儒家作为"目的"的"民"，完全当作"工具"和"手段"了。

《商君书》说："国之所以重，主之所以尊者，力也。于此二者力本。"（《慎法》）"故圣人之为国也，入令民以属农，出令民以计战。……胜敌而草不荒，富强之功，可坐而致也。"（《算地》）"兴兵而伐，则武爵武任，必胜。按兵而农，粟爵粟任，则国富。兵起而胜敌，按兵而国富者王。"（《去强》）认为要使国家富强，必须重视农战，让所有农民平时耕作，战时打仗："壮男为一军，壮女为一军，男女之老弱者为一军，此之谓三军也。"（《兵守》）这种"全民皆兵"的军事化管理颇有些古希腊城邦斯巴达的味道。与儒、墨、道诸家的"慎战""去兵"或"不战而胜"不同，商鞅学派十分"好战"，认为"以战去战，虽战可也；以杀去杀，虽杀可也"（《画策》）。又说："赏使之忘死，而威使之苦生……何不陷之有哉！"（《外内》）"故王者之政，使民怯于邑斗，而勇于寇战。民习以力攻难，难故轻死。"（《战法》）"民勇，则赏之以其所欲；民怯，则杀之以其所恶。故怯民使之以刑，则勇；勇民使之以赏，则死。怯民勇，勇民死，国无敌者必王。"（《说民》）甚至以刑赏来鼓动一种"乐战"精神："民之见战也，如饿狼之见肉，则民用矣。凡战者，民之所恶也；能使民乐战者王。"（《画策》）"民闻战而相贺也，起居饮食所歌谣者，战也。"（《赏刑》）在守城之中，鼓励"以死人之力与客生力战……客不尽夷城，客无从入"（《兵守》）。这种完全不顾民众死活的拼死策略，说穿了就是把士兵当"炮灰"。这种冷血的战争观至今在局部战争中仍被独裁者奉为圭臬。

因为要打造"苦生忘死"的农奴和战争机器，故《商君书》只强调农战，而排斥《诗》《书》谈辩，"不贵学问"。著名的"六虱"论有两种说法，一则曰："三官生虱六：曰岁，曰食，曰美，曰好，曰志，曰行……六虱成俗，兵必大败。"（《弱民》）一则曰："六虱：曰礼乐，曰《诗》《书》，曰修善，曰孝弟，曰诚信，曰贞廉，曰仁义，曰非兵，曰羞战。国有十二者，上无使农战，必贫至削。"（《靳令》）总之，凡是美好的东西，都是"病国之虱"，会影响"农战"，导致国家贫弱。《垦令》篇近两千字，可分二十节，每节皆以"草必垦矣"收尾，其视农民，如同羔羊，必欲使其无知无欲，才能好好"垦草"务农。"无以外权爵任与官，则民不贵学问，又不贱农。民不贵学则愚，愚则无外交。无外交，则国勉农而不偷。民不贱农，则国安不殆。国安不殆，勉农而不偷，则草必垦矣。""农民无所闻变见方，则知农无从离其故事，而愚农不知，不好学问。愚农不知，不好学问，则务疾农。知农不离其故事，则草必垦矣。"其理由是："《诗》、《书》、礼、乐、善、修、仁、廉、辩、慧，国有十者，上无使守战。国以十者治，敌至必削，不至必贫。国去此十者，敌不敢至，虽至必却；兴兵而伐，必取；按兵不伐，必富。"（《农战》) 这真是赤裸裸的"愚民政策"了！

与此相应，《商君书》提出了最为臭名昭著的"壹民""弱民""贫民"说：

> 制度时则国俗可化而民从制，治法明则官无邪，国务壹则民应用，事本抟则民喜农而乐战。(《壹言》)
>
> 民辱则贵爵，弱则尊官，贫则重赏。以刑治民则乐用，以赏战民则轻死。故战事兵用曰强。民有私荣则贱列卑官，富则轻赏。治民羞辱以刑战，则战民畏死。事乱而战，故兵农怠而国弱。(《弱民》)
>
> 政作民之所恶，民弱；政作民之所乐，民强。民弱，国强；民强，国弱。故民之所乐，民强。民强而强之，兵重弱。民之所乐，民强。民强而弱之，兵重弱。(《弱民》)
>
> 故民可令农战，可令游宦，可令学问，在上所与。上以功劳与则民战，上以《诗》《书》与则民学问。民之于利也若水于下也，四旁无择也。民徒可以得利而为之者，上所与也。(《君臣》)
>
> 且先王能令其民蹈白刃，被矢石，其民之欲为之，非如学之，所以避害。故吾教令民之欲利者非耕不得，避害者非战不免，境内之民莫不先务耕战而后得其所乐。故地少粟多，民少兵强。能行二者于境内，则霸王之道毕矣。(《慎法》)

可见商鞅的所谓"变法"，就是用一种极其反人类的"工具理性"取消固有的价值观，所谓"不法古，不修今，因世而为之治，度俗而为之法"（《壹言》），其实就是取消一切传统价值，就是"无法无天"。不仅如此，商鞅甚至公然反对"用善"，鼓励"任奸"，说什么"以良民治，必乱至削；以奸民治，必治至强"（《说民》），这种邪恶的治国用兵之术，哪里还有半点人性可言！

作为荀子的弟子，韩非后来成为一个彻头彻尾的法家，"法""术""势"是其政治哲学的三驾马车，他对战争的观点毋宁说与商鞅如出一辙。

首先，就是鼓吹战争的作用。他说："夫战者，万乘之存亡也"（《韩非子·初见秦》）；"上古竞于道德，中世逐于智谋，当今争于气力"（《五蠹》）；"故国多力，而天下莫之能侵也。兵出必取，取必能有之；案兵不攻必富"（《饬令》）；"博习辩智如孔墨，孔墨不耕耨，则国何得焉？修孝寡欲如曾、史，曾、史不战攻，则国何利焉？"（《八说》）"战而胜，则国安而身定，兵强而威立，……战而不胜，则国亡兵弱，身死名息"（《难一》）。这种以"争于气力"为圭臬的观点，很像是所谓"真理在大炮的射程内"之类的无良话术，最终只能导致战争频仍，生灵涂炭。

其次，则是主张以法治军，奖励耕战，说："夫耕之用力也劳，而民为之者，曰：可得以富也。战之事也危，而民为之者，曰：可得以贵也。"（《五蠹》）鼓吹用赏罚迫使兵士"奋死"："明主之国，无书简之文，以法为教；无先王之语，以吏为师；无私剑之捍，以斩首为勇。……明其法禁，必其赏罚，尽其地力以多其积，致其民死以坚其城守，……此必不亡之术也"（《五蠹》）；"信赏誉薄而谩者下不用也；赏誉厚而信者下轻死"

（《内储说上》）；"夫断死与断生者不同，而民为之者，是贵奋死也。夫一人奋死可以对十，十可以对百，百可以对千，千可以对万，万可以克天下矣"（《初见秦》）。韩非相信"重赏之下必有勇夫"，至于"勇夫"最后成了"死夫"，则不在其考虑之内。

再次，是主张"不厌诈伪"，认为："战阵之间，不厌诈伪，君其诈之而已矣。"所谓"不厌诈伪"者，"不谓诈其民，谓诈其敌也。敌者，所伐之国也，后虽无复，何伤哉？……然必曰'出于诈伪'者，军旅之计也"。（《难一》）与孙子"兵者诡道也"和《老子》中"以正治国，以奇用兵"的思想渊源有自。甚至也不回避采用间谍："文王资费仲而游于纣之旁，令之谏纣而乱其心。"（《内储说下》）这又与《孙子兵法》"用间"的主张一脉相承。

当然，韩非子对战争的危险也不是没有反思。他说："兵者，凶器也。不可不审用也。……夫一战而不胜，则祸构矣。计者，所以定事也，不可不察也。……夫一动而弱于诸侯，危事也；为计而使诸侯有意伐之心，至殆也。"（《存韩》）这又颇有些儒家"慎战"的意味了。

杂家："有义兵而无偃兵"

历史上的杂家作为一种学派，兴盛于战国秦汉之间。《汉书·艺文志》称："杂家者流，盖出于议官。兼儒、墨，合名、法，知国体之有此，见王治之无不贯，此其所长也。及荡者为之，则漫羡而无所归心。"因为杂家"于百家之道无不贯通"，故其立论颇能兼采众长，而不至固步自封。研究者们普遍认为，杂家思想的主干还是儒家，其他诸子的思想混杂其间，正如枝叶之于大树。吕思勉先生就说："儒家论兵之语，今见于儒书中者，仅东鳞西爪之辞。其首尾完具者，转存于杂家之《吕览》及《淮南王书》中。"又说："《吕览》《淮南》与其谓多道家言，无宁谓多儒家语矣。孔子经世之道，备于《春秋》。尊孔子者，莫如孟子，孟子之言曰：'春秋无义战，彼善于此，则有之矣。'可见义战二字，为孔子论兵宗旨。《吕览·孟秋纪》论兵之辞，第一语即曰：'古圣王有义兵而无有偃兵。'与孟子合。其余论兵之语，亦多与孟子合者。而《淮南·兵略》，又与《吕览》之言大同。然则此二篇实儒家论兵之语，存于今最完具者，可无疑矣。"① 故其在抗战期间，批评墨家的"偃兵非攻"之论时，是把杂家的"义兵"说归入儒家的兵学思想并作为重要理论武器的。

　　杂家对战争的理解，近乎一种本质论的思路，认为战争与人类相伴而生，有人类就有战争。《吕氏春秋·孟秋纪》中有"荡兵""振乱""禁塞""怀宠"，《仲秋纪》中有"论威""简选""决胜""爱士"诸篇，皆与战争有关。《荡兵》开篇就说："古圣王有义兵而无有偃兵。兵之所自来者上矣，与始有民俱。凡兵也者，威也；威也者，力也。民之有威力，性也。性者所受于天也，非人之所能为也。武者不能革，而工者不能移。"这几乎是说，战争本来就是人类"胎里带"的痼疾，和人类具有宗教的天赋一样，战争也是人类的"天赋"之一。接下来，又从传说中的黄、炎二帝和蚩尤说起，分析战争的起因：

---

① 吕思勉：《非攻寝兵平议》，见《吕思勉论学丛稿》，上海古籍出版社，2006 年，第 23、25 页。

兵所自来者久矣。黄、炎故用水火矣，共工氏固次作难矣，五帝固相与争矣。递兴废，胜者用事。人曰"蚩尤作兵"，蚩尤非作兵也，利其械矣。未有蚩尤之时，民固剥林木以战矣，胜者为长。长则犹不足治之，故立君。君又不足以治之，故立天子。天子之立也出于君，君之立也出于长，长之立也出于争。争斗之所自来者久矣，不可禁，不可止。故古之贤王有义兵而无有偃兵。

不仅战争起于争斗，甚至人类社会的进步和国家制度的建立，也是起于争斗，所以，战争"不可禁，不可止"。不仅如此，文章还试图证明人类与生俱来的"暴力倾向"："且兵之所自来者远矣，未尝少选不用。贵贱、长少、贤者不肖相与同，有巨有微而已矣。察兵之微：在心而未发，兵也；疾视，兵也；作色，兵也；傲言，兵也；援推，兵也；连反，兵也；侈斗，兵也；三军攻战，兵也。此八者皆兵也，微巨之争也。"这真是"草木皆兵"了。相比之下，20世纪90年代，"冷战"结束后，某世界最主要大学的校长否决了一名从事安全研究的教授的任命，理由是"我们不再研究战争，因为不再有战争"①，就显得太过幼稚和浪漫了。

《吕氏春秋》对于战争的作用是肯定的，甚至认为正义的战争——所谓"义兵"——乃是治理天下的一剂良药。"夫有以噎死者，欲禁天下之食，悖；有以乘舟死者，欲禁天下之船，悖；有以用兵丧其国者，欲偃天下之兵，悖。……兵诚义，以诛暴君

---

① ［美］塞缪尔·亨廷顿著，周琪等译：《文明的冲突与世界秩序的重建（修订版）》，新华出版社，2010年，第10页。

而振苦民，民之说也。"（《荡兵》）言下之意，和因噎废食、因溺禁船一样，因义偃兵也是荒谬的。"夫攻伐之事，未有不攻无道而罚不义也。攻无道而伐不义，则福莫大焉，黔首利莫厚焉。禁之者，是息有道而伐有义也，是穷汤、武之事，而遂桀、纣之过也。凡人之所以恶为无道不义者，为其罚也；所以蕲有道行有义者，为其赏也。"（《振乱》）不仅"攻伐"要合乎道义，"救守"亦然。"夫救守之心，未有不守无道而救不义也。……今不别其义与不义，而疾取救守，不义莫大焉，害天下之民者莫甚焉。故取攻伐者不可，非攻伐不可；取救守不可，非救守不可；取惟义兵为可。兵苟义，攻伐亦可，救守亦可；兵不义，攻伐不可，救守不可。"（《禁塞》）在论及"义兵"的感化作用时说："今有人于此，能生死一人，则天下必争事之矣。义兵之生一人亦多矣，人孰不说？故义兵至，则邻国之民归之若流水，诛国之民望之若父母，行地滋远，得民滋众，兵不接刃而民服若化。"（《怀宠》）《吕氏春秋·仲秋纪·论威》说："凡军，欲其众也；心，欲其一也。三军一心，则令可使无敌矣。令能无敌者，其兵之于天下也，亦无敌矣。"还说："凡兵，天下之凶器也；勇，天下之凶德也。举凶器，行凶德，犹不得已也。举凶器必杀，杀，所以生之也；行凶德必威，威，所以慑之也。敌慑民生，此义兵之所以隆也。""凡兵，欲急疾捷先。欲急疾捷先之道，在于知缓徐迟后而急疾捷先之分也。急疾捷先，此所以决义兵之胜也。"这些关于"义兵"的讨论，显然来自孟子的"义战"说，只是更趋精密了。

另一部杂家著作《淮南子》也认为战争乃人类之天性："喜而相戏，怒而相害，天之性也。人有衣食之情，而物弗能足也，故群居杂处，分不均，求不澹，则争。争，则强胁弱而勇侵怯。人无筋骨之强，爪牙之利，故割革而为甲，铄铁而为刃。贪昧饕餮之人，残贼天下，万人搔动，莫宁其所有。圣人勃然而起，乃讨强暴，平乱世，夷险除秽，以浊为清，以危为宁，故不得不中绝。"（《兵略训》）由此得出和《吕氏春秋》相同的结论——"兵之所由来者远矣"。

不仅如此，战争作为政治的延续，也被赋予正义的色彩，即所谓"禁暴讨乱"："夫兵者，所以禁暴讨乱也。炎帝为火灾，故黄帝擒之；共工为水害，故颛顼诛之。教之以道，导之以德而不听，则临之以威武。临之威武而不从，则制之以兵革。故圣人之用兵也，若栉发耨苗，所去者少，而所利者多。……夫畜池鱼者必去猵獭，养禽兽者必去豺狼，又况治人乎！"后一段的意思尤为显豁：养鱼的人必须除掉吃鱼的猵獭，养家禽的人必须要消灭豺狼，又何况是治理天下百姓的人呢！这与兵家"战胜，则所以在亡国而继绝世也。战不胜，则所以削地而危社稷也"（《孙膑兵法·见威王》）的说法，并无太大的差别。而在论及战争和政治的关系时，则说："兵之胜败，本在于政。政胜其民，下附其上，则兵强矣；民胜其政，下畔其上，则兵弱矣。"这显然又是法家思想的绪馀。

和《吕氏春秋》一样，《淮南子》也十分重视战争的心理作用，说："兵静则固，专一则威，分决则勇，心疑则北，力分则弱。故能分人之兵，疑人之心，则锱铢有余；不能分人之兵，疑人之心，则数倍不足。故纣之卒，百万之心；武王之卒，三千人皆专而一。故千人同心则得千人力，万人异心则无一人之用。……故将以民为体，而民以将为心。心诚则支体亲刃，心疑则支体挠北。心不专一，则体不节动；将不诚心，则卒不勇敢。"
这真是非常精彩的"战争心理学"。又说：

> 神莫贵于天，势莫便于地，动莫急于时，用莫利于人。
> 凡此四者，兵之干植也，然必待道而后行，可一用也。夫地
> 利胜天时，巧举胜地利，势胜人。故任天者可迷也，任地者
> 可束也，任时者可迫也，任人者可惑也。夫仁勇信廉，人之
> 美才也，然勇者可诱也，仁者可夺也，信者易欺也，廉者易
> 谋也。将众者，有一见焉，则为人禽矣。由此观之，则兵以
> 道理制胜，而不以人才之贤，亦自明矣。

"干植"，即根本之意。然而天、地、时、人四者，"必待道
而后行""兵以道理制胜，而不以人才之贤"，这种"义兵"思想
无疑又是来自儒家。总之，杂家的兵学思想吸收了儒、墨、道、
法诸家，兼收并蓄，折中调和，又不悖儒家仁义之道，因而颇有
"集大成"的意义。

结　语

以上，我们对先秦诸子的兵学思想源流做了简单梳理，不难
看出，在先秦思想谱系中，儒家的确具有"制驭后来中国一切思
想"的开端和枢纽地位[1]，不仅可以视为诸子百家之源，也是兵

---

[1]　[英]李约瑟著，陈立夫主译：《中国古代科学思想史》，江西人民出版社，1990
年，第2页。

家思想的不祧之祖。

近年来，有学者在"新子学"的学术视域下讨论"兵学"与"子学"之关系，提出了构建现代意义上的"新兵学"的议题。这当然是一个很有意思的设想，不过论者认为兵家长期"深蔽于儒家辟兵的偏见之中""失去了与儒家平等的地位"，进而得出"兵家当为诸子之首"① 的结论，却难免过度阐释之嫌，让人不敢苟同。

所以，我们不能同意"新兵学"提倡者的如下论说：

> 在儒家正统观念主导下，兵家只能屈居下位，但从兵家源流及学派特征看，又是妥妥的诸子学派，所以兵家的学术序位显得尴尬。此后兵家的学术序位大抵如《汉志》，由此兵家失去了与儒家平等的地位，故汉代以降的兵学研究，以儒家主导兵家、以兵家辅弼儒家是两千多年延续不衰的主线。

不得不说，"以儒家主导兵家、以兵家辅弼儒家"正好与我们的观点不谋而合，也是符合历史事实的。但为了凸显兵学的价值，而故意拉开儒家与兵家的距离，则显然有失严谨。如本文开篇所说，兵家一度不预"诸子"之流，并非其不重要，这一点有其与"六艺""诗赋""诸子"并列即可得证。而且，《四库全书总目》将兵书归入"子部兵家类"，位列"儒家类"之后，其

---

① 李桂生：《"新子学"视野下的兵学创新刍论》，《光明日报》2023 年 9 月 2 日第 11 版。下引同此，不另注。

《子部总叙》曰："儒家尚矣，有文事者有武备，故次之以兵家。"① 这分明是兵家地位日益提高的体现，又何谈"屈居下位"呢？至于"失去了与儒家平等的地位"，则完全是一个"伪命题"——从来不曾"拥有"，又谈何"失去"？论者还说：

> 兵家与其他诸子不同，其他诸子更大程度上是学术家而非行动家，兵家则更多的是行动家而非学术家。从诸子比较看，兵家立说亦高于其他诸子，其他诸子偏执一隅，而兵家瞻视八极、总览万方。兵家不仅讲兵事谋略、战略战术，而且讲仁、义、道、德、礼、信（儒家），亦讲刑罚、政令、威势、权术（法家），亦讲兵为凶器、虚静、无为、退守、胜丧（道家），亦讲尊贤选士（墨家），亦讲形名、形势（名家），亦讲耕种自适（农家），亦讲阴阳五行（阴阳家），亦讲事强攻弱或合弱攻强（纵横家），等等。这岂非兵家融会其他诸子？而融会的支点就是兵谋战理。以此言之，兵家当为诸子之首。兵家立说如此，取用如此，会通如此，有若海纳百川，却在两千多年的兵学史上一直被深蔽于儒家辟兵的偏见之中。

其实，要论融会诸子，杂家远胜兵家而更为全面，"兵谋战理"也是诸子在论政时自会涉及的内容，因为诸家都有兵家言，兵家作为孳乳之学，汉代虽不预诸子之流，后来地位却逐渐提高，甚至序位仅次于儒家。尽管如此，从学术源流上说，"孔子

---

① （清）永瑢等撰：《四库全书总目》，第 769 页。

为诸子之开祖"①，孔子以前，并无私家之著述；至《庄子·天下》所论诸子，也仅儒、墨、道、法、名五家；西汉司马谈《论六家要旨》又多一阴阳家，至刘歆编撰《七略》，始有"九流十家"之说；故所谓"兵家"，至西汉方可称一家。兵家之书，价值实不能与诸子相提并论，一则因为诸子亦多言兵之论，非兵家可独专，一则因为"《诸子略》虽杂伪书，真者尚夥，兵书几于全伪"② 也。因此，不仅"儒家辟兵"说乃是一个偏见，"兵家为诸子之首"就更是倒果为因的肤廓之论了。

　　一个显而易见的事实是，因为儒家仁义之道和礼乐文化的影响，历史上杰出的军事家常常有着鲜明的儒家特质，从商周之际的武王和周公，到战国时的孙武、孙膑和吴起，从汉代的张良、韩信和刘秀，到三国时的诸葛亮，从南宋的岳飞和辛弃疾，到明代的戚继光、于谦和王阳明，从本书涉及的晚清名臣曾国藩、胡林翼、左宗棠和李鸿章，到为本书做过增补的蔡锷和蒋介石……他们既有运筹帷幄、杀伐决断的文韬武略，也有悲天悯人、以战止战的淑世情怀；他们治兵，不仅强调谋略和勇敢，也看重仁义和诚信；他们用人，不仅注重选贤与任能，更强调修身与养心。——这是我们对于儒家与兵家关系的一个整体的观察，希望为读者阅读这部"大儒兵法"提供一个新颖的视角和参照。

刘　强

2024 年 11 月动笔，2025 年 2 月 28 日定稿于守中斋

---

①　蒋伯潜：《诸子通考》，岳麓书社，2010 年，第 8 页。
②　罗根泽：《说诸子》，前揭书，第 38 页。

世上再无曾国藩

"苦人"曾国藩

夜读曾国藩，常常惶愧无地，汗不敢出。很多人读他，读出人生传奇，读出丰功伟绩，读出仕途经济，读出智术权谋，读出神秘命理，我读他，却读出了一个大写的"苦"字！不是一般小儿女的顾影自怜之苦，而是一个顶天立地"大丈夫"的千般痛、万般苦！

"能吃天下第一等苦，乃能做天下第一等人。"曾国藩如是说。三百多年前，十余岁的王阳明也立志要做"天下第一等人"，却未曾说出如此话来。盖阳明乃天纵英才，犹如光风霁月，倜傥洒落，其一生虽迭遭廷杖之辱、徙边之厄、平叛之难、剿匪之役，而终究化险为夷，身名俱泰。尤其是，阳明在贵州龙场悟出"圣人之道，吾性自足"之大道，更给人一种印象，似乎其学问全自灵明顿悟中得来，一通百通，周流无碍；其一生功业，辉煌彪炳，"三不朽"之誉，殆无争议。就连对王学至明末堕入狂禅一路颇有微词的曾国藩也不得不承认："王阳明矫正旧风气，开出新风气，功不在禹下。"

可曾国藩自己呢？说来说去，总不离一个"苦"字！

曾国藩自小便饱受父亲庭训督学之苦。其所撰《台洲墓表》自述云："国藩愚陋。自八岁侍府君于家塾，晨夕讲授，指画耳提，不达则再召之，已而三复之。或携诸途，呼诸枕，重叩其所宿惑者，必通彻乃已。"正所谓"玉不琢不成器"，作为长子，八岁的曾国藩已经承担了振兴家族的使命，所以从小庭训甚严，也养成了不怕苦、能耐烦的坚忍性格。

因为能吃苦，反而一路顺。曾国藩22岁考取秀才，24岁中举人，28岁中进士，入翰林院，为军机大臣穆彰阿门生，从此平步青云，打造了"十年内连升十级"的宦海传奇。别人做了高官，可能会趾高气扬，不可一世，但曾国藩却如同坐在砧板上，总是战战兢兢，直如刍豢待宰，饩羊待烹。读他做官以后的日记和家书，你不仅读不出春风得意，反而读出了居安思危、戒慎恐惧！

可以说，做官以后的曾国藩几乎一直在"自讨苦吃"！且看其道光二十年（1840）十月的一则日记：

忆自辛卯年，改号涤生。涤者，取涤其旧染之污也；生者，取明袁了凡之言，"从前种种，譬如昨日死；今后种种，譬如今日生"也。改号至今九年，而不学如故，岂不可叹！余今年已三十，资禀顽钝，精神亏损，此后岂复能有所成？

> 但求勤俭有恒，无纵逸欲，以丧先人元气；困知勉行，期有
> 寸得，以无失词臣体面；日日自苦，而不至佚而生淫。

这里的"日日自苦，而不至佚而生淫"，真是曾国藩一生写照！

因为要吃"第一等苦"，曾国藩终其一生，几乎无时无刻不在和自己"斗"。比如，年轻时他到友人家做客，未能做到"非礼勿视"，回来便在日记中写道："是日，目屡邪视，真不是人，耻心丧尽，更问其他？"有时在内室中与妻子温存私语，过后又立即警醒，在日记中写道："有用之岁月，半消磨于妻子"，"日中，闺房之内不敬。去岁誓戒此恶，今又犯之，可耻，可恨！"曾国藩 17 岁染上烟瘾，屡戒不能，及至为翰林院侍读学士时，仍为"瘾君子"。忽一日，痛定思痛，自恨无极："课续后，念每日昏锢，由于多吃烟。因立毁折烟袋，誓永不再吃烟，如再食言，明神殛之！"从此曾国藩再未吸过一口烟！这就是坊间流传甚广的"曾国藩三戒"——戒烟、戒妄语、戒房闱不敬。用曾国藩的话说，"截断根缘，誓与血战一番"！与谁"血战一番"呢？不是别人，而是自己！

道光二十二年（1842），也就是曾国藩痛下决心终于戒烟的这一年，是其一生修行的转捩点。这一年，曾国藩 32 岁，他在日记中为自己"量身定做"了著名的每日"课程十二条"：

> 一、主敬。整齐严肃，无时不惧。无事时心在腔子里，应事时专一不杂。清明在躬，如日之升。
>
> 二、静坐。每日不拘何时，静坐四刻，体验来复之仁心。

正位凝命，如鼎之镇。

三、早起。黎明即起，醒后勿沾恋。

四、读书不二。一书未完，不看他书。东翻西阅，徒务徇为人。

五、读史。丙申年购《廿三史》，大人曰："尔借钱买书，吾不惮极力为尔弥缝，尔能圈点一遍，则不负我矣。"嗣后每日圈点十叶，间断不孝。

六、谨言。刻刻留心，第一工夫。

七、养气。气藏丹田。无不可对人言之事。

八、保身。十二月奉大人手谕曰："节劳，节欲，节饮食。"时时当作养病。

九、日知所亡。每日读书记录心得语，有求深意是徇人。

十、月无亡所能。每月作诗文数首，以验积理之多寡，养气之盛否。不可一味耽著，最易溺心丧志。

十一、作字。饭后写字半时。凡笔墨应酬，当作自己课程。凡事不待明日，愈积愈难清。

十二、夜不出门。旷功疲神，切戒切戒！

这哪里是"日课"？分明是"戒律"！

中国历史上，像曾国藩这样笃信儒家圣贤之道到了宗教境界，犹如道教徒"首过"、佛教徒"持戒"、基督徒"忏悔"那样，每时每刻都能与"信仰"对话，与欲望"血战"，绝不给自己的私心贪欲留任何"后路"，绝不让自己的信念灵魂有片刻"松懈"的人，不说绝无仅有，亦可谓"多乎哉？不多也"。就此而言，曾国藩不唯是一理学家，他还是一彻头彻尾的儒教徒——

不是教徒，绝无可能臻于此境也！

咸丰七年（1857）十二月十四日，曾国藩在给其弟曾国荃的信中写道：

> 凡人作一事，便须全副精神注在此一事。首尾不懈，不可见异思迁。做这样想那样，坐这山望那山。人而无恒，终身一无所成。我生平坐犯无恒的弊病，实在受害不小。当翰林时，应留心诗字，则好涉猎他书，以纷其志。读性理书时，则杂以诗文各集，以歧其趋。在六部时，又不甚实力讲求公事。在外带兵，又不能竭力专治军事，或读书写字以乱其意。坐是垂老而百无一成。

短短一段话，全是对自己的不满、怨尤、悔恨！似乎上天生下一个曾国藩，就是要他和另一个曾国藩"斗"的。这一斗就是几十年，斗得毫不留情，斗得寸土不让，斗得惊世骇俗！直到临终前夕，还在斗。同治十年（1871）四月日记云：

> 自省目病之源在肝，肝病之源则由于忮心、名心不能克尽之故，在室中反复自讼，不能治事。

眼疾本是生理疾患，曾国藩却"反复自讼"，以为是由于"忮心、名心不能克尽之故"，似此"诛心之论"，遍布其日记书札，动心骇听，时如惊雷。其去世前几天日记云：

> 自上年定以每日读《资治通鉴》，随笔录其大事，以备

遗忘。是日以至二百二十卷，因病辍笔。犹取《宋元学案》《理学宗传》等书，披览大意，自谓身心一日不能闲也。

好一个"身心一日不能闲"！这不是"日日自苦"是什么？曾国藩曾说："天下事未有不从艰苦中得来而可久可大者也。"这大概是他"日日自苦"的理论基础吧。

曾国藩的一生，就是跟自己"死磕"的一生。他似乎很早就已明白，他这一辈子，最大的敌人不是别人，而是自己！很多人把战胜太平天国当作曾国藩一生最大的功业，殊不知，他最大的成功不是别的，而是最终战胜了他自己！

古往今来，有多少所谓的英雄豪杰曾经烜赫一时，风光无限，却最终却败在了自己手里！

因为常与自己为敌，所以才能分身为两，时常自省、自反、自讼；一旦自省、自反、自讼，则总对自己不满意，也就永远处在"苟日新、日日新、又日新"的自新之路上。

天下凡物加倍磨治，皆能变换本质，别生精彩，何况人之于学？但能日新又新，百倍其功，何患不变化气质，超凡入圣！（辛酉十二月）

因为每天都能有一"新我"，故对"旧我"常常毫不留情。所以，曾国藩的"日日自苦"，其实也有"日日自新"的意思在。

品读曾国藩，就如同品一杯苦茶，喝一盏苦酒，饮一碗苦药，开始仅得一种苦味，过后乃有一番无穷回甘！

"庸人的楷模"

有人说，曾国藩是"庸人的楷模"，因为他家世一般，资质平庸，绝非天才，所以他的成功故事，对于出身卑微而不能"拼爹"，或天资有限、唯有勤能补拙的"庸人"而言，不啻一剂"十全大补"般的苦口良药。

可是，话又说回来，既成"楷模"者，何尝真平庸？孔门有两位弟子，都是看似鲁钝而实则卓绝的人物。一个是颜回，一个是曾参。颜回是"如愚"，曾参是"也鲁"，然而正是这两位又"愚"又"鲁"的弟子，偏偏都是圣贤的胚子，最终成了孔门道统的接续者！颜回是大智若愚，默识心通，绝顶聪明——曾国藩可能够不着；曾子则是孔门的"苦行僧"，不仅奉行忠恕之道，每日"三省吾身"，而且终身"战战兢兢，如临深渊，如履薄冰"，到死才感叹说："而今而后，吾知免夫！"堪称克己复礼、戒惧惕厉、守死善道的典范。而作为曾氏后裔，曾国藩与他的这位远祖倒是一脉相承。

庸人之所以是庸人，正因其处平庸之境而无动于衷，甚至甘之如饴。像曾国藩这样常常因为平庸怠惰而苦不堪言、而羞愧不已、而愈挫愈奋的人，又怎么可能是"庸人"呢？

曾国藩能摆脱平庸，一靠能吃苦，二靠能耐烦。所谓耐烦，其实也就是"坚忍"。他尝说：

李申夫尝谓余怄气从不说出，一味忍耐，徐图自强，因

引谚曰："好汉打脱牙和血吞。"此二语是余平生咬牙立志
之诀。

曾国藩一生虽屡历险境，但终能在逆境中奋发，成就大器，
就是因为这种"打脱牙和血吞"的坚忍不拔。换言之，资质驽钝
绝不等于平庸，资质驽钝而又自暴自弃才是彻头彻尾的"庸人"！

前日记所云"思诚则神钦"者，不若云"耐苦则神钦"，
盖必廉于取而俭于用，劳于身而困于心，而后为鬼神所钦
伏，皆耐苦之事也。（庚午十月）

"思诚"是"知"，"耐苦"是"行"；将"耐苦"取代"思
诚"，足见曾国藩绝非空谈心性的狂禅派，而是"事上磨练"的
实干家。

坊间流行一句励志格言："有志者立长志，无志者常立志。"
以前亦服膺此语，及读曾国藩，则发现大谬不然。曾国藩就是一
个"立长志"之后，又"常立志"的人。且看其道光二十二年
（1842）他"立志"前后的几则日记：

自戒潮烟以来，心神彷徨，几若无主，遏欲之难，类如
此矣！不挟破釜沉舟之势，讵有济哉！（壬寅十月）
自立志自新以来，至今五十余日，未曾改得一过。此后
直须彻底荡涤，一丝不放松。从前种种，譬如昨日死；今后
种种，譬如今日生。务使息息静极，使此生意不息。（壬寅
十一月）

所以须日课者，以时时省过，立即克去耳。今五日一记，则所谓省察者安在？所谓自新者安在？吾谁欺乎？真甘为小人，而绝无羞恶之心者矣。

立志今年自新，重起炉，痛与血战一番。而半月以来，暴弃一至于此，何以为人！何以为子！（癸卯正月）

自正月以来，日日颓放，遂已一月，志之不立，一至于此。每观此册，不知所谓，可以为人乎！

今年忽忽已过两月，自新之志，日以不振，愈昏愈颓，以至不如禽兽。昨夜痛自猛醒，以为自今日始，当蘄然更新，不终小人之归，不谓今日云阶招与对弈，仍不克力却。日日如此，奈何？（癸卯三月）

曾国藩的这些自剖自讼表明：人固须"立长志"以自励，更须"常立志"以自警；唯有"常立志"，方能"立长志"。只有常常处在"立志"之中，方能惩忿窒欲，戒骄戒躁，克勤克俭，勇猛精进，最终使"常志"成为"长志"！这是一个"量变到质变"的艰难过程。

其实，给自己定了"日课"的曾国藩，虽每每自责未能改过迁善，事实上却是行之有效、持之有恒。道光二十四年（1844）十一月二十一日与诸弟书云：

学问之道无穷，而总以有恒为主。兄往年极无恒，近年略好，而犹未纯熟。自七月一日起，至今则无一日间断。每日临帖百字，钞书百字，看书少亦须满二十页，多则不论。……虽极忙，亦须了本日功课，不以昨日耽搁而今日补做，不以明日有事而今日预做。

这后一句"不以昨日耽搁而今日补做，不以明日有事而今日预做"，不就是通常所说的"今日事今日毕"吗？谁人不知？哪个不晓？可是，真能做到的又有几人?!

《礼记·学记》有言："学然后知不足。"曾国藩一生奉行为己、克己之学，故常自感不足，至其晚年，虽功成名就，众望所归，依然自视阙然，感叹自己"一无所成"：

> 余日衰老而学无一成，应作之文甚多，总未能发奋为之。忝窃虚名，毫无实际，愧悔之至！老迈如此，每日办官事尚不能毕，安能更著述邪？（己巳四月）
>
> 日月如流，倏已秋分。学业既一无所成，而德行不修，尤悔丛集。自顾竟前无涮除改徙之时，忧愧曷已！（己巳八月）

打开曾国藩的日记、书札、杂著等文献，诸如"百无一成""一事无成"之类的话俯拾皆是，触目惊心！而且，你能分明感受到，他不是故作谦虚，而是真的"看不起"自己！

孟子说："人之异于禽兽者几希！"意思是，人和禽兽的差别就那么一丁点儿！人欲一旦膨胀，以至泯灭了天理良知，立马就有可能变为禽兽！

曾国藩说得更绝——"不为圣贤，便为禽兽；莫问收获，只问耕耘。"经他这么一说，"禽兽"的可能性无限增大，除了希圣希贤，人类简直毫无退路！把两句话连起来看，似乎在曾国藩心目中，只要私欲复萌，贪名好利，甚至一旦"只问收获，不问耕耘"，好逸恶劳，饱食终日，无所事事，那也就和"禽兽"差不多了！要说曾国藩"看不起"自己，大概正是那个以"圣贤"为高标的自己，常常看不起那个偶尔也不免"禽兽"的自己吧！

人活到这个份儿上，大概是很容易被追求个性、释放欲望的现代人所嗤笑的："自苦自虐如此，何苦来哉？"殊不知，千千万万个"庸人"正是这样"炼成"的，而曾国藩却只有一个！

而且，曾国藩也并不全是"苦"，他也不乏苦尽甘来之"乐"。试看他的几副自题名联：

禽里还人，静由敬出；死中求活，淡极乐生。

战战兢兢，即生时不忘地狱；坦坦荡荡，虽逆境亦畅天怀。

世事多因忙里错；好人半自苦中来。

取人为善，与人为善；乐以终身，忧以终身。

这里的"淡极乐生""亦畅天怀""乐以终身"，隐然便是晋人乐广所谓"名教乐地"，宋儒周敦颐所谓"孔颜乐处"。曾国藩的学问皆从儒家修身工夫中来，故时时克己，刻刻慎独，而最终境界，反为一般庸众所不及。佛、道二家修行，常常远离尘嚣，独行其道，唯儒家士大夫修行，常常就在伦常日用、行止坐卧、待人接物甚至金戈铁马之间。这也即是王阳明所谓"事上磨练"。此读曾国藩不可不知也。

治兵先治心

读曾国藩，可能始终无法卒章终卷——至少于我而言是如此。别的不说，他的那些公文奏章、批牍评点、墓表诔文等，便非我所深喜。我最爱读的，是他的家书、诗文、日记以及名联，觉得最为切己有益。然而，不喜欢的还是要读，哪怕是浏览，哪怕是跳读，也能窥斑知豹，沿波讨源。不读那些自己不感兴趣却又字字用心、句句诚恳的文字，就无法真正走进曾国藩。

比如，蔡锷后来所辑录的这部《曾胡治兵语录》，不少内容便出自那些奏章公文，有的写于军中帐下，有的写于病困无眠，真能设身处地、悬想逆测一番，方不辜负孟子"以意逆志""知人论世"之教。

或问：曾国藩以一儒者之资，何以竟能治兵驭将，克敌制胜？窃以为，原因有三：

一曰承先人之教。其所撰《台洲墓表》自叙其父亲曾麟书"僻在穷乡，志存军国"，曾于咸丰二年（1852），太平军攻围长沙时，"率乡人修治团练，戒子弟，讲阵法，习技击"。曾国藩奉命在湖南办团练，援剿湖北之后，父亲"初令季子国葆募勇讨贼，既又令三子国华、四子国荃，募勇北征鄂，东征豫章"。咸丰七年（1857），曾麟书去世；第二年，曾国华殉难于三河；又四年，曾国葆病逝于金陵。故曾国藩说，自己和兄弟所以能克复失地，"虽事有天幸，然亦赖先人之教，尽驱诸子执戈赴敌之所致也"。曾国藩继承乃父之志，及至自己用兵，亦驱遣兄弟上阵。其有自箴名联曰："有诗书，有田园，家风半读半耕，但以箕裘承祖泽；无官守，无言责，时事不闻不问，只将艰巨付儿曹。"可以说，湖南湘乡曾氏，到了曾国藩这一代，才真正完成了由"乡儒"到"国士"的家族蜕变。

二曰能克己治心。前已言及，曾国藩虽自认"愚陋"，却反对"平庸"，更反对怠惰与傲慢。他的治兵格言中有一句最为警醒："天下古今之庸人，皆以一'惰'字致败；天下古今之才人，皆以一'傲'字致败。"曾国藩所以能以文御武，屡建奇功，关键在于其能将修身克己之工夫，用于治兵打仗之中。其"治心"工夫已见上文，再看他的"治兵语录"：

> 带兵之道，用恩莫如用仁，用威莫如用礼。仁者，所谓欲立立人、欲达达人是也。待弁兵如待子弟之心，常望其发达，望其成立，则人知恩矣。礼者，所谓无众寡，无小大，无敢慢，泰而不骄也。正其衣冠，尊其瞻视，俨然人望而畏之，威而不猛也。持之以敬，临之以庄，无形无声之际，常有凛然难犯之象，则人知威矣。守斯二者，虽蛮貊之邦行矣，何兵之不可治哉！

> 兵者，阴事也。哀戚之意，如临亲丧；肃敬之心，如承大祭，……故军中不宜有欢欣之象。有欢欣之象者，无论或为和悦，或为骄盈，终归败而已矣。（见本书《兵机》章）

一句话：欲治兵，先治心。蒋介石正是看到这一点，才特意在蔡锷辑录的十二章"治兵语录"之外，又增补《治心》一章。其中便有曾国藩力克"忮心""求心"的自陈：

> 余生平略述先儒之书，见圣贤教人修身，千言万语，而要以不忮不求为重。忮者，嫉贤害能，妒功争宠，所谓"怠

者不能修，忌者畏人修"之类也。求者，贪利贪名，怀土怀惠，所谓"未得患得，既得患失"之类也。忮不常见，每发露于名业相侔势位相埒之人；求不常见，每发露于货财相接，仕进相妨之际。

将欲造福，先去忮心，所谓人能充无欲害人之心，而仁不可胜用也。将欲立品，先去求心，所谓人能充无穿窬之心，而义不可胜用也。忮不去，满怀皆是荆棘；求不去，满腔日即卑污。余于此二者，常加克治，恨尚未能扫除净尽。尔等欲心地干净，宜于此二者，痛下工夫，并愿子孙世世戒之。

王阳明说："破山中贼易，破心中贼难。"曾国藩所欲克去的"忮心""求心"，正是阳明所谓"心中贼"。此贼人人皆有，但未必人人能破，人人欲破。这也是曾国藩不同凡俗的地方。同治六年（1867）正月初二，曾国藩在河南周口致其弟曾国荃的家书中说：

弟求兄随时训示申儆。兄自问近年得力惟有一"悔"字诀。兄昔年自负本领甚大，可屈可伸，可行可藏，又每见得人家不是。自从丁巳、戊午大悔大悟之后，乃知自己全无本领，凡事都见得人家有几分是处。故自戊午至今九载，与四十岁以前，迥不相同，大约以能立能达为体，以不怨不尤为用。立者，发奋自强，站得住也；达者，办事圆融，行得通也。吾九年以来，痛戒无恒之弊。看书写字，从未间断；选将练兵，亦常留心；此皆自强能立工夫。奏疏公牍，再三斟酌，无一过当之语、自夸之词，此皆圆融能达工夫。至于怨天本有所不敢，尤人则常不能免，亦皆随时强制而克去之。弟若欲自儆惕，似可学阿兄丁戊二年之悔，然后痛下箴砭，必有大进。

王阳明的"龙场悟道"从困顿中得来，曾国藩的"大悟"则从"大悔"中得来。这也是其一生"治心"所得，故能由内而外，成己成物。

三曰能知人善任。长期的学问积累和人生经验练就了曾国藩的一双"慧眼"和"法眼"。本书的第二位主人公胡林翼曾说："曾公素有知人之鉴，所识拔多贤将。"近人薛福成也说："曾国藩知人之鉴，超轶古今，或邂逅于风尘之中，一见以为伟器；或物色于形迹之表，确然许为异材。"连太平天国名将石达开也称其"虽不以善战名，而能识拔贤将，规划精严，无间可寻，大帅如此，实起事以来所未见也"。民国相学家陈公笃则说："国藩素拘谨，其才不如胡、左，而功倍之，独知人善用，是其特长。"这些众口一词的评价，信出真心，绝非溢美。

和历史上其他豪杰人物貌宽心忍、嫉贤妒能不同，曾国藩是真能礼贤下士，虚己待人，其奖掖后进，荐举人才，真正做到了不遗余力，大公无私。他曾说："为政之道，得人、治事二者并重。得人不外四条：广收，慎用，勤教，严绳。"并且说到做到。其幕府中有刘蓉与郭嵩焘等高级智囊，帐下有罗泽南、王鑫、李续宾、塔齐布、杨载福、鲍超、刘铭传、彭玉麟等众多名将，而胡林翼、左宗棠、李鸿章等中兴名臣亦曾为其所用，此诸人，皆为一时之选。论军事指挥能力，曾国藩并非天才，起先也吃过不少败仗，如无知人善任的本事，又焉能反败为胜，建立不世功勋？他有副名联曰：

> 虽贤哲难免过差，愿诸君谠论忠言，常攻吾短；
> 凡堂属略同师弟，使寮友行修名立，方尽我心。

目光如炬，心胸宽广，与人为善，从善如流，正是曾国藩最具人格魅力之处。他不仅能用将，还能爱卒，不仅能爱卒，尤其能恤民。其所作《得胜歌》《爱民歌》等军歌朗朗上口，通俗易懂，寓教于乐，深入人心，真非兼具智、仁、勇"三达德"者莫办！

然而，就是这样一位历史上罕见的"三不朽"人物，却一生自处甚卑，几乎全无自信。同治八年（1869）八月，曾国藩在日记中写下："念生平所作事，错谬甚多，久居高位而德行学问一无可取，后世将讥议交加，愧悔无及。"这是他晚年对自己的评价，简直一无是处，一代伟人而自讼如此，细思极令人动容，今之大言不惭之辈又有何颜面自吹自擂?!

同治十一年（1872）二月初四，曾国藩溘然辞世，栋梁摧折，朝野震惊悲痛。百姓巷哭，绘像祀之；朝廷闻讯，辍朝三日。左宗棠与曾国藩素有嫌隙，晚年更是时加轻诋，闻听噩耗，亦挥毫写下一副挽联："知人之明，谋国之忠，自愧不如元辅；同心若金，攻错若石，相期无负平生。"观此可知，二公不愧"名臣""国士"之目也！其门人李鸿章挽联云："师事近三十年，薪尽火传，筑室忝为门生长；威名震九万里，内安外攘，旷世难逢天下才。"口碑盛传，青史彪炳，不在话下。

中国历史上，常常有一些谜一样的"箭垛式"人物，集矢一身，聚讼无已，是非功过，扑朔迷离，任凭后人"嘈嘈切切错杂弹"。每个朝代都有这样的人，但也屈指可数。有清一代，人才辈出，要选出一位最具魅力也最有争议的人物，曾国藩堪称不二人选。

尽管诉诸"阶级分析"和"政治正确"的历史评价，对曾国藩其人褒贬不一，但毋庸置疑的是，在人类的"精神世界"和"人格图谱"中，曾国藩是自成一格、绝无雷同的独特个案。不仅其人其书值得后世反复阅读，就连文字背后所传递出来的诸多"滋味"，也值得我们品咂再三。晚清人杰梁启超对曾国藩佩服有加，称："岂惟近代，盖有史以来不一二睹之大人也已；岂惟我国，抑全世界不一二睹之大人也已。然而文正固非有超群绝伦之天才，在并时诸贤杰中，称最钝拙；其所遭值事会，亦终生在拂逆之中；然乃立德、立功、立言三并不朽，所成就震古铄今而莫与京者，其一生得力在立志自拔于流俗，而困而知，而勉而行，历百千艰阻而不挫屈，不求近效，铢积寸累，受之以虚，将之以勤，植之以刚，贞之以恒，帅之以诚，勇猛精进，坚苦卓绝。"（《曾文正公嘉言钞》）这是典型的"梁氏"文体，情感难免泛滥，然要在出诸胸臆，非一般恭维之词所可比也。

至于说到曾国藩对太平天国的所谓"镇压"，也是近代历史诠释的"无物之阵"，说见仁见智难免客气，说凿井自陷、作茧自缚差可拟之。冯友兰在论及曾国藩的是非功过时说："中国维新时代的主题是向西方学习，进步的人们都向西方学习，但不能倒过来说，凡向西方学习的都是进步的人们。这要具体地分析，要看他要学习的是什么。中国所要向西方学习的是西方的长处，并不是西方的缺点，洪秀全和太平天国所要学习而搬到中国来的是西方中世纪的神权政治，那正是西方的缺点。西方的近代化正是在和这个缺点的斗争中而生长出来的，中国所需要的是西方的近代化，并不是西方中世纪的神权政治。洪秀全和太平天国如果统一了全国，那就要使中国倒退几个世纪，这是我对于洪秀全和太平天国的评价。这个评价把洪秀全和太平天国贬低了，其自然的结果就是把它的对立面曾国藩抬高了。曾国藩是不是把中国推向前进是可以讨论的，但他确实阻止了中国的倒退，这就是一个大贡献。"冯氏还说："洪秀全和太平天国在南京以西方的基督教为教义，以神权政治为推动力，以太平军的武装力量为支持，三位一体，力量雄厚。曾国藩以宋明道学为理论，以清朝政权为靠山，以湘军的武装力量为支持，与太平天国的三位一体势均力敌。……曾国藩和太平天国的斗争，是中西两种文化、两种宗教的斗争，即有西方宗教斗争中所谓'圣战'的意义。这是曾国藩和太平天国斗争的历史意义。曾国藩认识到，在这个斗争中所要保护的是中国的传统文化，特别是其中的纲常名教。从这一点说曾国藩是守旧的，他反对中国进步。笼统地说是这个样子，但分析起来看，守旧和进步是相对而言的。纲常名教对于神权政治说还是进步的。"（《中国哲学史新编》第六册）窃以为，这一评价还是相对客观并值得参考的。

当今之世，阳明学大行其道，而曾国藩似乎"热度"稍减。其实，无论对于修身齐家，还是治国为政，甚至对于澄清吏治、砥砺士气而言，曾国藩无疑有着更为切己、对症的功效。读一读曾国藩，对于被物欲裹挟着东奔西走、缺乏恒心定力的现代人而言，实在是很有必要的，相信也一定会开卷有益。

　　而这部流传甚广的《曾胡治兵语录》，向以短小精悍，平易好读著称，或许可以充当打开曾国藩精神世界大门的一把钥匙吧！

刘　强

2018 年 2 月动笔，4 月 1 日完稿于守中斋

凡　例

一、《曾胡治兵语录》是近代著名的语录体军事著作，蔡锷辑录整理，共十二章，14 000余字。集中反映了曾国藩、胡林翼的军事思想和治兵谋略，在我国军事史上有着重要地位和价值。

二、《曾胡治兵语录》于1917年由上海振武书局刊行。1924年，蒋介石将此书作为黄埔军校教材，并增辑《治心》一章，共十三章，以《增补曾胡治兵语录》之名出版。1943年，八路军《军政杂志》出版《增补曾胡治兵语录白话句解》，1945年八路军山东军区重印出版。1995年，巴蜀书社复将增补本整理出版，陈志学译注，书后附有《曾国藩论军事谋略》万余言。此后又有九州图书出版社（1997）、吉林人民出版社（1999）、中国民族摄影艺术出版社（2002）等诸多版本。我们这次整理译注，以上海图书馆近代文献阅览室所藏蒋中正增补本为底本，参校陈志学译注本，择善而从，文字更为可靠，注释更为详赡，力求奉献给读者一部相对完善的读本。

三、本书将曾、胡的治兵语录以阿拉伯数字做了排序，纲举目张，便于读者观览。

四、本书使用简体规范字，现代标点，对蒋氏增补本（简称蒋本）中明显的错字，一律改正，蒋本中的衍字以（）标明，据它本增补之字则用［］标明，一般不出校语。

五、本书各章均分设三个部分：（一）导读，对该章主旨做简要解析。（二）原文及注释，照录《曾胡治兵语录》原文并详加注释。（三）译文，对原文进行逐字逐句的白话今译。

六、蒋介石的《增补曾胡治兵语录序》，因其语言易懂，不再注译。

七、本书还将散见于曾国藩书信、日记、杂著、奏疏及诗文中，而《曾胡治兵语录》未收的治兵语录搜求寻绎，共得二百余条，附录于书后，所录材料一律注明原始出处，供读者参考，一般不再作注释和今译。本书参考了谢树坤、王澧华、陈志学等先生的著作，以及《曾国藩家书（上下）》（北京燕山出版社 1994 年版）、《曾国藩日记（上中下）》（南方出版社 2000 年版）、《曾文正公全集》（同心出版社 2014 年版）等书，特此说明。

八、本书注释和翻译采用章内分段注译的形式，即将每章根据曾、胡语录分成若干部分，对每一部分予以注译，自成起讫，以便读者阅读。

九、此外，对书中出现过的历史人物均以脚注形式做简要介绍。

十、本书还将部分条目的出处考出，并以脚注形式注明。

十一、本书的前言最初由对近代史素有研究的张爱民先生所撰，这次新版时笔者又做了增改，特此说明并致谢意。

十二、此书 2007 年由广西师范大学出版社出版，2019 年岳麓书社再版时，对全书又做了全面的修订和增润，注释及《附录》部分增补了百余条、近两万字的内容，以俾读者参考。这次出版，又有少许润色及修订。

　　十三、限于才识学力，本书难免会有不少错误，敬请读者方家不吝赐教。

前　言

　　《曾胡治兵语录》是我国近代军事史上一部著名的语录体兵书，"中国十大兵书"之一。该书比较系统地反映了晚清湘军统帅曾国藩、胡林翼的军事思想和治军方法，民国初年，被蒋介石作为黄埔军校的教材。

　　《曾胡治兵语录》由近代著名军事家蔡锷所辑录，成书于1911年，最初只是作为教材使用，并未传之社会。蔡锷逝世后一年，即1917年，始由上海振武书局刊行，遂在社会上广为流传，出现了多种不同的版本，今所知民国时期的主要版本有：1917年铅印本、1922年铅印本、1937年冯治安铅印本、1947年中国书店《古代兵经》本等。

关于编写者及编写缘起

　　蔡锷（1882—1916），原名艮寅，后改名锷，字松坡，湖南邵阳人。近代史上著名的爱国将领、军事家。

蔡锷自幼聪慧好学，14 岁中秀才，15 岁考入清末颇有影响的长沙时务学堂。当时，提倡变法维新的谭嗣同、梁启超正在时务学堂任教，谭嗣同任学堂总监，梁启超任学堂总教习。年轻的蔡锷深受谭、梁二公思想的影响，并与梁启超结下了深厚的师生情谊。不久，戊戌变法失败，谭嗣同慷慨就义，梁启超流亡日本。朝政的腐败使血气方刚的蔡锷深受刺激，他曾计划行刺慈禧太后，因故未果。

1900 年，蔡锷赴日本留学，先后毕业于陆军成城学校和陆军士官学校，曾参与组织"拒俄义勇队"。1904 年回国后，在江西、湖南、广西等地从事军事教育工作。其间著有《军事计划》一书，对加强国防建设和治军用兵等方面，提出了一些新的见解。

1911 年初，应云贵总督李经羲之召，调云南，任新军第十九镇第三十七协协统。1 月下旬，英国军队入侵我国云南边境片马地区。蔡锷感到，军人为国尽职的时候到了。他见到新军风气败坏，军纪涣散，十分焦急，很想为改变风气、鼓舞士气做出应有的贡献。恰在此时，第十九镇镇统钟麟同找到蔡锷，要他编写一个针对军人的"精神讲话"。于是，蔡锷编成《曾胡治兵语录》一书，以阐述自己关于治军的见解，希望借此唤醒军心，把新军训练成一支具有战斗力的部队。书中的曾、胡，系指清末政治家、军事家、湘军统帅曾国藩和胡林翼。

不久，武昌起义爆发，蔡锷与革命党人密商响应，10 月 30 日在昆明组织武装起义。次日，起义军占领全城，蔡锷被推为云南军都督府都督。嗣后，因忧心于西方列强觊觎我国西南地区，蔡锷主持编写了《五省边防计划》，提出了拱卫边疆，加强防务，对付帝国主义侵略的具体方案。

1913 年，蔡锷被袁世凯调北京任参政院参政等职，授将军府昭威将军。

1915 年袁世凯称帝，蔡锷遂由北京潜回云南，与云南将军唐继尧等人于 12 月 25 日宣布云南独立，组织护国军，发动护国战争。他抱病亲师第一军入川，依靠人民支援和士气优势，运用近战和迂回包围战术，同数倍于己的北洋军鏖战川南，克宜宾、江安、纳溪等地，表现出了卓越的军事才能。

1916 年 6 月，护国战争胜利结束，蔡锷任四川督军兼省长。11 月 8 日，病逝于日本，年仅 35 岁。

严格说来，本书的真正作者是曾国藩和胡林翼，但是，蔡锷将这些丛杂的语录钩沉出来，并按照十三个门类加以编排，再加上序言和按语，俨如线之贯珠，使全书纲举目张，夺胎换骨，有了一个新的系统和生命。故蔡锷又可以算是此书的缔造者，也是曾、胡二公军事思想的整理者和弘扬者。

关于曾国藩与胡林翼

曾国藩、胡林翼是中国近代史上的著名政治家、军事家，也是湘军的核心人物。二人都是"儒将"，既有丰富的实战经验，又注意借鉴传统文化和军事理论，善于总结和思考，从而提炼出了一些很有价值的军事思想，在近代军事史上有着十分重要的理论价值和指导意义。

曾国藩（1811—1872），原名子城，字伯涵，号涤生。湖南湘乡（今湖南娄底市双峰县）人。晚清著名政治家、军事家、文学家，有"中兴第一名臣"之誉。湘军创始人，近代洋务运动发起者。官至两江总督、直隶总督、武英殿大学士，封一等毅勇侯，为清代以文人而封武侯之第一人。

曾国藩家世儒学，幼年就读于家塾"利见斋"。24岁考取举人，1838年中进士，从此踏上仕途。先后任翰林院庶吉士、内阁学士、礼部侍郎及兵部、工部、刑部、吏部侍郎等职。十年之内，连升十级，可谓官运亨通。然其为人，则有鲁钝之名，谦卑戒慎，勤恪笃敬，在京师做官期间，究心于诗文和理学，著述享誉士林，有"一代儒宗"之称。

1853年，太平军以势不可挡之势进攻湖南，清廷上下惊恐万分。连丁忧在籍的曾国藩，也被皇帝指派于家乡"帮办团练"，以阻击太平军的攻势。从此，曾氏弃文就武，从办团练开始，募陆军，创水师，逐步建立起一支颇具战斗力的军队，世称"湘军"。随后亲率湘军出省作战，从太平军手中夺回战略要地武昌田家镇，控制了长江上游。1855年，其水师在湖口遭太平军重创，被迫退守南昌。次年，趁太平军天京内乱之际，重新聚集力量，再次夺回武汉、九江等地。1860年，曾国藩升任两江总督，次年，节制浙、苏、皖、赣四省军务，分兵三路攻取浙江、支援上海、围困天京。1864年7月，湘军攻陷天京，清廷封曾国藩为一等侯，加太子太保衔。次年，调任钦差大臣，对捻军作战，因战败去职。后曾任直隶总督、两江总督。曾与李鸿章、左宗棠创办江南制造局、福建马尾船政局等近代军事工业，是清末洋务运动的主要发起人之一。1872年病逝于南京。著作被辑为《曾文正公全集》。

胡林翼（1812—1861），字贶生，号润芝，湖南益阳人。晚清著名政治家、军事家。与曾国藩、李鸿章、左宗棠并称为"中兴四大名臣"。1836 年进士，授编修，先后充会试同考官、江南乡试副考官。1850 年，署贵州镇远知府，次年补黎平知府。1854 年补贵东道员，率黔勇到湖北，与曾国藩一同阻击太平军。同年，迁四川按察使，调任湖北，从此与曾国藩同任湘军统帅。次年，配合曾国藩进攻江西九江、湖口，升任湖北布政使，回救武昌。1856 年，任湖北巡抚，以湖北财力全力支持曾国藩，并多次派部增援庐州（今合肥）、安庆。1861 年 9 月，因所遣之部攻陷安庆，加太子太保衔。不久，太平军攻克黄州（今黄冈），迫近武昌，胡氏惊忧成疾，呕血而亡。抚鄂期间，注意整饬吏治，引荐人才，协调各方关系，曾多次推荐左宗棠、李鸿章、阎敬铭等，为时人所称道。其所著《读史兵略》46 卷，奏议、书牍 10 卷等，辑有《胡文忠公遗集》，曾绘制《大清一统舆图》，为我国早期较完整的全国地图。

蔡锷对曾、胡治军思想的敬重与推崇

曾、胡二公乃一代人杰，虽然其所捍卫与护持的乃是日趋衰败的清王朝，用以治理湘军的思想武器也是在西方文明冲击下面临危机的中国传统文化，但是，他们的思想言行呈现出鲜明的经世致用的实学特色，并且在具体实践中收到了预期的效果。撇开政治上的考量不论，二公的行迹与人格、军事才能与事功成就，无疑是应该受到公允评价和理性肯认的。

曾国藩逝世 10 年后才出生的蔡锷，在接受西方文化的同时，对中国传统文化的主体部分也予以相当程度的认同。他从内心深处对曾、胡这两位同乡先贤的事功尤其是治军方略表现出钦敬之情，对他们的军事才干十分推崇，并对二公的军事思想作了十分深入的研究，认为他们的兵学言论大都切中近代军事时弊，具有重要的战略价值和指导意义。因此，尽管曾、胡是为清王朝服务的人物，但身处新的历史条件下的蔡锷，仍然把他作为治国平天下的榜样来看待，尤其是对曾、胡在治军方面的思想主张，从总体上予以了认同和表彰。其要点如下：

（一）对曾、胡"以良心血性为前提"来选拔和培养将领的思想，蔡锷认为是"扼要探本之论"。

曾、胡在治理湘军时，继承明代著名军事家戚继光把"练将"摆在十分重要地位的经验，反复强调："今日将欲灭贼，必先诸将一心，万众一气，而后可以言哉"；"欲练乡勇万人，概求吾党质直而晓军事之君子，将之以忠义之气为主，而辅之以训练之勤"；"带勇须智深勇沉之士，文经武伟之才。……大抵有忠义血性，则四者相从以俱至；无忠义血性，则貌似四者，终不可恃"。（以上见《曾国藩全集·书信》）。对此，蔡锷认为其主旨源于中国传统的论将五德，即智、信、仁、勇、严，"取义至精，责望至严"，与西方军事家所说的"天所持赋之智与勇"基本相似，且有了新的发展。"为将之道，以良心血性为前提"这一治军思想，是曾、胡等人从实践中得来。蔡锷充分肯定了曾、胡等人以"忠义血性"作为治军思想的历史地位，并把它吸取继承过来，用以唤起革命军人为推翻清王朝、建设中华民国而奋斗的自觉性。这种态度，反映了蔡锷的实学精神非常明显：尽管蔡锷所处的时代比曾、胡的时代已前进了半个多世纪，中国文化无论在形式上还是内容上都发生了很大的变化，但蔡锷根据清末民初特定的社会环境和条件，尤其是根据当时军事、政治实情，从总体上对曾、胡的治军思想予以认同，是符合近代中国思想文化发展演变的基本规律的。

（二）对曾、胡提出的将材由"陶冶而成"，不必拘定一格，应使其各显其长，各去其短的主张，蔡锷表示完全赞同。

曾、胡将将材的标准作了明确的规定：一曰"知人善任"，二曰"善觇敌情"，三曰"临阵胆识"，四曰"营务整齐"。如果能做到"智略深远"又"号令严明，能耐劳苦，三者兼全"，乃为"上选"之将。然而，有才能的人并非无缺点，将材是经过陶冶、磨练而成的，那种"百长并集，一短难容"的人才是不多见的。所以，曾、胡主张用人尤其是使用将材不须规定一格，不必求全责备，重要的是发挥各人的专长，在实践中锻炼其才干。对此，蔡锷作了具体阐发："窃谓人才随风气为转移"，而"居上位者有转移风气之责"。但并非专指一二人，譬如官长居目兵之上位，中级官居下级官之上位等，人人都有责任从自己做起，关键的问题应当是"因势而利导，对病而下药"，这样的话，"风气虽败劣，自有挽回之一日"。蔡锷强调，只有像曾、胡所倡导"多数同心共德之君子，相互提挈维系，激荡挑拨，障狂澜既倒于"，才能收到潜移默化，"日趋于善"的效果。

（三）对于曾、胡所主张的以"诚实"二字引导士兵养成高尚的志向，不为金钱、地位所诱惑，做到"忠愤耿耿"的治军思想，蔡锷推崇为"至理名言"。

曾、胡二公反复指出：对于部属重要的不在于怂恿他们如何去猎取地位金钱之大小多寡，"不重在保人官阶，而在成人美名"。对于这一观点，蔡锷作出评论。他认为，作为一个合格的军人，在时局日坏、兵祸频仍之际，如果下定了"以救国为目的，以死为归属，不足渡同胞于苦海，置国家于坦途"的志向，就"须以耿耿精忠之寸衷，献之骨岳血渊之间，毫不返顾"的精神，去达到最终目的。反之，如果做将官的人都以"跻高位、享厚禄、安福尊荣为志"，做士兵的人都"以希虚誉、得饷糈为志"，那么国家民族的兴旺和前途，都会成为一句空话。

曾、胡认为，要使将领和兵勇相互信任支持，不去追逐金钱地位，凡事必须始终坚持一个"诚"字和一个"实"字，以此去反复启发引导人人心中内在的良知。蔡锷明确认定这是决定一支部队能否克敌制胜的关键所在。他深知，军营是一个战斗的整体，全靠万众"不容有丝毫芥蒂"。要能做到情同手足，亲密无间，就必须像曾、胡所主张的那样，用"诚实"二字来"贯串"、来"维系"感情；否则就会如一盘散沙，"必将不戢自焚"。

（四）对曾、胡有关公正廉明、知人晓事的治军思想，蔡锷充分肯定其"持论至为正当"。

曾、胡用人方面取得明显的效果，是由于他有一套完整的人才理论，切合实际的处理方法，这就是做到"公正廉明"然后才能"知人晓事"，治军更是如此。蔡锷则认为，用人能否相当，取决于对人的了解是否明了；办事是否有才能，取决于看问题是否透彻。这其中一个基本的准则就是曾、胡所说的，辨别一个好的将领是君子还是小人，最重要的要看他"能否利人济物"。如果所用人不能称职，所办的事得不到好结果，即使出发点是好的，终究也难成好官、好将领。自古以来，一切公正廉明的圣贤之士，在用人方面一般都能做到"内举不避亲，外举不避仇"。

蔡锷列举曾国藩荐举左宗棠而不计私嫌，弹劾李元度而不念旧情的实例来加以论证，高度赞扬曾氏"不以恩怨而废举劾"，真正是"名臣胸襟，自足千古"。

曾、胡以知人善用闻名于近代，清咸丰、同治年间所谓的"中兴名臣"，大都与他们的荐举提拔有关，他们在从政、治军方面都给后人留下了可资借鉴的历史经验。蔡锷及其统率的军队仍然处于内忧外患同时并至的非常时期，所以他对于曾、胡知人善用的治军思想，很自然地产生了予以继承的迫切愿望。

（五）对于曾、胡提出的"恩威并用"的治军思想，蔡锷表示全面认同。

曾、胡二公治军的一个最突出的特点，就是尽力将孔、孟之"仁"和"礼"的思想融合于士兵的言行之中，把封建的伦理观念同尊卑等级观念结合一起，将军法、军规与家法、家规联成一体，用父子、兄弟、师生、朋友等友谊关系来掩饰、调剂、弥补将帅之间和士兵之间的摩擦与抵触情绪，使士兵或下级易于尊敬长官、服从官长、维护官长，甚至为之死力卖命，在所不惜。

为了达到这样一个目的，曾、胡反复强调要坚持"仁爱"和"严肃"即"恩威并用"这四个字。什么是"仁爱"呢？据曾、胡解释，军人既然以军营为第二家庭，那么在这个第二家庭里，家长对子弟，即官长对士兵，也就应该讲仁爱，兵勇之间也应该以仁爱相待。这是因为，平时大家和睦相处，互爱互助，建立了一种牢不可破的感情，所以到了战时就会互相照应，争先恐后，勇往直前。什么是"严肃"呢？曾、胡认为，军事不同于儿戏，行军作战是一件很不平常的事情。从而，他又主张对士兵要用"严肃"二字即进行军队纪律性的训练：对待兵勇不可过于宽纵，平时之规矩，应当严格执行，"庶临阵时勇心知畏，不敢违令"。他反复强调，在抓正规化军事训练的同时，应严格禁止此营议彼营之短，彼营议此营之过。在行军驻扎之时，不准扰害百姓。为了严肃军规军纪，针对兵勇中大多数人不识字的特点，曾、胡用浅显的语句，将兵勇的起居生活，营房驻扎，出阵攻守等方面的规章与告诫之言，编制成种种歌词，如《爱民歌》《得胜歌》《解散歌》《保守平安歌》等，要求兵勇口诵心记，于无形之中印入脑海，在日常言行中约束自己，以期收到预期的效果。

蔡锷充分肯定曾国藩所说的"带兵如父兄带子弟"一语，以为"最为慈仁贴切"。如果谁能真正以曾国藩这一名言时常存于心中并落实到行动上，那么他就没有必要再去熟读古今兵书所言的带兵之道了。蔡锷具体作了解释，如果做官长的、做上级的像父兄对待子弟那样事事处处都能体贴入微，关怀备至，那么他就能做到：当他感到士兵愚顽无知时，则会想方设法开导他们；看到士兵饥寒苦痛时，则会百般爱护关心他们；发觉士兵放荡无羁、浮华不实时，则会对他们进行严厉指责，细心诱导，等等。这一切，无论是宽容还是严厉，是爱护还是憎恨，是奖赏还是惩罚，都是出于"至诚无伪"，都会起到感化、启迪士兵情感，使之人人学好，个个成材的积极效果。反过来，"则弁兵爱戴长上，亦必如子弟之爱其父兄矣"。

蔡锷亦推崇曾国藩的"军人以军营为第二家庭"之说"亲切有味"，并且做了详尽的阐发。他认为，原因在于官长与兵勇之间的相处是师友般的平等关系；官长对于兵勇的约束督责、百般爱护的情谊，就如父兄对子弟一般的至亲纯净；士兵对于官长如果能做到"恪恭将事"，也就如子弟对于师长父兄那样出自内心的真诚，这样，官长与兵勇在平时彼此和睦相处，战时同患难共生死，去为保护国家民族的利益而献身。

蔡锷还特别强调，应该将曾、胡所说的"爱民为治兵第一要义"的观点，在新的历史环境和条件下加以体会实践。他具体解释其理由说，用兵本来就是为了安民。国家有难，天下不太平，才不得不用兵。如果用兵不是以爱民为本，而是去扰害百姓，那么就是"悖用兵之本旨"。这样，不仅在筹集粮饷、征发夫役、探访敌情等方面得不到积极的支助，且将"修怨于民，而招其反抗"。应该说，这些观点都是其来有自且颇具现实意义的。

关于《曾胡治兵语录》

中国兵书的内容十分丰富和广泛。有人统计，现今存世与存目的兵书约 3 300 余部，23 500 余卷，如果再加上以散失不见著录者，中国兵书当在 4 000 部，30 000 卷左右。目前最著名的兵书有十部，它们是：《孙子兵法》《司马法》《吴子兵法》《孙膑兵法》《尉缭子》《六韬》《黄石公三略》《诸葛亮兵法》《唐太宗李卫公问对》和《曾胡治兵语录》。

在编评《曾胡治兵语录》过程中，蔡锷对曾、胡的军事战略战术做了中肯的评价，同时指出了这些观点形成的时代背景。蔡锷十分推崇曾、胡二公，却又并不囿于二公的理论，而是根据国情现实提出了诱敌深入，打持久战的战略思想，形成了具有近代特色的军事思想。蔡锷在每章之末，都附有一段简略的按语，或对本章大意概括归纳，或对曾、胡言论加以评述，或借题发挥，阐述自己的军事思想和对时局的看法。尤其是在第十一章、十二章的按语中，蔡锷根据新的时代特点，在战略战术方面提出了许多重要的见解，并对曾、胡的某些言论做了修正，很有参考价值。

全书分将材、用人、尚志、诚实、勇毅、严明、公明、仁爱、勤劳、和辑、兵机、战守等十二章，系统地反映了曾国藩、胡林翼的军事思想。前十章围绕置将、整军、训练等，论述治军中的种种问题；后二章则专门论述战略战术中的一些重要问题。

《将材》一章，主要论述高级将领应具备的一些基本素质。曾、胡兴兵之日，正是晚清政治最腐败的多事之秋。社会上的腐败风气早已渗入军队，当时的官军八旗、绿营，将帅贪鄙，士兵离心，军纪松弛。在士气高涨的太平军面前，官军不堪一击，屡战屡败。针对这种局面，曾、胡认为，用兵须先治兵，治兵须先治将。他们一再强调，"天下强兵在将"，就是这个意思。从《将材》看，曾、胡治将，又首重选将。他们要求将领除了具备基本的军事才能外，还必须"才堪治民"，可谓文武并重、德才兼求。而在众多要求中，又最重道德品质，即必须"有良心，有血性"。

曾、胡对中下级军官的选拔也同样重视。胡林翼说："营官不得人，一营皆成废物；哨官不得人，一哨皆成废物；什长不得人，十人皆成废物。"

从《用人》一章看，曾、胡对中下级军官虽重选拔，但更重培养。他们一再强调，用人不可求全责备，而要善于用其所长，并在实践中对之进行培养和熏陶。

《尚志》《诚实》《勇毅》三章，都是讲军人的修养和素质。曾、胡认为，做人要有远大志向，做军人也要立志高远、淡泊名利。胡林翼说："方今天下之乱，不在强敌，而在人心。"本着这样的认识，曾、胡指出，治理军队应该先治人心。他们认为，军人做到诚实质朴，这不仅是一个个人修养问题，而且是一个直接影响到战争胜负的关键性问题。在论述勇毅时，曾、胡虽然也很注重不怕死的精神，但并不赞赏匹夫之勇，而是提倡一种具有浩然之气的"大勇"。

《严明》《公明》《仁爱》《勤劳》《和辑》等五章，都是讲练兵、带兵的方略和原则。曾、胡认为，赏罚严明、军纪整肃是克敌制胜的保证，必须使军队做到"号令未出，不准勇者独进；号令既出，不准怯者独止"。又说，将帅身居高位，掌握军中生杀大权，做事应出以公心；应以仁爱之心带兵，使士兵有以军营为第二家庭的感觉。曾、胡指出，行军打仗，经常会遇到一些常人难以忍受的痛苦，军人只有时刻勤于训练，才能克服这些困难。当几支部队联合行动时，必须号令统一，团结协作。胡林翼说，"为大将之道，以肯救人、固大局为主"。

《兵机》《战守》二章，所论多与用兵谋略和作战攻守相关，集中反映了曾、胡的战略战术思想。曾、胡论兵，主张谨慎稳重，一再强调，如果没有做好准备，决不轻言出战。他们特别强调运用士气，讲究养精蓄锐，以逸待劳。在攻守作战方面，则极重主客之说，力求掌握战争中的主动权。论防守时，强调控制重点，选择枢纽之地厚集重兵把守。曾、胡还指出，兵机是时常变化的，作战时必须"奇""正"相辅，灵活应对。胡林翼说："荀悦之论兵也，曰：'权不可预设，变不可先图，与时迁移，随物变化。'诚为用兵之至要。"从《兵机》《战守》二章可以看出，曾、胡善于将古代军事理论的精华，灵活运用于战争实践之中，并能根据新的情况提出新的解决办法。

因而，《曾胡治兵语录》中曾、胡二公的战略战术思想对前人既有继承，又有创新，在近代军事思想史上占有重要地位。

梁启超序①

　　松坡②既死于国事，越一年，国人刊其遗著《曾胡治兵语录》行于世。世知松坡之事功，读此书，可以知其事功所由来矣。自古圣贤豪杰，初未尝求见事功于当世也。惟其精神积于中，著于外，世人见之，以为事功耳。阅世以后，事功或已磨灭，而精神不敝[1]。传之后世，遭际时会，此精神复现为事功焉。松坡论曾、胡二公之事，谓其为良心血性二者所驱使，则松坡之事功，亦为此良心血性所驱使而已。曾、胡二公③，一生竞竞于存诚去伪，松坡于此，尤阐发不遗余力。精神所至，金石为开，二公屡言之，松坡亦屡述之。二公之言，不啻诏示[2]松坡，使其出生

---

① 按：蒋中正增补本无梁启超序，此据别本录入。
② 松坡：即蔡锷（1882—1916），原名艮寅，字松坡，湖南邵阳人。近代爱国将领，军事家。有刘达武辑《蔡松坡先生遗集》等。
③ 曾、胡二公：指曾国藩和胡林翼。曾国藩（1811—1872），原名子城，字伯涵，号涤生。湖南湘乡人。道光进士。晚清中兴第一名臣。理学家、政治家、军事家、诗文家。湘军创始人，近代洋务运动发起者。官至两江总督、直隶总督、武英殿大学士，封一等毅勇侯。有《曾文正公全集》传世。胡林翼（1812—1861），字贶生，号润芝。湖南益阳人。道光进士。晚清中兴名臣，军事家。与曾国藩并称"曾胡"。著有《胡文忠公遗集》。

死，冒危难，掬[3] 一诚以救天下之伪。则虽谓松坡之事功，皆二公之事功可也。松坡自谓身膺[4] 军职，非大发志愿，以救国为目的，以死为归属，不足渡同胞于苦海，置国家于坦途。今松坡得所归矣，而救国志愿，曾未达其万一。护国军之起，仅使民国生死肉骨，如大病方苏，元气已伤，将养扶持，所需于事功者，正复无限。来者不可见，惟恃此耿耿精神，常留存于吾国民隐微之间，可以使曾、胡复生，使松坡不死，以解除日后之千灾百难，超苦海而入坦途。而此语录十余章，实揭吾国民之伟大精神以昭兹来许者也[5]。

民国六年四月新会梁启超①序。

【注释】

[1] 敝：同"蔽"，遮蔽。

[2] 不啻（chì）：无异于，如同。诏示：原指以诏书告知臣下，这里作教导解。

[3] 掬：双手捧。这里有奉献意。

[4] 膺（yīng）：接受，承当，担任。

[5] 揭：揭示，彰显。来许：后进；后辈。

【今译】

松坡为国事捐躯后，又过了一年，国人便将他的遗著《曾胡

----

① 梁启超（1873—1929）：字卓如，号任公，别署饮冰子、饮冰室主人、哀时客、中国之新民等，广东新会人。近代杰出的思想家、文学家、学者。自幼聪慧好学，有神童之称，12岁中秀才，17岁中举人，曾随康有为学习三年，自称"生平知有学自兹始"。系戊戌变法运动中坚分子，曾协助康有为在北京创办《万国公报》和强学会，鼓吹和支持变法运动。变法失败后逃亡日本，先后创办《清议报》《新民丛报》。提倡"诗界革命"、"小说界革命"，在当时产生巨大影响。学术上涉猎甚广，于哲学、文学、史学、经学、法学、伦理学、宗教学诸领域均有建树。主要著作收入《饮冰室合集》中。

治兵语录》刊行于世。世人大都知道松坡所成就的事业功勋，读了这本书，可以进一步知道松坡事业功勋得以成就的来龙去脉。古往今来的圣贤也好，豪杰也罢，当初也许未尝刻意追求建功立业以显达于当世。只是他们的精神凝聚于心中，成就显著于身外，才会被世人当作丰功伟绩来看待。多年以后，他们的事业功勋或许已经磨灭殆尽，但他们的精神却不会被时间所遮蔽。这些精神遗产一代代流传，遇上合适的时机，又会再次成就新的事业功勋，如此循环往复。松坡论曾国藩、胡林翼二先生之事，认为他们是被良心、血性所驱使，事实上，松坡所成就的事业功勋，也是被良心、血性二者所驱使啊。曾、胡二公，一生致力于保存诚信、去除虚伪的事业，松坡对于这一事业尤其用心，阐发其道理可谓不遗余力。精诚所至，金石为开。曾、胡二公多次言及治兵心法，松坡也多次阐述发明。二公的治兵言论，无异于教导松坡，使他能够出生入死，甘冒危难之险，奉献一片笃诚来挽救天下之虚伪。那么，我们即使把松坡的事业功勋，说成是曾、胡二公的事业功勋也是可以的。松坡自称他亲自担任军职，如果不是树立远大的志向和抱负，以救国为目的，视死如归，便不能够救渡天下同胞出于苦海，使国家走上平坦的康庄大道。现在松坡已经得其归宿，而救国的志愿，尚未达到当初设想的万分之一。松坡领导的护国军讨袁功成，仅使我中华民国起死回生，正如大病虽然初愈，元气却已大伤，调理疗养、救助扶持，迫切需要进一步的建功立业，而这种需要几乎是没有限度的。未来之事不能预见，唯有仰仗这种对国家忠心耿耿的精神，在我国民众之间长存不绝，才可以使曾、胡二公复活，使松坡不死，来解除将来的千灾百难，使国家可以超渡苦海，走上坦途。这些治兵语录共有十几章，确实都是彰显我们民族的伟大精神，可以用来昭示激励后辈奋发图强的至理名言。

民国六年四月新会梁启超序

蔡锷序[①]

辛亥[1] 之春，余应合肥李公[②]之召，谬参戎职[2]。时片马[3] 问题纠葛方殷，瓜分之谣诼[4] 忽起，风鹤[5] 频惊，海内骚然。吾侪[6] 武夫，惟厉兵秣马[7]，赴机待死耳，复何暇[8] 从事文墨，以自溺丧[9]？乃者统制[10] 钟公[③]有嘱编精神讲话之命，余不得不有以应。窃意[11] 论今不如述古；然古代渺[12] 矣，述之或不适于今。曾、胡两公，中兴名臣中锋佼[13] 者也。其人其事，距今仅半世纪，遗型不远，口碑犹存。景仰想象，尚属匪难。其所论列[14]，多洞中窍要，深切时弊。爰[15] 就其治兵言论，分类凑辑，附以按语，以代精神讲话。我同袍[16] 列校，果能细加演绎[17]，身体力行，则懿行嘉言[18]，皆足为我师资[19]，丰功伟烈，宁[20] 独让之先贤？

宣统三年季夏，邵阳蔡锷识于昆明

---

① 按：蒋氏增补本亦无蔡锷序，此据陈志学译注本录入。
② 李公：指李经羲。李经羲（1859—1925），字虑生，号仲仙。李鸿章弟李鹤章之子，光绪五年（1879）优贡生，先后在四川、湖南、福建、云南任职。1901年起任广西巡抚、云南巡抚、贵州巡抚。1909年升任云贵总督。1913年先后出任政治会议议长、参政院参政、审计院院长。1917年5月起曾任国务总理兼财政总长三个月，张勋复辟失败后被免职。
③ 钟公：指钟麟同，时任十九镇统制。

【注释】

[1] 辛亥：指 1911 年。

[2] 谬参戎职：荣幸地参任军职。谬，谦辞。

[3] 片马：指云南宝山县片马地区。1911 年 1 月英国侵略军占领片马，当地傈僳族人民为保卫祖国领土的完整，用弓弩、刀箭进行了殊死斗争，史称"片马事件"。

[4] 谣诼（yáo zhuó）：造谣诽谤。

[5] 风鹤："风声鹤唳"的省文。鹤唳：鹤叫。《晋书·谢玄传》载，东晋时，秦主苻坚率众攻晋，列阵淝水，谢玄等率精兵击破秦军，秦军在败逃途中极度惊慌疑惧，"闻风声鹤唳，皆以为王师已至"。形容非常慌张，到了自惊自扰的程度。

[6] 侪（chái）：等辈，同类的人们。吾侪，我们这些人。

[7] 厉兵秣马：磨好兵器，喂好马。形容准备战斗。厉：同"砺"，磨；兵：兵器；秣：喂牲口。《左传·僖公三十三年》："郑穆公使视客馆，则束载厉兵秣马矣。"

[8] 暇：空闲。何暇：哪有空闲。

[9] 溺丧：沉溺，沉沦。

[10] 统制：官名。清末统辖一镇的军事长官称统制。

[11] 窃意：私下里认为。

[12] 渺：悠远，久远。

[13] 锋佼（jiǎo）：出类拔萃。锋：带头的人；佼：美好、突出的人。

[14] 论列：论述。语出《荀子·王霸》："相者，论列百官之长，要百事之听。"

[15] 爰：于是，乃。

[16] 同袍：语出《诗经·秦风·无衣》："岂曰无衣，与子同袍。王于兴师，修我戈矛，与子同仇。"后军人用以互称。这里指同军将校。

[17] 演绎：铺陈，推断，阐发。

[18] 懿行嘉言：有益的言论和高尚的行为。嘉、懿：皆美好义。语出《朱子全书·学五》："见人嘉言善行，则敬慕而记录之。"

[19] 师资：这里指师法的榜样或材料。语出《道德经》第二十七章："善人，不善人之师；不善人，善人之资。"

[20] 宁（nìng）：岂，难道。

【今译】

旧历辛亥年春天，我应云贵总督、合肥李经羲先生的征召，荣幸地到军中任职，做了三十七协协统。当时，因英军入侵片马导致的领土争端正剧烈，各国列强瓜分中国的谣言四起，以至于风声鹤唳，草木皆兵，全国上下惶惶不安。我们这些军人，只有厉兵秣马，奔赴疆场，以死报国一途而已，又哪里有闲暇来舞文弄墨，自甘沉沦以丧大志呢？不过，此前第十九镇统制钟麟同将军命我编写一部精神讲话，我不得不有所回应。私心以为论今不如述古，然而古代太过渺远，论述古代或许不适合当今的实际。曾国藩、胡林翼二先生，乃是清代中兴名臣中的翘楚，其人其事，距离今天不过半个世纪，他们树立的楷模切近不远，至今有口皆碑。我们景仰他们，揣摩他们，应该不算太难。曾、胡二公的论述，多能命中要害，深切时弊。于是我就把他们的治兵言论，分门别类凑辑成编，每章后面附有按语略加阐发，以代精神讲话。诸位同军将士，如果真能对这些言论推演阐发，并且身体力行，那么，二公的嘉言懿行，都足以作为我辈效法的榜样，而我们未来的丰功伟绩，比之前贤又岂遑多让？

宣统三年夏天，邵阳蔡锷记于云南昆明

增补曾胡治兵语录序

蒋中正

　　太平天国之战争，为十九世纪东方第一之大战。太平天国之历史，为十九世纪东方第一光荣之历史，而其政治组织，与经济设施，则尤足称焉。余自幼习闻乡里父老所谈，已心向往之。吾党总理又常为予讲授太平天国之战略、战术，及其名将李秀成①、陈玉成②、石达开③等治兵安民之方略，乃益识其典章制度之可仪。因欲将当时之军事、政治、经济、社会，各种记录，搜罗研钻，编纂太平天国战史，庶几使当时革命之故实，诸杰之经济，得垂永久，而不为前清史臣一笔所抹杀。

---

① 李秀成（1823—1864）：原名李以文，广西藤县人，太平天国著名的军事家、统帅。

② 陈玉成（1837—1862）：原名陈丕成，洪秀全赐名玉成，广西藤县人，太平天国后期重要将领，被封英王，最后被清军捕获处死。

③ 石达开（1831—1863）：小名亚达，绰号石敢当，广西贵县（今贵港）客家人，太平天国主要将领之一。1857年5月，因太平天国诸王内讧而遭猜忌，不得已避祸离京，转战于安徽、江西、浙江、广西、湖北、云南、贵州、四川等地，以冲锋陷阵、骁勇善战闻名。1863年于大渡河兵败被俘，惨遭凌迟处死于成都，临刑时，神色不变，千刀万剐而默无一声，时人谓之"奇男子"。

余既发愿为此，十余年来，留心于太平天国有关系之中外著作，不遗余力，独惜材料缺乏，事实不详，而又不能得一系统之书，以资参考，乃不能不于反太平天国诸书，如当时所谓满清中兴诸臣曾、胡、左、李[1]诸集中，反测其对象。辛亥以前，曾阅《曾文正全集》一书，然其纪载，仅及当时鄂、赣、苏、皖中一部分之战事。其他如浙，如闽，如川、贵、两广与夫北方诸省之战史，皆非所及。且其所述者，皆偏重清军一方之胜利，而于太平天国之史料，则十不得一二，因是战史之编纂，无从着手。洎[2]乎民国二年失败以后，再将曾氏之书与胡、左诸集，悉心讨究，不禁而叹胡润之才略识见，与左季高之志气节操，高出一世，实不愧为当时之名将，由是益知其事业成败，必有所本也。

夫满清之所以中兴，太平天国之所以失败者，盖非人才消长之故，而实德业隆替[3]之征也，彼洪、杨、石、李、陈、韦之才略，岂不能比拟于曾、胡、左、李之清臣，然而曾氏标榜道德，力体躬行，以为一世倡，其结果竟能变易风俗，挽回颓靡，吾姑不问其当时应变之手段，思想之新旧，成败之过程如何，而其苦心毅力，自立立人、自达达人之道，盖已足为吾人之师资矣。

余读曾、胡诸集既毕，正欲先摘其言行，可以为后世圭臬[4]者，成为一书，以饷同志，而留纂太平天国战史于将来，不意松坡先得吾心，纂集此《治兵语录》一书，顾其间尚有数条，为余心之所欲补集者，虽非治兵之语，治心即为治兵之本，吾故择曾、胡治心之语之切要者，另列一目，兼采左季高之言，可为后世法者，附录于其后，非敢擅改昔贤之遗集，聊以增补格言之不足耳。

噫！曾、胡、左氏之言，皆经世阅历之言，且皆余所欲言而未能言者也，其意切，其言简，不惟治兵者之至宝，实为治心治国者之良规。愿本校同志，人各一编，则将来治军治国，均有所本矣。他日者，太平天国战史告成，吾党同志更能继承其革命之业，以竟吾党之全功，乃无愧为吾党后起之秀矣。吾同志其勉旃[5]！

蒋中正序于广东黄埔陆军军官学校，中华民国十三年十月

【注释】

[1] 曾、胡、左、李：指曾国藩、胡林翼、左宗棠、李鸿章。

[2] 洎（jì）：及，到达。

[3] 隆替：盛衰；兴衰。

[4] 圭臬（guī niè）：土圭和水臬。古代测日影、正四时和测量土地的仪器。引申为某种事物的标尺、准则和法度。

[5] 勉旃（miǎn zhān）：努力。劝勉之语。旃，语助，之焉的合音字。

第一章

将　材

【导读】

　　此乃本书第一章，主要讨论选将之旨、带兵之道，是一篇论述军事人才学的重要文献。

　　俗话说：三军易得，良将难求。《孙子兵法·始计篇》称："故经之以五事，校之以计，而索其情，一曰道，二曰天，三曰地，四曰将，五曰法。……将者，智、信、仁、勇、严也。"又，同书《作战篇》云："故知兵之将，生民之司命，国家安危之主也。"《谋攻篇》云："夫将者，国之辅也。辅周则国必强，辅隙则国必弱。"可知，中国古代军事家早已认识到将材对于战争乃至国家的重要性。

　　曾国藩、胡林翼皆为儒将，饱读经籍兵书，其军事思想与孙子一脉相承。曾国藩认为好的将帅，必须具备四个条件："第一要才堪治民；第二要不怕死；第三要不急急名利；第四要耐受辛苦。"简言之，也就是要有"忠义血性"，始可言带兵。胡林翼则认为"天下强兵在将"，好的将帅必须要"有良心，有血性，有勇气，有智略"。这些都是对古代军事人才学的重要发展。正所谓英雄所见略同，曾、胡二公都不约而同地把选拔将材作为治兵的重中之重。蔡锷正是看到了这一点，才在编订此书时，把"将材"作为本书的第一章。

【原文】

1.1 带兵之人，第一要才堪治民；第二要不怕死；第三要不急急名利；第四要耐受辛苦。治兵之才，不外公、明、勤：不公不明，则兵不悦服；不勤，则营务巨细，皆废弛不治，故第一要务在此。不怕死，则临阵当先，士卒乃可效命，故次之。为名利而出者，保举稍迟则怨，稍不如意则怨；与同辈争薪水，与士卒争毫厘，故又次之。身体羸弱[1]者，过劳则病；精神短乏者，久用则散；故又次之。四者似过于求备[2]，而苟阙[3]其一，则万不可以带兵。故吾谓带兵之人，须智深勇沉[4]、文经武纬之才。数月以来，梦想以求之，焚香以祷之，盖无须臾或忘诸怀。大抵有忠义血性，则四者相从以俱至；无忠义血性，则貌似四者，终不可恃[5]。①

1.2 带兵之道，勤、恕、廉、明，缺一不可。②

（以上曾语）

【注释】

[1] 羸（léi）弱：瘦弱。

[2] 求备：谋求完善齐备。语出《尚书·君陈》："尔无忿疾于顽，无求备于一夫。"又有求全责备义。《论语·子路》："子曰：君子易事而难说（悦）也；说之不以道，不说也；及其使人也，器之。小人难事而易说也；说之虽不以道，说也；及其使人也，求备焉。"同书《微子》："周公谓鲁公曰：

---

① 按：本章第 1 条摘自曾国藩咸丰三年九月十七月与彭洋中、曾毓芳书。"带兵"原作"带勇"。

② 按：本章第 2 条摘自咸丰九年十一月初一日曾国藩日记。

'君子不施其亲，不使大臣怨乎不以。故旧无大故，则不弃也。无求备于一人。"

[3] 阙：同"缺"。欠缺。

[4] 勇沉：勇敢沉着。

[5] 恃：依赖，仰仗。

【今译】

1.1　带兵打仗的人，第一要有治理民众的才能；第二要不怕死；第三要不急功近利；第四要不辞劳苦。治兵之才能，无外乎公正、严明、勤勉。如果办事不公正、执法不严明，士兵就不会心悦诚服。如果不勤勉敬业，军营里的大小事务，便会堆积如山，因荒废怠惰而难以治理。所以治兵的第一要务正在于此。（带兵之人）只有不怕死，他临阵杀敌时，才能身先士卒，而士兵才会拼死效力。这是第二个重要条件。为了名利而带兵的人，如保举不力，升迁稍慢，就会有怨言；甚至与同级官员攀比薪水的高低，与士卒斤斤计较，毫厘不让。所以，不急功近利就是第三个条件。带兵之人，身体瘦弱者，过于劳累就会生病；精力不济者，长期辛苦精神就容易涣散，无法处理繁重的军务。这是最差的一种状况。所以身强体壮能吃苦，也是十分重要的。以上四种条件，看似有些求全责备，但如欠缺一条，就万万不能让他带兵。所以，我以为带兵之人，必须是智勇双全、富有文韬武略之士。近几个月来，我日思夜想，焚香祈祷，希望上天能助我求到这样的贤才，没有一刻忘怀。有忠义血性之人，四个条件往往都能具备；若无忠义血性，即使看上去四者兼备，终究不是可以倚仗的带兵人选。

1.2　带兵之道：做事勤勉、待人忠恕、为官廉正、军纪严明，这四条，缺一不可。

（以上曾国藩语）

【原文】

1.3　求将之道，在有良心，有血性，有勇气，有智略。

1.4　天下强兵在将。上将之道，严明果断，以浩气举事，一片肫诚[1]。其次者，刚而无虚，朴而不欺，好勇而能知大义。要未可误于矜骄虚浮[2]之辈，使得以巧饰取容[3]；真意不存，则成败利钝之间，顾忌太多，而趋避逾熟，必至败乃公事。

1.5　将材难得。上驷[4]之选，未易猝求，但得朴勇之士，相与讲明大义，不为虚骄之气、夸大之词所中伤，而缓急即云可恃。

1.6　兵易募而将难求。求勇敢之将易，而求廉正之将难。盖勇敢倡先，是将帅之本分；而廉隅[5]正直，则粮饷不欺，赏罚不滥，乃可固结士心，历久常胜。

1.7　将以气为主，以志为帅。专尚驯谨之人，则久而必惰；专求悍鸷[6]之士，则久而必骄。兵事毕竟归于豪杰一流，气不盛者，遇事而气先慑[7]，而目先逃，而心先摇。平时一一禀承，奉命惟谨，临大难而中无主，其识力既钝，其胆力必减，固可忧之大矣。

（以上胡语）

——右论将材之体

【注释】

[1] 肫（zhūn）诚：诚挚。

[2] 矜骄虚浮：自夸、骄傲、虚伪、浮躁。

[3] 取容：曲从讨好，取悦于人。

[4] 上驷：最好的马。驷：同驾一辆车的四匹马。这里比喻良将。

[5] 廉隅：本指棱角。这里比喻端方、不苟的品行。

[6] 悍鸷（zhì）：凶猛暴戾。悍：勇猛；鸷：猛禽。

[7] 慑（shè）：恐惧，害怕。

【今译】

1.3　如何寻求良将呢？应看四个方面：首先要有良心，其次要有血性，再次是要有勇气，第四是要有智术谋略。

1.4　天下的兵士，强与不强，关键在将帅。上等的将帅，其治兵之道在于严明果断，以浩然正气处事，以一片诚挚待人。次一等的将帅，刚正不阿，决不虚伪；朴实无华，诚信无欺；爱好勇武而又能深明大义。绝不能被那些妄自尊大、好大喜功之辈所蒙蔽，使他们以巧言令色赚取信任。（作为将帅）一旦失去真心诚意，那么，在成败利害之间，往往会顾虑重重，患得患失，趋利避害之心越重，必然会败坏公事，延误军机。

1.5　将才从来难得，尤其上等的将帅，很难仓促之间轻易求得。但只要能得到淳朴勇敢的人，与他讲明国家民族之大义，使其不被虚骄之气、夸大之词所中伤，那么，无论军情缓急，这些人都是可以依赖的。

1.6　千军易得，良将难求。得勇敢之将容易，求廉洁正直之将就难了。因为勇敢无畏、身先士卒，乃是将帅的本分。而廉洁正直，就不会克扣士兵的粮饷，赏罚才会章法严明。唯有如此，才能做到官兵团结一心，经久不衰，百战不殆。

1.7　将帅之才，应当以正气为主干，以斗志为统帅。如果只让特别注重驯顺、谨小慎微的人作将帅，久而久之，一定会松懈怠惰；如果专门寻求勇猛暴戾之人作将帅，久而久之，必然会心骄气傲。士兵终究是应当交给智勇双全的豪杰之士来带的。胆气不盛的人带兵，遇到事情心里先就害怕了，目光逃逸，心神动摇；这种人平时什么事都言听计从，唯唯诺诺，一旦大敌当前，危难突至，立刻六神无主。其见识如此迟钝，自然也就缺少胆力气魄，这是最让人担心的事。

（以上胡林翼语）

——右论将材的本体

【原文】

1.8　古来名将，得士卒之心，盖有在于钱财之外者。后世将弁[1]，专恃粮重饷优，为牢笼[2]兵心之具，其本为已浅矣。是以金多则奋勇蚁附[3]，利尽则冷落兽散。①

1.9　军中须得好统领、营官，统领、营官须得真心实肠，是第一义。算路程之远近，算粮仗之缺乏，算彼己之强弱，是第二义。二者微[4]有把握，此外良法虽多，调度虽善，有效有不效，尽人事以听天而已。

1.10　璞山②之志，久不乐为吾用。且观其过自矜许[5]，亦似宜于剿土匪，而不宜于当大敌。

1.11　拣选将材，必求智略深远之人，又须号令严明，能耐辛苦。三者兼全，乃为上选[6]。

（以上曾语）

---

① 按：本章第8条摘自曾国藩咸丰三年十月初八日与王鑫书。
② 璞山，湘军名将王鑫（1825—1857）的字，湖南湘乡人。著有《练勇刍言》。

【注释】

[1] 弁：古时帽子名。后用来称低级武官，如马弁、武弁。

[2] 牢笼：用作动词，笼络，收买。

[3] 蚁附：像蚂蚁一样聚集一处，喻归附者众多。

[4] 微：无，没有。

[5] 矜许：自以为是。矜，自大，自负。

[6] 上选：最佳人选。

【今译】

1.8　自古以来，名将能够得到士卒的真心拥戴，其主要原因往往在于金钱财产之外。后世的一些将领武官，专靠钱多粮优等小恩小惠来笼络士卒之心，这样做根基本来就不够牢固，所以结果往往是，一旦钱多赏重，人人争先恐后，投靠效忠；一旦无利可图，大家也就树倒猢狲散，各奔东西。

1.9　军队中需要有好的统领和营官。而统领营官，对待士兵必须要有真心实意，古道热肠，这是最重要的。其次，还要盘算路程的远近，计算粮草的多寡，推测敌我的强弱。这两点如果没有把握，即使有许多好办法，好调度，成败也很难预料，不过是尽人事、听天命而已。

1.10　王璞山的志向很大，很早就不乐意为我效力。而且他太过自以为是，其能力似乎只适合去剿灭土匪，而不适合率军抗击敌人的大军。

1.11　挑选将才，必须寻求那些智深略远之人，而且需要号令严明，能吃苦耐劳，这三条都具备，才是将才的上上之选。

（以上曾国藩语）

【原文】

1.12 李忠武公续宾①，统兵巨万，号令严肃，秋毫无犯。湖南、湖北、安徽、江西、浙江等省官民，无不争思倚重。其临阵安闲肃穆，厚重强固。凡遇事之难为，而他人所畏怯者，无不毅然引为己任。其驻营处所，百姓欢忭[1]，耕种不辍，万幕无哗，一尘不惊。非其法令之足以禁制诸军，实其明足以察情伪[2]。一本至诚，勇冠三军，屡救弁兵于危难。处事接人，平和正直，不矜不伐[3]。

1.13 乌将军兰泰②，遇兵甚厚。雨不张盖，谓众兵均无盖也。囊无余钱，得饷尽以赏兵。

1.14 兵事不外"奇""正"[4]二字，而将材不外"智""勇"二字。有正无奇，遇险而覆；有奇无正，势极即阻。智多勇少，实力难言；勇多智少，大事难成。而其要以得人为主。得人者昌，失人者亡。设五百人之营，无一谋略之士，英达之材，必不成军；千人之营，无六七英达谋略之士，亦不成军。

1.15 统将须坐定能勇敢，不算本领外，必须智勇足以知兵，器识足以服众，乃可胜任。总须智勇两字相兼。有智无勇，能说而不能行；有勇无智，则兵弱而败，兵强亦败。不明方略，不知布置，不能审势，不能审机[5]，即千人万人终必败也。

1.16 贪功者决非大器。

---

① 李续宾（1818—1858）：字如九，号迪庵，谥忠武，湘军名将。
② 乌兰泰（1792—1852）：清朝将领，满洲正红旗人。索佳氏，字远芳。官至副都统。咸丰元年（1851）春，奉命帮办广西军务，领兵五百人入桂。次年4月，率部与太平军战于桂林南门外将军桥，被太平军击伤，退到阳朔死。谥武壮。著有《乌兰泰函牍》。

1.17 为小将须立功以争胜，为大将戒贪小功而误大局。
（以上胡语）

——右论将材之用

【注释】

〔1〕欢忭（biàn）：喜悦，欢乐。

〔2〕情伪：真伪。

〔3〕伐：自夸。《论语·公冶长》："无伐善，无施劳。"《论语·雍也》："孟之反不伐。"

〔4〕奇正：古时兵法术语。古代作战以对阵交锋为正，设伏掩袭等为奇。《孙子兵法·兵势篇》："凡战者，以正合，以奇胜。故善出奇者，无穷如天地，不竭如江河。终而复始，日月是也；死而复生，四时是也。声不过五，五声之变，不可胜听也。色不过五，五色之变，不可胜观也。味不过五，五味之变，不可胜尝也。战势不过奇正，奇正之变，不可胜穷也。奇正相生，如循环之无端，孰能穷之？"

〔5〕审机：仔细考虑合适的时机。

【今译】

1.12 忠武公李续宾，统帅万余人的大军，号令严肃，秋毫无犯。所以湖南、湖北、安徽、江西、浙江等省官民，没有不争着想要倚重他的。李续宾临阵之前，态度安闲肃穆，从容不迫，给人一种厚重强固之感。一旦遇到棘手难办、其他人都退避三舍的事情，他没有不毅然决然承担下来，引以为己任的。他在哪里驻军，哪里的百姓就会欢欣鼓舞，安居乐业；他的军营营房众多，却毫无喧哗之声，亦无惊扰之色。并非是李将军法令严峻，足以震慑三军，约束部下，而是他英明果断，足以洞悉军情，辨明真伪。他带兵治军，一概本着至诚之心；论勇气武艺，他更是三军之冠，曾多次解救将士于危难之中。李将军待人处事，平和正直，从不自以为是，居功自傲。

1.13　乌兰泰将军，对待士兵非常厚道，下雨天也不张开伞盖遮雨，说是士兵们都没有伞盖啊。他为官清廉，没有一点多余的钱财，每得到军饷，全部用来犒赏士兵。

1.14　用兵之道，不外乎"奇正"二字，而将材不外乎"智勇"二字。两军对垒时，只有正面进攻，而不能出奇兵、布疑阵，一旦遭遇险情，没有不失败的。反之，如果一味依靠智术，只有奇兵疑阵，而无正面进攻，一旦形势陡变，即刻会陷入困境。就将帅而言，如果智多勇少，其实力就很难说；如果勇多智少，必定难成大事。总之，治兵之道，最主要的在于得到智勇双全的良将。用人得当，军队无往而不利；用人不当，军队最终会走向衰亡。如果五百人的队伍，没有一个谋略高明的人，也没有一个英勇明达的人，一定不成其为军队；一千人以上的队伍，如果没有六、七位英达谋略之士，同样不成其为军队。

1.15　统兵将帅除了要从容镇定、勇敢无畏外，还须具有足以知兵的大智大勇，能够使众人心悦诚服的器度识见，这才可以胜任。总之必须智谋勇武兼而有之。有智无勇之人带兵，只能口说而不能力行。有勇无智之人带兵，无论兵强兵弱，结果都是一败涂地。不懂用兵的方略，不知怎样排兵布阵，不能审时度势，即便统率千万人的大军，最终也必然会失败。

1.16　贪功邀赏之人，绝不是大将之才。

1.17　身为小将，必须立功争胜，而做大将的人，则要力戒因贪图小功而贻误大局。

（以上胡林翼语）

——右论将材的功用

【原文】

1.18 打仗不慌不忙，先求稳当，次求变化，办事无声无臭，既要精到，又要简捷①。

1.19 俭以养廉[1]，直而能忍。

1.20 为政之道，得人治事，二者并重。得人不外四事，曰：广收、慎用、勤教、严绳[2]。治事不外四端，曰：经分、论合、详思、约守[3]。

（以上曾语）

【注释】

[1] 俭以养廉：用节俭的美德来培养廉洁的作风。

[2] 绳：木工用的墨线，引申为标准、法则，这里指按一定的标准去衡量、纠正。

[3] 约守：即"守约"，遵守的制度简约易行。语出《孟子·尽心下》："言近而指远者，善言也；守约而施博者，善道也。"

【今译】

1.18 打仗不慌不忙，从容镇定，首先要稳妥精当，保证万无一失；其次战术上要求变化，出其不意；办事不动声色，有条不紊，既要精到细致，又要干脆明快。

---

① 按：本章此条摘自曾国藩咸丰八年正月初四与沅甫九弟书。

1.19　用节俭的美德培养廉洁的作风，正直而又能够宽容忍耐。

1.20　治理政事的方法，一为求得人才，一为管理事务，二者同样重要。求才不外乎四个方面：广泛收罗、谨慎使用、勤勉教育、严格管理。治事也必须做到四个方面：精确分析、归纳综合、详审思考、持守简约。

（以上曾国藩语）

【原文】

蔡按①：古人论将有五德，曰：智、信、仁、勇、严。取义至精，责望[1] 至严。西人之论将，辄曰"天才"。析而言之，则曰天所特赋之智与勇。而曾、胡两公之所同唱[2] 者，则以为将之道，以良心血性为前提，尤为扼要探本[3] 之论，亦即现身之说法。咸、同之际，粤寇[4] 蹂躏十余省，东南半壁，沦陷殆尽。两公均一介书生，出身词林[5]，一清宦，一僚吏，其于兵事一端，素未梦见。所供之役，所事之事，莫不与兵事背道而驰。乃为良心、血性二者所驱使，遂使其"可能性"发展于绝顶，武功灿然，泽被海内。按其事功言论，足与古今中外名将相颉颃[6]而毫无逊色，得非[7] 精诚所感，金石为开者欤？苟曾、胡之良心血性而无异于常人也，充其所至，不过为一显宦，否则亦不过薄有时誉之著书家，随风尘以殄瘁[8] 已耳！复何能崛起行间，削平大难，建不世之伟绩也哉！

【注释】

[1] 责望：要求和期望。

---

① 按：蒋氏增补本原无"蔡按"二字，为便于读者阅读，今据别本增之。

〔2〕唱：同"倡"。倡导，主张。

〔3〕扼要探本：抓住要害，直探根本。

〔4〕咸、同之际：咸丰、同治年间。粤寇：这里指太平军。

〔5〕词林：翰林的通称。

〔6〕颉颃（xié háng）：本指鸟上下翻飞状，这里指不相上下，正相抗衡。

〔7〕得非：岂不，难道不是。

〔8〕殄瘁（tiǎn cuì）：《诗经·大雅·瞻卬》："人之云亡，邦国殄瘁。"本指贤人死亡，邦国困穷而陷于绝境。这里有凋谢、寂灭之意。

【今译】

蔡锷按：古人论将有五种品德，即：机智、诚信、仁爱、勇敢、严明。取义至为精当，要求和期望至为高远。西方人论将，往往言必称"天才"。分析起来，大概是说上天特别赋予的智慧和勇敢。而曾国藩、胡林翼二公不约而同倡导的为将之道，则把良心、血性作为首要前提，真是抓住要害、直探本源的高论，同时也是二公的现身说法，夫子自道。咸丰、同治年间，太平军席卷东南十余省，半壁江山，沦陷殆尽。曾、胡二公当时皆为翰林出身的一介书生，一为清宦，一为僚吏，他们对于统兵打仗，恐怕连做梦都想不到，平常所服之役，所做之事，都与军事风马牛不相及。仅仅是被良心、血性二者所感召、所驱使，才毅然投笔从戎，遂使他们在军事方面的"可能性"发挥得淋漓尽致，功勋卓著，全国上下都受到他们的恩惠。他们的功业、事迹、言论，完全可以和古今名将相媲美，而且毫不逊色。这难道不是通常所说的"精诚所至、金石为开"吗？假如曾、胡二公的良心、血性，与常人并无不同，充其量也不过做一名达官显宦，或者一个小有名气、称誉一时的著书家，随风尘起落、寂灭而已，又怎么能够在军队中崛起，平定国难，建立旷世绝代的丰功伟绩呢？

第二章
用　人

【导读】

　　此章是对上一章"将材"问题的进一步引申，着重谈求才、用人、得人之道。在"招兵"与"择将"之间，更多强调的还是"择将"的重要性，也就是所谓"先求将而后选兵"。而在谈"用人"时，又涉及"培养""陶冶"的育人之道，以及如何充分发挥人才作用的"得人"之道。曾、胡二公都把将材的内在品质作为判断的重要标准，表达了对那种"攘利不先，赴义恐后，忠愤耿耿"的将材的渴望。此外，此章对于人才成因、性格特质的分析，比如"官气""乡气"之区分，以及"衡才不拘一格"的见解，都是非常精到深刻的。

　　有道是"千里马常有，而伯乐不常有"。善于用人的统帅好比善于相马的伯乐。不过，伯乐也许只是发现人才的高手，真正做到人尽其才，才尽其用，非要有政治家的胸怀不可。曾国藩不仅善于治兵，而且知人善任，其所奖拔擢用，无不精当过人。故胡林翼说："曾公素有知人之鉴，所识拔多贤将。"门人李瀚章说："其深识远略，公而忘私，尤有古人所不能及者。"薛福成也说："自昔多事之秋，无不以贤才之众寡，判功效之广狭。曾国藩知人之鉴，超轶古今，或邂逅于风尘之中，一见以为伟器；或物色于形迹之表，确然许为异材。"连太平军名将石达开也对曾国藩佩服有加，称其"虽不以善战名，而能识拔贤将，规划精严，无间可寻，大帅如此，实起事以来所未见也"。民国相学家陈公笃在其相学著作《公笃相法》中称道说："国藩素拘谨，其才不如胡、左，而功倍之，独知人善用，是其特长。"这些评价，洵非虚语！

自古"人才难得"，知人、察人、识人、用人，遂构成一个具体而微的认识论和方法论系统，发挥着治国安邦、经世致用的重大作用。如何做到人尽其才、才尽其用，实在是一门复杂而又专深的大学问。本章所论，或可供今天的用人单位、企业管理者以及人力资源部门所借鉴和参考。

【原文】

2.1　今日所当讲求，尤在用人一端。人材有转移之道，有培养之力，有考察之法。

2.2　人材以陶冶而成，不可眼孔太高，动谓无人可用[1]。

2.3　窃疑古人论将，神明变幻，不可方物[2]，几于百长并集，一短难容。恐亦史册追崇[3]之词，初非预定之品。要以衡材不拘一格，论事不求苛细。无因寸朽而弃连抱[4]，无施数罟[5]以失巨鳞。斯先哲之恒言，虽愚蒙[6]而可勉。

2.4　求人之道，须如白圭①之治生[7]，如鹰隼之击物，不得不休。又如（蝴）［蚨］[8]之有母，雉之有媒[9]，以类相求，以

---

① 白圭（前370—前300）：名丹，战国时周人，当时著名的经营理财家，曾先后在魏、齐、秦三国做官。司马迁《史记·货殖列传》说"天下言治生祖白圭"。白圭曾说："吾治生产，犹伊尹、吕尚之谋，孙吴用兵，商鞅行法是也。"曾国藩将白圭治生和求贤才良将联系起来，当受此启发。

气相引，庶几[10]得一而可及其余。大抵人才约有两种：一种官气较多，一种乡气较多。官气较多者，好讲资格，好问样子，办事无惊世骇俗之象，言语无此妨彼碍之弊。其失也，奄奄无气，凡遇一事，但凭书办[11]家人之口说出，凭文书写出，不能身到、心到、口到、眼到，尤不能苦下身段，去事上体察一番。乡气多者，好逞才能，好出新样，行事则知己不知人，言语则顾前不顾后。其失也，一事未成，物议先腾[12]。两者之失，厥咎惟均[13]。人非大贤，亦断难出此两失之外。吾欲以劳、苦、忍、辱四字教人，故且戒官气，而姑用乡气之人。必取遇事体察，身到、心到、口到、眼到者。赵广汉①好用新进少年，刘晏②好用士人理财，窃愿师之。

（以上曾语）

【注释】

［1］陶冶：原指烧陶和冶金，这里指教化培育。动谓：动不动就说。动：动辄。

［2］不可方物：不能识别，无法分辨。《国语·楚语下》："及少皞之衰也，九黎乱德，民神杂糅，不可方物。"韦昭注："方，别也；物，名也。"方物，指识别事物，分辨名实。

［3］追崇：本指对死者追加封号。这里指追捧溢美。

［4］连抱：几人联手才能合抱，形容树木粗大。

---

① 赵广汉：字子都，西汉时期涿郡蠡吾县人，生卒年不详。曾任守京兆尹、颍川郡太守、京兆尹。为官清正，不畏强权，深受百姓爱戴。

② 刘晏（718—780）：字士安，曹州南华（今东明县）人，唐中叶杰出的政治家，官至宰相兼管户部度支（财政）等事务，又兼任关内、河东的转运、盐铁以及诸道青苗使。一生所领职务繁多，以治理财政见长，他推行的一系列财政措施，顺应时势，振兴经济，安定民生，博得广泛赞誉。

[5] 数罟（cù gǔ）：网眼细密的渔网。《孟子·梁惠王上》："数罟不入洿池，鱼鳖不可胜食也。"

[6] 愚蒙：愚昧不明。

[7] 治生：经营家业，谋生理财。

[8] 蚨（fú）：一种昆虫，似蝉而稍大。传说用青蚨血涂钱，可以引钱使归。因用以代称钱，如蚨钱。蚨母即为涂有青蚨血的钱币。《鬼谷子·内捷》："用其意，欲入则入，欲出则出……若蚨母之从其子也。"

[9] 雉之有媒：古代射雉常用小雉作为诱饵，吸引大雉前来。雉媒：为猎人所驯养用以诱捕野雉的雉。

[10] 庶几：差不多。

[11] 书办：管办文书的属吏。亦泛指掌管文书翰墨的人。

[12] 物议先腾：物议：众人的议论。腾：升。这里指非议四起。

[13] 厥咎：他们的过错。厥：其。咎：过失。惟均：相差无几。

【今译】

2.1　当今之世，特别应该讲求的事，就是任用人才。人才既有转化潜移的规律，也有培养的技巧，考察的方法。

2.2　人才是要采用陶冶之法才能教化培育出来的，不能眼光太高，动不动就说没有可用之人。

2.3　我私下里对古人评论将材，说得神乎其神，变化多端，高深莫测，几乎把人的所有优点都集于一人之身，一点短处都难以包容，常深感疑惑。我猜想，这恐怕是史书上的追捧溢美之辞，并非事先就定下的选拔将材的品位标准。因为衡量选拔人才往往不拘一格，评论事理不宜过分苛刻细密。不能因为有一小块木头腐朽了，就放弃一株数人才能合抱的参天大树；也不能把渔网的网眼织得太细密，以至于永远也捕不到真正的大鱼。这是先贤常常说的至理名言，即使愚昧不明的人也可以与之共勉。

2.4 求人之道，要像战国时的白圭治理他的生产那样有条不紊，要像鹰隼从高空俯冲袭击猎物那样，不达目的誓不罢休。又好比青蚨之有母，射雉需要诱媒，只有以同类相求，以同气相引，这才有可能使人才积少成多，由寡而众。一般而言，人才约有两种：一种官气较重，一种乡气较重。官气较重的人，就喜欢讲资格，摆架子。办事没有惊世骇俗之气象，说话没有彼此妨碍之弊端。这种人的毛病，在于毫无朝气，遇事只凭属吏家人道听途说，或根据文书依葫芦画瓢写出，不能身到、心到、口到、眼到。更不能放下架子，身体力行地下基层实际考察一番。乡气较重的人，好显示才能，好标新立异。做起事来以自己为中心，不为他人考虑；说起话来前言不搭后语，毫无逻辑。这种人的毛病在于，一件事还没办成，早惹得大家议论纷纷，怨声载道。由此看来，官气较重与乡气较重这两种人的缺憾和弊端可谓半斤八两，不相上下。如果不是大贤大德之人，也很难避免这两种毛病。我打算用"劳苦忍辱"四字教育人，所以暂且防备官气太重的人，而用乡气较重者。一定会选取那些遇事亲自体察，能够身到、心到、口到、眼到的人委以重任。汉代的赵广汉喜欢用刚提拔的年轻人，唐代的刘晏喜欢用读书人理财。我愿意向他们学习。

（以上曾国藩语）

【原文】

2.5 一将岂能独理？则协理之文员、武弁[1]，在所必需。虽然，软熟[2]者不可用，谄谀者不可用，胸无实际、大言欺人者不可用。营官不得人，一营皆成废物；哨官[3] 不得人，一哨皆成废物；什长[4] 不得人，十人皆成废物。滥取充数，有兵如无兵也。

2.6　选哨〔官〕、什长，须至勇至廉。不十分勇，不足以倡众人之气；不十分廉，不足以服众人之心。

2.7　近人贪利冒功。今日求乞差使争先恐后，即异日首先溃散之人。屈指计之，用人不易。

2.8　人才因求才者之智识而生，亦由用才者之分量而出。用人如用马，得千里马而不识，识矣而不能胜其力，则且乐驽骀[5] 之便安，而斥骐骥[6] 之伟骏矣。

2.9　古之治兵，先求将而后选兵。今之言兵者，先招兵而并不择将。譬之振衣者，不提其领而挈其纲，是棼[7] 之也，将自毙矣。

（以上胡语）

【注释】

［1］武弁（biàn）：武官。

［2］软熟：谓性情懦弱圆熟。

［3］哨官：旧时军中管领一哨的长官。明永乐时分步骑军为中军、左右掖、左右哨，合为五军。清咸丰后立勇营，其制以百人为哨，三哨为一旗，五哨为一营。

［4］什长：旧时兵制，十人为什，置一长，称什长。

［5］驽骀（nú tái）：劣马。这里喻才能低劣者。

［6］斥：废弃，抛弃。骐骥：千里马。

［7］棼（fén）：纷乱。

【今译】

2.5 一员大将怎能独自管理军队？所以协助管理军队的文武官吏，是不可或缺的。尽管如此，那些性情懦弱圆熟的人，谄媚阿谀的人，胸口没有实际才干，只会夸夸其谈的人，也还是不能用。如任用营官不当，则一营士兵皆成废物。任用哨官不当，则一哨人马也形同虚设。如果毫无原则地随意用人以充人数，那么，有兵也等于无兵。

2.6 选拔哨官与什长，必须要十分勇敢和廉洁之人。不十分勇敢，便不足以鼓舞士气；不十分廉洁，便不足以让大家心悦诚服。

2.7 现在一些人最爱贪图财利、虚夸战功。那些今天争先恐后乞求差使的人，恰恰是日后首先临阵溃败、四散逃命的人。屈指算来，这种人不可胜数，可见用人多么不易。

2.8 人才的产生，往往取决于求才者的智慧见识，而才能的发挥，也与用人者的分量器度有关。用人如同用马，得到了千里马却不能识别，识别了却不能竭尽其潜力，其结果只能是暂且自得于驽马的方便安全，而荒废了千里马的雄伟俊逸啊。

2.9 古人治兵，总是先寻求良将，然后再广招士兵。今天一些谈兵的人，却先招募士兵，而不选择良将。这就好比振抖衣服的人，却不提着衣领抓住关键部分，这样做，就是自乱阵脚，最终将自取灭亡。

（以上胡林翼语）

【原文】

2.10 无兵不足深忧，无饷不足痛哭，独举目新世，求一攘[1] 利不先，赴义恐后，忠愤耿耿者，不可亟[2] 得，此其可为浩叹也。①

2.11　专从危难之际，默察朴拙之人，则几[3] 矣。

2.12　人才非困厄[4] 则不能激，非危心深虑则不能达。

（以上曾语）

【注释】

[1] 攘（rǎng）：夺。

[2] 亟（jí）：快速，迅速。

[3] 几（jī）：接近，达到。

[4] 困阨（è）：困窘艰苦。

【今译】

2.10　没有士兵不值得过于担忧，没有粮饷也不必痛哭，只是放眼世界，要求得一个夺利不争先、取义恐落后、对国家事业忠心耿耿的人，却不是轻松易办的事情。这是令人深深感叹的。

2.11　专门在生死存亡的危难时刻，暗中观察哪些人是行为朴实无华、能干实事的人，这样就能选拔到真正的人才。

2.12　人才非处于困境则不能使之奋发有为，（选拔人才的人）如果不是深谋远虑，就不能真正发现并招致人才。

（以上曾国藩语）

【原文】

2.13　非知人不能善其任，非善任不能谓之知人；非开诚

---

① 按：本章第 10 条摘自咸丰三年正月复彭申甫信，亦见《挺经·卷七·英才》。

心、布公道，不能尽人之心；非奖其长、护其短，不能尽人之
力；非用人之朝气，不能尽人之才；非令其优劣得所，不能尽人
之用。

（以上左语）①

【今译】

2.13 不能知其人，便不能善用其任，不能善用其任，便不
能说知其人；不能开诚布公，便不能使人人尽其心；不能做到奖
励其长、呵护其短，便不能使人人尽其力；不能用人的蓬勃朝
气，便不能使人人尽其才；不能让每个人都优劣得所，便不能充
分发挥人才的作用。

（以上左宗棠语）

【原文】

蔡按：曾谓人才以陶冶而成，胡亦曰人才由用才者之分量而
出。可知用人不必拘定一格，而熏陶裁成之术，尤在用人者运之
以精心，使人人各得显其所长，去其所短而已。窃谓人才随风气
为转移，居上位者，有转移风气之责（所指范围甚广，非仅谓居
高位之一二人言，如官长居目兵之上位，中级官居次级官之上位
也），因势而利导，对病而下药，风气虽败劣，自有挽回之一日。
今日吾国社会风气败坏极矣，因而感染至于军队。以故人才消
乏，不能举［练］兵之实绩，颓波浩浩，不知所届[1]。惟在多数
同心同德之君子，相与提挈[2]维系，激荡挑拨，障狂澜于既倒，
俾[3]善者日趋于善，不善者亦潜移默化，则人皆可用矣。

---

① 按：此条左宗棠语录，系由蒋介石辑录增补。下同，不另注。

【注释】

[1] 届：极限，穷极。

[2] 提挈（qiè）：扶持、提拔。

[3] 俾（bǐ）：使。

【今译】

蔡锷按：曾国藩认为人才要靠陶冶培养而成，胡林翼也说人才要靠用才者的眼光器量来成就。可知用人不一定要拘泥于一格。而熏陶培育人才的方法，关键在于用人者高度重视，精心呵护，使人人都能扬长避短，才尽其用。我认为人才往往随时代风气而转移，位居高位者，负有转移风气的责任，（这里的居上位者范围很广，不仅指居最高职位的一两个人而言，也包括居于士兵之上的长官，居于次级长官之上的中级长官）。因势利导，对症下药，即使风气一时败劣，也终有挽回好转的那一天。如今我们国家世风日下，败坏到了极点，因而影响到了军队。所以，人才匮乏，不能收到练兵的实际成效。这种颓败的风气犹如江水一般浩浩荡荡，不知何时才是尽头。只有依靠我们大多数志同道合的君子，互相扶持，励精图治，力挽狂澜于既倒，以使好人越来越好，不好的人也能潜移默化，向好人看齐，这样，则人人都是可用之才了。

第三章

尚　志

【导读】

　　尚志，乃崇尚志节、高尚其志的意思。孔子说"十五志于学，三十而立"（《论语·为政》），正是君子当"立志"之意。孔子还说："三军可夺帅也，匹夫不可夺志也。"（《论语·子罕》）"士志于道而耻恶衣恶食者，未足与议也。"（《论语·里仁》）又说："志士仁人，有杀身以成仁，无求生以害仁。"（《论语·卫灵公》）可见立志对于人的重要性。孟子也说："故闻伯夷之风者，顽夫廉，懦夫有立志。"（《孟子·万章下》）并以"养气""集义"作为"立志"之工夫。所谓"我善养吾浩然之气""富贵不能淫，贫贱不能移，威武不能屈，此之谓大丈夫"。（《孟子·滕文公下》）无不关乎"立志"。又，《左传·襄公二十七年》："志以发言，言以出信，信以立志，参以定之。"一般人尚须立志尚志，将帅士兵更当如此。若无"志气"，何来"勇气"？

　　《孙子兵法》也提到"治气""治心"与"治力"的分别。如《军争篇》说："故三军可夺气，将军可夺心。是故朝气锐，昼气惰，暮气归；故善用兵者，避其锐气，击其惰归，此治气者也。以治待乱，以静待哗，此治心者也。以近待远，以佚待劳，以饱待饥，此治力者也。"这里的"治气""治心"，正是崇尚"志气"、砥砺"士气"之意，显然有着比"治力"更重要的战略意义。

曾、胡二公论兵，亦标举德行志节，以志趣高下作为人才高下的依据。这和儒家修身、齐家、治国、平天下的思想是一致的。从根本上说，曾国藩不是兵家，而是儒家，其心目中的良将常有君子、士人的影子，首先便要有"志气"。故他说："做好人，做好官，做名将，俱要好师、好友、好榜样。"无独有偶，胡林翼谈治兵之道，也重"志气"，标举"气概""真气"和"正气"，认为"兵事以人才为根本，人才以志气为根本；兵可挫而气不可挫，气可偶挫而志不可挫"。这些无疑都是治兵的至理名言。

蔡锷遭逢时变，有感于"人心之陷溺""志节之不振"的现状，遂将曾、胡二公相关言论辑录整理，特立"尚志"一章，以求砥砺士气，精忠报国。其所领导的护国讨袁运动，正是这种高尚志节的最佳体现。

【原文】

3.1　凡人才高下，视其志趣：卑者安流俗庸陋[1]之规，而日趋污下；高者慕往哲[2]隆盛之轨，而日即高明；贤否[3]智愚，所由区矣。

3.2　无兵不足深忧，无饷不足痛哭。独举目斯世，求一攘利不先，赴义恐后、忠愤耿耿者，不可亟得；①或仅得之，而又屈居卑下，往往抑郁不伸，以挫，以去，以死。而贪饕[4]退缩

---

① 　按：此段与第二章《用人》有数句重出，盖因其意兼涉"用人""尚志"，故并置于两章之中。

者，果骧首[5] 而上腾，而富贵，而名誉，而老健不死。此其可为浩叹者也。①

3.3 今日百废莫举，千疮并溃，无可收拾。独赖此耿耿精忠之寸衷[6]，与斯民相对于骨岳血渊之中，冀其塞绝横流之人欲，以挽回厌乱之天心，庶几万一有补。不然，但就时局而论之，则滔滔者吾不知其所底也！

3.4 胸怀广大，须从平淡二字用功。凡人我之际，须看得平。功名之际，须看得淡，庶几胸怀日阔。

3.5 做好人，做好官，做名将，俱要好师，好友，好榜样。

3.6 喜誉恶毁之心，即鄙夫患得患失之心也。于此关打不破，则一切学问才智，实足以欺世盗名。

3.7 方今天下大乱，人怀苟且[7] 之心。出范围之外，无过而问焉者。吾辈当立准绳，自为守之，并约同志共守之，无使吾心之贼，破吾心之墙子。

3.8 君子有高世独立之志，而不与人以易窥；有藐万乘[8]、却三军之气，而未尝轻于一发。

3.9 君子欲有所树立，必自不妄求人知始。

3.10 古人患难忧虞[9] 之际，正是德业长进之时。其功在于胸怀坦夷，其效在于身体康健。圣贤之所以为圣贤，佛家之所以成佛，所争皆在大难磨折之日，将此心放得实，养得灵。有活泼泼之胸襟，有坦荡荡之意境，则身体虽有外感[10]，必不至于内伤。

（以上曾语）

---

① 按：本章第 2 条摘自咸丰三年正月复彭申甫信。

【注释】

〔1〕庸陋：平庸浅陋。

〔2〕往哲：即先哲。以前的贤哲之士。

〔3〕否（pǐ）：不好，坏，恶。这里指不贤。

〔4〕饕：即饕餮（tāo tiè），传说中一种贪残的怪兽。后比喻贪财、贪食之人。

〔5〕骧（xiāng）首：马头高昂。这里指意气高昂。

〔6〕衷：内心。

〔7〕苟且：贪图眼前的存活，得过且过。

〔8〕藐：轻视。万乘（shèng）：这里指天子、帝王。周制，天子地方千里，能出兵车万乘，因以"万乘"指天子。

〔9〕忧虞：忧虑。

〔10〕外感：外来的感染。

【今译】

3.1　大凡人才的高下，总要看其志向而定。低劣之人因安于世俗平庸的陈规陋习，而越来越卑污低劣；高尚之人向往先贤得以兴隆盛大的德行法度，而越来越高明出众。人才的高低优劣，由此就可以区而别之。

3.2　没有士兵不值得太过担忧，没有粮饷也不必痛哭，只是放眼世界，要求得一个夺利不争先、取义恐落后，对国家事业忠心耿耿的人，却不是轻松易办的事情。或者即使找到一个，却又让他屈居下位，往往郁郁不得志，终于因而遭受挫折，或愤而离去，或忧郁而死。而那些退缩之辈，最后却能小人得志，飞黄腾达，获得富贵，名利双收，健康长寿。这真是令人扼腕浩叹的事。

3.3　如今我们国家百废待兴，千疮百孔，几乎到了无法收拾的地步。唯有依赖这耿耿衷心，一腔赤诚，与广大民众奋战于骨山血海之中，希望用这种努力杜绝横流的人欲，挽回厌恶战乱的天心，或许还有万分之一的可能弥补。否则，仅就目前的局势而言，这种混乱的状况不知道要持续到何时啊！

3.4　一个人要胸怀广大，必须从"平淡"二字上下功夫。为人处世，待人接物，要有一颗平常心；对待功名利禄，更要看得平淡，不要患得患失。只有这样，胸怀才会越来越开阔。

3.5　做好人，做好官，做名将，都要有好老师，好朋友，好榜样。

3.6　喜欢听好话，讨厌被批评，正是庸俗鄙夫患得患失的心理。如果这一关突不破，那么一切学问才智，不过是用来欺世盗名的工具罢了。

3.7　如今天下大乱，人心惟危，各自怀着苟且偷安之心，事若不关一己之私，没有人去关心过问。我们应当确立一个准绳，自觉遵守，并联合志同道合的人共同守护，千万不要让我们心中的邪念，冲破了我们心中正义的堤坝。

3.8　一个君子应当有高出当世、独立支持的大志，而不至被世人轻易识破。也应当有藐视王侯、退却三军的气概，却又不会轻易显露。

3.9　君子想要有所建树，一定埋头苦干，而不会大肆张扬，弄得人人皆知。

3.10　古人居安思危、担心灾难发生之时，正是他的品德、功业长进之时，其功在于胸怀坦荡，其效在于身体康健。圣贤之所以成为圣贤，佛家之所以成佛，其首要之点，在于每逢遭遇灾难挫折之时，能将自己的心妥善安放，培养灵气。使自己有活泼乐观的胸襟，坦荡宽广的意境，这样，即使身体受到外来的感染，也不至于引起内伤，大伤元气。

（以上曾国藩语）

【原文】

3.11　军中取材，专尚朴勇，尚须由有气概中讲求。特恐讲求不真，则浮气、客气夹杂其中，非真气耳。

3.12　人才由磨炼而成，总须志气胜，乃有长进。成败原难逆睹[1]，不足以定人才。

3.13　兵事以人才为根本，人才以志气为根本；兵可挫而气不可挫，气可偶挫而志不可挫。

3.14　方今天下之乱，不在强敌，而在人心。不患愚民之难治，而在士大夫之好利忘义而莫之惩[2]。

3.15　吾人任事，与正人同死，死亦附于正气之列，是为正命。附非其人，而得不死，亦为千古之玷，况又不能无死耶！处世无远虑，必有危机。一朝失足，则将以薰莸为同臭[3]，而无解于正人之议评。

（以上胡语）

【注释】

[1] 逆睹：预先料到。

[2] 莫之惩：得不到惩戒。惩，戒止。《诗·小雅·沔水》："民之讹言，

宁莫之惩。"

[3] 薰莸（xūn yóu）：香草和臭草。古有薰莸不同器之说，谓香草和臭草不能放在一个器物里，喻善恶好坏不能共存。同臭（xiù）：同一种气味。比喻善恶不分。语出《左传·僖公四年》："一薰一莸，十年尚犹有臭。"

【今译】

3.11　军队中选拔人才，专门崇尚朴实忠勇，仅此两点还不够，尚且须要从有气概这一原则上讲求。特别担心的是，因为讲求不真，浮躁之气、客套之气夹杂于其中，而使求得的人才并无真正的气概。

3.12　人才是经过千锤百炼而成的，总要在志气上胜人一筹方有长进。成败原本难以预料，不能以成败论英雄，求人才。

3.13　战争军事以人才为根本，人才又以志气为根本。军队可以受挫，但士气不可受挫；士气可以偶尔受挫，但志向决不可以受挫。

3.14　现在天下大乱，原因不在于强敌，而在人心。眼下更应担心的，不是老百姓难以治理，而是士大夫见利忘义而丝毫不会受到惩戒。

3.15　我们做事情，当与正人君子同死，即使死了也能附于正气的行列，这是正命。如果所附非人，即使免于一死，也是千古难洗的污点，况且并不一定就能免死呢。大丈夫立身处世，如果没有长远的打算，必定会危机四伏，一旦失足，就将落得个薰莸同臭的下场，永远无法从正人君子的批评中得到解脱。

（以上胡林翼语）

【原文】

3.16　士人第一要有志，第二要有识，第三要有恒。有志则不甘为下流；有识则知学问无尽，不敢以一得自足；有恒则断无不成之事。三者缺一不可。诸弟此时，惟有识不可骤几[1]，有志有恒，则诸弟勉之而已。

3.17　凡人心之发，必一鼓作气，尽吾力之所能为，稍有转念，则疑心生，私心亦生。余死生早已置之度外，但求临死之际，寸心无可悔憾，斯为大幸。舍命报国，侧身修行[2]。古称"金丹换骨"[3]，余谓立志即丹也。

（以上曾语）

【注释】

[1] 骤几（zhòu jī）：迅速达到。几：接近；达到。

[2] 侧身修行：侧身，指倾侧身体；比喻不能安身。桓宽《盐铁论·救匮》："故公孙丞相、倪大夫侧身行道，分禄以养贤，卑己以下士。"二句意谓，自己早已把身家性命奉献于国家，但报国之余，倘有一息尚存，亦当心志坚定，勉力修行。

[3] 金丹换骨：语出陆游《夜吟》诗："六十余年妄学诗，功夫深处独心知。夜来一笑寒灯下，始是金丹换骨时。"比喻创作进入化境，所谓"点铁成金""夺胎换骨"。

【今译】

3.16　士人第一要有志气，第二要有见识，第三要有恒心。有志气，就不会甘为下流。有见识，则知道学无止境，不敢以一得自满。有恒心，便没有办不成的事。三者缺一不可。诸位弟弟此时，惟有见识不可能很快达到，至于有志气，有恒心，则是大家可以互相勉励的。

3.17 大凡人心发动，必须一鼓作气，竭尽全力，若稍有分心，便生疑虑，疑虑一生，私心杂念便也随之而生。我早已把生死置之度外，只求临死之时，扪心自问，无怨无悔，这就是万幸了。我奉行的是舍身报国，侧身修行的原则。古代有所谓"金丹换骨"的说法，我认为立下了大志也就是炼好了金丹。

（以上曾国藩语）

【原文】

3.18 天下纷纷，吾曹适丁其厄[1]，武乡侯[2] 不云乎："成败利钝，非所逆睹。"[3] 则其殚其心力，尽其职守，静以待之而已。

（以上左语）①

【注释】

[1] 吾曹：犹我辈，我们。丁其厄：遭到这样的困厄。丁，遭到。

[2] 武乡侯：指诸葛亮。

[3] 成败利钝，非所逆睹：见诸葛亮《后出师表》："至于成败利钝，非臣之明所能逆睹也。"

【今译】

3.18 天下纷纷扰扰，我们正好遇到这样的困厄，诸葛亮不是说过吗："成败利钝，非所逆睹。"那么，只有殚精竭虑，尽心

——————

① 按：此条蔡本原无，系由蒋介石增补。

尽力，恪尽职守，安静地等待罢了。

（以上左宗棠语）

【原文】

蔡按：右列各节，语多沉痛，悲人心之陷溺，而志节之不振也。今日时局之危殆[1]，祸机之剧烈，殆十倍于咸、同之世。吾侪自膺军职，非大发志愿，以救国为目的，以死为归宿，不足渡同胞于苦海，置国家于坦途。须以耿耿精忠之寸衷，献之骨岳血渊之间，毫不返顾，始能有济。果能拿定主见，百折不磨，则千灾万难，不难迎刃而解。若吾辈军人将校，但以跻[2]高位、享厚禄、安福尊荣为志，目兵则以希虚誉、得饷糈[3]为志，曾、胡两公必痛哭于九（原）〔泉〕矣。

【注释】

[1] 危殆：危险，危急。

[2] 跻（jī）：登，上升。

[3] 饷糈（xǔ）：亦作"饟糈"。军粮给养。糈：粮。

【今译】

蔡锷按：以上各节文字，大多言辞沉痛，悲叹人心堕落，利欲熏心，志节不振。当今之世，局势之危险，祸患之剧烈，几乎十倍于咸丰、同治年间。我等既然身为军人，若不志存高远，以救国为目的，以死节为归属，便不足以救广大同胞出苦海，使国家转危为安，走上坦途。我们必须将这颗赤胆忠心，义无反顾地献于骨山血海之间，才能于事有补。如果大家真能痛定思痛，下定决心，百折不挠，那么即使有千难万险，也不难迎刃而解。反之，如果我们这些军人、将官，只把做高官、享厚禄、安享富贵尊荣作为自己的奋斗目标，士兵则把求取虚名、得到军饷作为追求目标，那么，曾、胡二公必定要在九泉之下痛哭不已了。

第四章

诚 实

【导读】

　　自古以来，论军事者无不主张"诡诈"之道。一部《孙子兵法》，充满了"计""谋""虚""实""形""势""变""间""算"等字眼，如《始计篇》就说："兵者，诡道也。故能而示之不能，用而示之不用，近而示之远，远而示之近；利而诱之，乱而取之，实而备之，强而避之，怒而挠之，卑而骄之，佚而劳之，亲而离之。攻其无备，出其不意。此兵家之胜，不可先传也。"《虚实篇》说："出其所不趋，趋其所不意。""攻其必取者，攻其所不守己；守而必固者，守其所不攻也。故善攻者，敌不知其所守；善守者，敌不知其所攻。"《军争篇》干脆说"兵以诈立"，诸如此类，几乎成了中国古代军事史的主流价值观。

　　本章曾、胡二公却一反常态，标举"诚实"二字，把儒家修身之道与治兵方略结合起来，令人耳目一新。孔孟儒家一向强调为己之学，而为己之学首先就要做到"毋自欺"，也就是"诚实"。《中庸》反复提到"诚"的重要性。如第二十一章说："自诚明，谓之性；自明诚，谓之教。诚则明矣；明则诚矣。"第二十二章："唯天下至诚为能尽其性。能尽其性，则能尽人之性。能尽人之性，则能尽物之性。能尽物之性，则可以赞天地之化育。可以赞天地之化育，则可以与天地参矣。"第二十三章："其次致曲，曲能有诚，诚则形，形则著，著则明，明则动，动则变，变则化。唯天下至诚为能化。"第二十四章："至诚之道可以前知。国家将兴，必有祯祥；国家将亡，必有妖孽。见乎蓍龟，动乎四体。祸福将至，善必先知之；不善，必先知之。故至诚如神。"第二十五章："诚者，自成也，而道，自道也。诚者，物之终始，不诚无物。是故君子诚之为贵。诚者，非成己而已也，所以成物也。"第三十二章："唯天下至诚，为能经纶天下之大经，立天下之大本，知天地之化育。夫焉有所倚？"可以说，"诚"是参赞天地、沟通神人、成己成物、己立立人、己达达人的最为重要的修养工夫，甚至成为儒家最具内在超越性的一种宗教性情感和道德境界。

针对当时军队中养成的歪风邪气，曾国藩指出只有"以'诚'为之本，以'勤'字、'慎'字为之用，庶几免于大戾，免于大败"。胡林翼也认为："惟诚之至，可救欺诈之穷。"这里的"诚实"二字更多的是用于对内的治兵，而非对外作战，从某种意义上说，在军队中培养正气，提倡"诚实"无欺，正是打造一支能征善战的精锐之师的必由之路。蔡锷说："惟诚可以破天下之伪，惟实可以破天下之虚。"正此意也。其实也是把为将和做人等量齐观。此外，"诚实"又与"正直"相通，故在本章，也谈到了"人之生也直"的正直之道。

曾国藩一生克己甚严，每自反躬自讼，甚至到了苛刻的程度，此正是"诚"的修养工夫。在曾国藩心目中，"诚"不唯是一种修养，更是一种智慧。他尝说："遇诡诈人变幻百端，不可测度，吾一以至诚待之，彼术自穷。"咸丰七年（1857），他在给曾国荃的信中说："左季高待弟极关切，弟即宜以真心相向，不可常怀智术以相迎距。凡人以伪来，我以诚往，久之则伪者亦共趋于诚矣。"好一个"人以伪来，我以诚往"！人世间人我推诚、彼此相与之道尽在其中矣！

据薛福成《庸庵笔记》卷一《李傅相入曾文正公幕府》记载：

> 傅相入居幕中。文正每日黎明必召幕僚会食，而江南北风气与湖南不同，日食稍晏，傅相欲遂不往。一日，以头痛辞，顷之，差弁络绎而来；顷之，巡捕又来，曰："必待幕僚到齐乃食。"傅相披衣踉跄而往。文正终食无言，食毕，舍箸正色谓傅相曰："少荃，既入我幕，我有言相告，此处所尚惟一诚字而已。"遂无他言而散。傅相为之悚然。盖文正素谂傅相才气不羁，故欲折之使就范也。

李鸿章经此一事，乃渐渐养成早起的习惯，受益甚多。其对曾国藩一生钦服，言必称"老师"，谓之"大人先生"。"此处所尚惟一'诚'字而已"，可谓曾氏一生为学做人的秘笈，微言大义，颇值得今人参考。

【原文】

4.1 天地之所以不息，国之所以立，圣贤之德业所以可大可久[1]，皆诚为之也。故曰："诚者，物之终始，不诚无物[2]。"

4.2 人必虚中，不著一物[3]，而后能真实无妄。盖实者，不欺之谓也。人之所以欺人者，必心中别着一物。心中别有私见，不敢告人，而后造伪言以欺人。若心中了不着私物，又何必欺人哉！其所以自欺者，亦以心中别着私物也。所知在好德，而所私在好色[4]。不能去好色之私，则不能欺其好德之知矣。是故诚者，不欺者也。不欺者，心无私着也；无私着者，至虚者也。是故天下之至诚，天下之至虚者也。当读书则读书，心无着于见客也。当见客则见客，心无着于读书也；一有着，则私也。灵明无着，物来顺应，未来不迎，当时不杂，既过不恋，是之谓虚而已矣，是之谓诚而已矣。

4.3　知己之过失，即自为承认之地，改去毫无吝惜之心，此最难之事，豪杰之所以为豪杰，圣贤之所以为圣贤，便是此等处磊落过人。能透过此一关，寸心便异常安乐，省得多少纠葛，省得多少遮掩装饰丑态。

4.4　盗虚名者，有不测之祸；负隐慝[5]者，有不测之祸；怀忮心[6]者，有不测之祸。

4.5　天下惟忘机可以消众机，惟懵懂可以被[7]不祥。①

4.6　用兵久则骄惰自生，骄惰则未有不败者。勤字所以医惰，慎字所以医骄。二字之先，须有一诚字以为之本。立意要将此事知得透，辨得穿。精诚所至，金石亦开，鬼神亦避，此在己之诚也。"人之生也直"[8]，与武员之交接，尤贵乎直。文员之心，多曲多歪，多不坦白，往往与武员不相水乳。必尽去歪曲私衷[9]，事事推心置腹，使武人粗人，坦然无疑，此接物之诚也。以"诚"为之本，以"勤"字、"慎"字为之用，庶几免于大戾[10]，免于大败。

4.7　楚军水、陆师之好处，全在无官气而有血性。若官气

————————

① 按：本章此条蒋本所无，今据别本补入。

增一分，血性必减一分。

【注释】

[1] 可大可久：可以光大，可以持久。语出《周易·系辞》："乾以易知，坤以简能。易则易知，简则易从。易知则有亲，易从则有功。有亲则可久，有功则可大。可久则贤人之德，可大则贤人之业。"

[2] "诚者，物之终始，不诚无物"：诚，是天地万物一以贯之的大道，没有诚，也就没有天地万物。语出《礼记·中庸》："诚者，自成也；而道，自道也。诚者，物之终始，不诚无物。是故君子诚之为贵。诚者，非自成己而已也，所以成物也。"

[3] 不着（zhuó）一物：着，附着，沾染。不着一物，犹言不染一丝私心杂念。唐司马承祯《坐忘论》："学道之初，要须安坐收心，离境住无所有，不着一物。自入虚无，心乃合道。"

[4] 所知在好德，而所私在好色：好德、好色，语出《论语·子罕》："吾未见好德如好色者也。"

[5] 隐慝（tè）：指别人不知的或不可告人的罪恶。慝：奸邪，罪恶。《左传·僖公十五年》："震夷伯之庙，罪之也，于是展氏有隐慝焉。"

[6] 忮（zhì）心：嫉恨、妒忌之心。忮：害，嫉妒。《诗经·邶风·雄雉》："百尔君子，不知德行。不忮不求，何用不臧？"

[7] 祓（fú）：除。古代用斋戒沐浴等方法除灾求福，亦泛指扫除。

[8] "人之生也直"：语出《论语·雍也》，"人之生也直，罔之生也幸而免"。意思是，一个人天生（或曰天性）就应该是正直的，邪曲之人虽然也能生存，不过是侥幸免于灾难罢了。

[9] 私衷：私心。

[10] 大戾（lì）：大罪；大乱。戾：罪过，乖张。《诗经·小雅·节南山》："昊天不惠，降此大戾。"郑玄笺："戾，乖也。"

【今译】

4.1 天地万物之所以永不停息地运行，国家之所以能够建立，圣贤的德行事业之所以能够光大大和持久，都是拜一个"诚"字所赐。所以说：诚，是天下万物一以贯之的大德至道，没有诚，一切都将不复存在。

4.2 人必须虚心专一，不沾染一丝杂念私心，然后才能诚实无妄。因为所谓实，就是不欺骗之意。人所以要欺骗别人，一定是心地不够坦荡，存有私心杂念，不敢据实以告，只得编造谎言骗人。如果心中光明磊落，没有一丝杂念私心，又何必欺骗别人呢？其所以自欺欺人，也正是因为心中有私心杂念的缘故啊！良知在于好德，私心却在于好色。假如不能去掉好色的私心，就不能不欺骗自己好德的良知了。所以说，诚实，就是不说假话不欺骗。不欺骗的人，心里没有私心杂念；没有私心杂念的人，就是虚怀若谷的人。所以说，天下最诚实的人，也就是天下胸怀宽广的人。该读书的时候就读书，不要想着应酬客人。该应酬客人的时候就一心一意应酬，不要想着读书的事。一旦心有旁骛，就有私了。最好的情况是，心中灵明光亮，纤尘不染，一切顺其自然。无论做什么事，没有来的不必苦等欢迎，眼前正做的则专心致志，已经做好的便不再时常挂念。这才是真正的虚怀若谷，这才是真正的诚实无欺。

4.3 知道自己的过失，便自觉诚恳地承认，并且马上改正，毫无吝惜矫饰之心，这是最难做到的事情。豪杰之所以成为豪杰，圣贤之所以成为圣贤，正是因为他们心地坦白、光明磊落，在知错就改、绝不文过饰非方面超过众人。如果突破这一关，心里便会非常安恬快乐，省却许多纠葛，避免许多遮羞掩丑的装模作样。

4.4　窃取虚名的人，会有预料不到的灾祸；包藏祸心的人，会有预料不到的灾祸；胸怀嫉妒之心的人，也会有预料不到的灾祸。

4.5　天下的事，只有自己忘却机心才可以消灭他人的机心，只有天真懵懂才可以祓除不祥。

4.6　一个将帅指挥军队久了，便会产生骄傲怠惰之心，而一旦产生骄傲怠惰之心，没有不失败的。"勤"字可以用来治疗怠惰，"慎"字可以用来治疗骄傲。不过在这二字的前面，还必须有一个"诚"字作为根本。要下决心将其中的道理了解透彻，分辨仔细。俗话说：精诚所至，金石为开。连鬼神都会悄然回避，其中的关键正在于自己的诚意啊！人天生就是正直的，与军人打交道，更以正直率真为重。文人的内心，弯弯绕绕太多，大多不够坦白，往往和武士军人格格不入。作为文官，必须完全去掉那些曲里拐弯的私心杂念，事事都能推心置腹，使武人粗人坦然无疑，这才是待人接物的诚实之道。以"诚"作为根本，再以"勤""慎"二字为用，差不多就可以避免犯大的罪过，遭受大的失败。

4.7　楚军水、陆二军的好处，全在于上下没有官气而有血性，如果官气增长一分，血性必然减少一分。

【原文】

4.8　军营宜多用朴实少心窍之人，则风气易于纯正。今大难之起，无一兵足供［一割］之用，实以官气太重，心窍太多，漓朴散醇[1]，真意荡然。湘军之兴，凡官气重、心窍多者，在所必斥[2]。历岁稍久，亦未免沾染习气，应切戒之。

4.9　观人之道，以朴实廉介为质[3]。有其质而傅以他长，斯为可贵。无其质而长处亦不足恃。甘受和，白受采[4]，古人所谓无本不立[5]，义或在此。①

4.10　将领之浮滑者，一遇危险之际，其神情之飞越，足以摇惑军心；其言语之圆滑，足以淆乱是非。故楚军历不喜用善说话之将。②

4.11　今日所说之话，明日勿因小利害而变。

4.12　军事是极质之事，二十三史，除班、马[6]而外，皆文人以意为之。不知甲仗为何物、战阵为何事。浮词伪语，随意编造，断不可信。

4.13　凡正话实话，多说几句，久之人自能共亮其心。即直话亦不妨多说，但不可以讦为直[7]，尤不可背后攻人之短。驭将之道，最贵推诚，不贵权术。

4.14　吾辈总以诚心求之，虚心处之。心诚则志专而气足，千磨百折，而不改其常度，终有顺理成章之一日。心虚则不客气，不挟私见，终可为人共谅。

4.15　楚军之所以耐久者，亦由于办事结实，敦朴之气，未尽浇散[8]。若奏报虚伪，不特[9]畏遏迩之指摘，亦恐坏桑梓[10]之风气。

4.16　自古驭外国，或称恩信，或称威信，总不出一信字。非必显违条约，轻弃前诺，而后为失信也。即纤悉之事，颦笑之

---

① 按：本章此条蒋本所无，今据别本补入。
② 按：本章第 10 条摘自曾国藩同治元年二月初三日致姚体备书。

间，亦须有真意载之以出。心中待他只有七分，外面不必假装十分。既已通和讲好，凡事公平照拂，不使远人吃亏，此恩信也。至于令人畏敬，全在自立自强，不在装模作样。临难有不屈挠之节，临财有不沾染之廉，此威信也。《周易》立家之道，尚以有孚之威[11]，归诸反身，况立威于外域，求孚于异族，而可不反求诸己[12]哉！斯二者，似迂远而不切于事情[13]，实则质直[14]而消患于无形。

（以上曾语）

【注释】

[1] 漓朴散醇：朴实浇薄，醇厚离散。语出《庄子·缮性》："浇醇散朴。"

[2] 斥：排斥，拒斥。这里指不用。

[3] 廉介：廉洁耿介。质：本质。

[4] 甘受和，白受采："甘"能和众味，"白"易染色彩。比喻人的素质好了，才能进于道。《礼记·礼器》："甘受和，白受采。忠信之人，可以学礼。"孔颖达疏："甘为众味之本，不偏主一味，故得受五味之和。白是五色之本，不偏主一色，故得受五色之采。以其质素，故能包受众味及众采也。"

[5] 无本不立：没有根本的德行，道便无法确立。《论语·学而》："君子务本，本立而道生。"

[6] 班、马：指汉代史学家班固、司马迁。

[7] 以讦（jié）为直：把揭发别人的隐私或攻击别人的短处当作正直。讦：揭发、攻击。语出《论语·阳货》："恶徼以为知者，恶不孙以为勇者，恶讦以为直者。"

[8] 浇散："浇醇散朴"的省文。谓使淳朴的社会风气变得浮薄。

[9] 不特：不仅。

[10] 桑梓（sāng zǐ）：古代常在家屋旁栽种桑树和梓树。后用桑梓比喻

故乡。

　　[11] 有孚之威：亦作"孚威"，指立家之道，使人信服才能拥有威望。孚：信服。《周易·家人》："有孚，威如，终吉。"

　　[12] 反求诸己：遇到问题或矛盾要反过来追究自己的责任。求：追究，寻求；诸："之于"的合成词。《孟子·离娄上》："行有不得者皆反求诸己，其身正而天下归之。"

　　[13] 迂远而不切于事情：指见解或言论迂阔空洞，不切实际情况，于事无补。《史记·孟子荀卿列传》："孟轲受业于子思，既通，游于诸侯，所言皆以为迂远而阔于事情，然终不屈道趣舍，枉尺以直寻。"

　　[14] 质直：朴实正直。《论语·颜渊》："夫达也者，质直而好义。"

【今译】

　　4.8　军营中应当多用朴实忠诚、缺少心计的人，这样军队的风气就容易纯正。现在国难当头，却找不到合适的士兵可供调遣，究其原因，正因为军中官气太重，心计太多，纯朴之心浇漓，真纯之意无存。湘军刚组建时，凡是官气太重、心计太多的人，一概不用。但时间一长，也难免会沾上一些坏习气，应该引起警惕，尽力防范避免。有了甘美，才能调和五味，有了白底，才能铺采五色。古人所说道无本不立，道理或许正在于此吧。

　　4.9　观察人的方法，应该以朴实廉正为本质。在此基础上辅之以其他特长，这才是可贵的人才。如果没有朴实廉正的本质，其长处也就不可靠了。

　　4.10　那些轻浮圆滑的将领，一旦遭遇危机，便会心慌意乱，他们那没出息的样子足以动摇军心；他们圆滑无根的言辞，又足以混淆是非，颠倒黑白，所以，楚军历来都不喜欢任用巧言令色的将领。

4.11 今天所说的话，日后不要因为贪图小利而改变。

4.12 军事是极其质实的事情，古代的二十三史，除班固的《汉书》和司马迁的《史记》外，其余的都是文人想当然地杜撰出来的。他们根本不知道兵器铠甲是什么样子，更不知道战争是怎么回事，就用浮华的词藻，矫饰的言语任意编造，断乎不能相信。

4.13 凡是正直的话、诚实的话，多说几句，久而久之，人们自然能明了你的心意。即使直来直去的话，也不妨多说几句，但是万不可把攻讦别人的隐私当作率直，尤其不能在背后诋毁别人的短处。驾驭将领的方法，最重要的是推心置腹，开诚布公，而不是玩弄权术。

4.14 我们应当以诚待人，虚心处事。心诚就能心志专一，精神饱满，就是经历再多磨难，也不会改变初衷，最终一定会有顺理成章、心想事成的一天。虚心处事，就不会一团和气，虚与委蛇，遇事能主持公道，不挟私心，最终一定可以为大家所理解。

4.15 楚军之所以能征善战，顽强耐久，也是由于办事踏实、醇厚朴实的风气一直很好地保持着。如果向朝廷的奏折报告浮夸不实，不仅畏惧远近舆论的批评指责，也恐怕会败坏了家乡的社会风气。

4.16 自古以来，中国驾驭外国，或者称恩信，或者称威信，总之都离不开一个"信"字。并非一定要明显违反条约，轻易放弃以前的承诺，才算是失信。就是细枝末节的小事，甚至一颦一笑之间，也必须以真情实意来对待。心中待他只有七分，外面也不必假装十分。既然双方已经通好讲和，那么，凡事就要公平合理，互利互惠，不使远道的客人吃亏，这就是恩信。至于令人敬畏，完全在于自立自强，而不是装模作样。面临危难有不屈不挠的气节，面对钱财有不沾不贪的廉洁，这就是威信。《周易》中记载的立家之道，尚且以"有孚之威"作为反省自己的原则，何况是在外国面前树立威信呢？难道我们可以不反过来责求自己么？这两个方面，看起来似乎有些迂阔，仿佛不切近于当前的实际，实则不然，因为本质正直了，足可以将祸患消灭于无形之中。

（以上曾国藩语）

【原文】

4.17 破天下之至巧者以拙，驭天下之至纷者以静。

4.18 众无大小，推诚相与[1]。咨之以谋，而观其识；告之以祸，而观其勇；临之以利，而观其廉；期之以事，而观其信；知人任人，不外是矣。近日人心，逆亿[2]万端，亦难穷究其所往。惟诚之至，可救欺诈之穷。欺一事不能欺诸事，欺一时不能欺之后时。不可不防其欺，不可因欺而灰心所办之事，所谓贞固[3]足以干事也。

4.19 吾辈不必世故太深，天下惟世故深误国事耳。一部《水浒》，教坏天下强有力而思不逞[4]之民；一部《红楼》，教坏天下堂官、掌印司官、督抚、司道、首府及一切红人，专意揣摩迎合，吃醋捣鬼。当痛除此习，独行其志。阴阳怕懵懂[5]，不必计及一切。

4.20 人贵专一。精神所至，金石为开。

4.21 军旅之事，胜败无常，总贵确实而戒虚捏[6]。确实则准备周妥，虚饰则有误调度，此治兵之最要关键也。粤逆倡乱以来，其得以肆志猖獗者，实由广西文武欺饰捏报，冒功幸赏，以致蔓延数省，流毒至今，莫能收拾。

4.22 事上以诚意感之，实心待之，乃真事上之道。若阿附随声，非敬也。

4.23 挟智术以用世，殊不知世间并无愚人。

4.24 以权术凌人，可驭不肖[7]之将，而亦仅可取快于一时。本性忠良之人，则并不烦督责而自奋也。

（以上胡语）

【注释】

［1］推诚相与：指以真心诚意与他人相处。

［2］逆亿：谓事先疑忌别人欺诈不正。亿，同"臆"，推测。语出《论语·宪问》："不逆诈，不亿不信。"邢昺疏："此章戒人不可逆料人之诈，不可亿度人之不信也。"

［3］贞固：守持正道，坚定不移。《周易·乾·文言》释"元亨利贞"曰："元者，善之长也；亨者，嘉之会也；利者，义之和也；贞者，事之干也。君子体仁足从长人，嘉会足以合礼，利物足以和义，贞固足以干事。""贞固"本此。

［4］不逞（bù chěng）：不满意，怨恨。泛指为非作歹。语出《左传·隐公十一年》："天祸许国，鬼神实不逞于许君，而假手于我寡人。"

［5］阴阳：指精通世故，擅长阴谋诡计。懵懂（měng dǒng）：本指头脑不清楚或不能明辨事物，这里指心地坦白，直道而行。

［6］虚捏：虚构捏造。

［7］不肖（xiào）：此指不才，不正派。

【今译】

4.17 破解天下最巧的计谋要靠"拙"，驾驭天下最纷乱的局面要靠"静"。

4.18 大家相处，无论官阶大小，地位尊卑，都应该以诚相待。向他们咨询谋略，以观察其见识的高低；告诉他们危险的灾祸，以观察其勇气如何；用实惠利益去引诱他们，以观察其是否廉洁；限期让他们去做一件事情，以观察其信用如何。了解人，任用人，不过如此罢了。近来人心叵测，就算你事先逆料多端，殚精竭虑，也难以推究其用心何在。只有极其诚信，才可以补救欺诈之穷乏。在一件事情上骗了人，但不可能事事都能骗人；骗人一时，而不能骗人一世。我们遇事不能不提防别人的欺诈，但也不要因为别人的欺诈而对所办之事灰心丧气。坚贞不一，始终不渝才足以办大事。

4.19 我们做军人的不必世故太深，天下只有世故会严重耽误国家大事。一部《水浒传》，教坏了天下那些强壮有力又心怀怨恨的刁民；一部《红楼梦》，教坏了天下那些堂官、掌印司官、总督巡抚、司道首府及一切红人，使他们染上了专门揣摩迎合上司意图，吃醋捣鬼的恶习。应该痛快地铲除这种种恶习，独立践行自己的节操志向。深通世故、精于算计的人也害怕完全不通世故、心地坦白的人，所以不必计较一切个人得失。

4.20 人贵专一。精诚所至，金石为开。

4.21 行军打仗之事，胜败难以逆料，总要注重实事求是，力戒凭空虚构，捏造事实。情报确实可信，准备才会周备稳妥；如果虚伪矫饰，则会延误调度，失去良机，这是治兵打仗的重中之重。洪秀全的太平军揭竿而起以来，所以能够迅速发展，事实上正是由于广西的文武官员文过饰非，捏造事实，邀功请赏，以致太平军蔓延数省，流毒至今，使局面混乱到了不可收拾的地步。

4.22　事奉上级，应该以自己的诚意感动他，以自己的真心对待他，这才是真正的事奉上司之道。如果毫无原则地一味阿谀逢迎，这并不是真正的尊敬。

4.23　有人试图凭借智谋权术为世所用，殊不知世间并没有一点智术都不通的愚蠢之人。

4.24　用权术凌驾于人，只可以驾驭不成材的将领，而且也只能图一时之快。本性忠良的人，是并不需要别人的督促而自会奋发图强的。

（以上胡林翼语）

【原文】

4.25　君子之道，莫大乎以忠诚为天下倡。世之乱也，上下纵于亡等[1] 之欲，奸伪相吞，变诈相角[2]，自图其安而予人以至危；畏难避害，曾不肯捐丝粟之力以拯天下。得忠诚者起而矫之，克己而爱人，去伪而崇拙，躬履诸难，而不责人以同患，浩然捐生[3]，如远游之还乡，而无所顾悸[4]。由是众人效其所为，亦皆以苟活为羞，以避事为耻。呜呼！吾乡数君子所以鼓舞群伦[5]，历九载而戡[6] 大乱，非拙且诚者之效欤？①

4.26　凡说话不中事理，不担斤两[7] 者，其下必不服。

（以上曾语）

---

①　此条出自曾国藩：《湘乡昭忠祠记》。

【注释】

[1] 亡（wú）等：无等，没有差别。《礼记·内则》："羹食，自诸侯以下至于庶人无等。"

[2] 角（jué）：较量，竞争。

[3] 捐生：指舍弃生命。潘岳《寡妇赋》："感三良之殉秦兮，甘捐生而自引。"

[4] 顾悸：顾虑害怕。

[5] 群伦：同类或同等的人们。扬雄《法言·孝至》："圣人聪明渊懿，继天测灵，冠乎群伦。"

[6] 戡（kān）：用武力平定叛乱。

[7] 不担斤两：不承担分量。比喻不承担责任。

【今译】

4.25　君子之道，没有比以"忠诚"二字倡导天下更重要的了。每当天下大乱时，自上而下，都毫无差别地放纵物欲，彼此尔虞我诈，千变百伪，争先恐后，都想自求全身苟安，而欲置别人于死地；都想畏难避害，决不肯献出绵薄粟微之力来拯救天下的危难。如能得到忠诚勇敢之人，奋起矫正这样的歪风邪气，既能克制自己的私欲，仁爱天下苍生，又能去除虚伪的恶习，崇尚朴拙的作风，亲身体验各种危难，而不求别人也和自己同赴忧患。为了国家民族的大业，不惜献出生命，视死如归，毫不顾忌畏惧。于是，大家纷纷效法他们的所作所为，都以苟且偷生为羞，以逃祸避事为耻。呜呼！我们家乡的几位君子，之所以能够鼓舞同志群众，历经九年而终于平定了大乱，难道不是朴实与诚恳的功效吗？

4.26　凡是说话不符合事理，而又不肯承担责任的人，他的部下一定不会服从他。

（以上曾国藩语）

【原文】

蔡按：吾国人心，断送于"伪"之一字。吾国人心之伪，足以断送国家及其种族而有余。上以伪驱下，下以伪事上，同辈以伪交，驯至[1]习惯于伪，只知伪之利，不知伪之害矣。人性本善，何乐于伪？惟以非伪不足以自存，不得不趋于伪之一途。伪者人固莫耻其为伪，诚者群亦莫知其为诚，且转相疑骇，于是由伪生疑，由疑生嫉。嫉心既起，则无数恶德，从之俱生，举所谓伦常道德，皆可蹴[2]去不顾。呜呼！伪之为害烈矣！军队之为用，全恃万众一心，同袍无间，不容有丝毫芥蒂[3]，此尤在有一诚字为之贯串，为之维系。否则，如一盘散沙，必将不戢自焚[4]。社会以伪相尚，其祸伏而缓；军队以伪相尚，其祸彰而速且烈。吾辈既充军人，则将伪之一字排斥之不遗余力，将此种性根拔除净尽，不使稍留萌蘖[5]，乃可以言治兵，乃可以为将，乃可以当兵。惟诚可以破天下之伪，惟实可以破天下之虚。李广①疑石为虎，射之没羽[6]；荆轲②赴秦，长虹贯日[7]，精诚之所致也。

---

① 李广（？—前119）：陇西成纪（今甘肃天水秦安县）人，西汉名将。汉武帝时任骁骑将军，领万余骑出雁门抗击匈奴，后任右北平郡太守。武艺高强，善于用兵，匈奴畏服，称之为"飞将军"，数年不敢来犯。元狩四年（前119），漠北之战中，李广任前将军，因迷失道路，未能参战，愤愧自杀。传说李广出猎，看到草丛中有一块石头，以为是老虎，张弓而射，整个箭头都射进了石头里。事见《史记·李将军列传》。

② 荆轲（？—前227）：战国著名刺客，也称庆卿、荆卿、庆轲。曾为燕太子丹刺杀秦王，未果，被杀。事见《史记·刺客列传》。

【注释】

[1] 驯至：逐渐地达到。

[2] 蹴（cù）：踢，踏。

[3] 芥蒂（jiè dì）：本指细小的梗塞物，这里指由心里的不满或不快引起的隔阂。

[4] 不戢（jí）自焚：语出《左传·隐公四年》："夫兵，犹火也，弗戢，将自焚也。"战争就像玩火，若不能适可而止，适时而息，就会把自己烧掉。戢：停止。

[5] 萌蘖（méng niè）：指植物长出新芽。萌，生芽，发芽。蘖：树木砍去后又长出来的新芽。

[6] 射之没羽：《史记·李将军列传》载，"广出猎，见草中石，以为虎而射之中，中石没镞，视之，石也"。唐代卢纶《塞下曲》诗云，"林暗草惊风，将军夜引弓。平明寻白羽，没在石棱中"。

[7] 长虹贯日：亦作"白虹贯日"。白色的长虹穿日而过。古人以这种天象的变化比喻有不平凡的事发生。《战国策·魏策》："聂政之刺韩傀也，白虹贯日。"《史记·鲁仲连邹阳列传》："昔者荆轲慕燕丹之义，白虹贯日，太子畏之。"

【今译】

蔡锷按：我国的人心，就断送在一个"伪"字上。我国人心的虚伪，足以断送我们国家和种族还绰绰有余。在上位的人以虚伪来驱使部下，反过来，部下也以虚伪来事奉上司。同辈之间，也以虚伪相交，久而久之，虚伪竟然成了习惯。弄到后来，大家只知道虚伪的好处，反而不知道虚伪的危害了。人性本来是良善的，为何竟会喜欢虚伪呢？这是因为如果不虚伪便难以在世上生存，故而不得不走上虚伪这条路。虚伪之人，人们固然不会因为他虚伪而羞耻；诚实之人，大家也不知道他是诚实的；大家就这样互相猜疑。于是，由虚伪导致怀疑，由怀疑而导致嫉妒，而嫉妒心一旦产生，那么，无数恶德恶行便会随之产生，一切伦理道德，都可弃之不顾。唉！虚伪的危害实在太大了！军队之所以能够发挥作用，全靠万众一心，亲密无间，不容许有一丝一毫的芥蒂。这特别需要有一个"诚"字贯穿始终，维系众人。否则，就像一盘散沙，一定自取灭亡，玩火自焚。社会上崇尚虚伪，其祸害潜伏在那里不易发现，发作起来也较缓慢；军队中如果崇尚虚伪，其祸害不仅明显，爆发也十分迅速而激烈。我们既然做了一名军人，就应该将"伪"这个字，不遗余力地加以摒弃，并且要将这种虚伪的根性铲除净尽，不留下一点萌芽隐患，这样才可以谈治兵之道，才可以做将帅，才可以当士兵。只有诚，才可以战胜天下的伪；只有实，才可以战胜天下的虚。史载李广误把石头当作老虎，一箭射去，箭羽都没入石头之中；荆轲赴秦国刺秦王，长虹贯日，这些都是精诚所导致的结果。

第五章
勇　毅

【导读】

本章论"勇毅"之效。勇毅，即勇敢和坚毅。俗话说：两军相斗勇者胜。行军打仗，冲锋陷阵，无勇气则无胜算。所谓"勇"，用曾国藩的话说，就是"不怕死"；用胡林翼的话说，就是"放胆放手"。

但是，仅有一时之勇、匹夫之勇还不够，故儒家虽以智、仁、勇为"三达德"，所谓"知者不惑，仁者不忧，勇者不惧"，但也认为，其一，"勇"必合乎"义"。如《论语·为政》孔子说："见义不为，无勇也。"《论语·阳货》中子路问："君子尚勇乎？"孔子答之曰："君子义以为上。君子有勇而无义为乱，小人有勇而无义为盗。"子路"好勇"，孔子讥之曰："好勇过我，无所取材。"可知儒家不尚勇而尚义。其二，"勇"必辅之"谋"。如子路问："子行三军，则谁与？"孔子答："暴虎冯河，死而无悔者，吾不与也。必也临事而惧，好谋而成者也。"（《论语·述而》）"临事而惧"看似无勇，却可能是"好谋"的表现，给了谋略以更大空间。故有勇无谋为孔子所不取。其三，"勇"必成乎"毅"。光有勇敢和谋略还不够，还必须有恒心、耐心和强大的意志品质和毅力。孔子所说"刚毅木讷近仁""笃信好学，守死善道"，子夏所谓"士不可以不弘毅，任重而道远"，正是此意。

曾、胡二公皆为儒将，故在重视培养将士勇敢的同时，尤其注重刚毅、坚忍品格和吃苦精神的锻造。曾国藩认为，治兵打仗，"遇棘手之际，须从耐烦二字痛下工夫"。既要敢冒险，又要有毅力，小心谨慎，"竭力支持"。他还把"强毅"和"刚愎"做了区分，说："不惯劳苦，而强之与士卒同甘苦，强之勤劳不倦，是即强也。不惯有恒，而强之有恒，即毅也。舍此而求以客气胜人，则刚愎而已矣。"这一分辨既有现实针对性，也有理论说服力。

相比之下，胡林翼似乎更有紧迫感，一再强调"练兵"。他说："除日日练兵，人人讲武，则无补救之方；练一日得一日之力，练一人得一人之力。"又说："不苦撑，不咬牙，终无安枕之日。"所说的也是一个"毅"字。蔡锷对此别有会心，他特为拈出孟子的"小勇"与"大勇"之辨，认为本章"勇毅"所指，皆为"大勇"；而"勇""毅"二者之间，"毅"尤高于"勇"，所以，"军人之居高位者，除能勇不算外，尤须于'毅'之一字，痛下工夫"。应该说，"勇"与"毅"的相辅相成既符合辩证法，又具实践意义。

此外，曾国藩有许多磨练意志的语录，如"吃得苦中苦，方为人上人""能吃天下第一等苦，乃能做天下第一等人""受挫受辱之时，务须咬牙励志，蓄其气而长其智"等等，皆可作为理解本章的注脚。

【原文】

5.1　大抵任事之人，断不能有毁而无誉，有恩而无怨。自修者但求大闲不逾[1]，不可因讥议而馁沈毅[2] 之气。衡人者，但求一长可取，不可因微瑕而弃有用之材。苟于巉巉者[3] 过事苛求，则庸庸者反得幸全。

5.2 事会相薄[4]，变化乘除。吾尝举功业之成败，名誉之优劣，文章之工拙，概以付之运气一囊之中，久而弥自信其说不可易也。然吾辈自信之道，则当与彼赌乾坤于俄顷[5]，较殿最于锱铢[6]，终不令囊独胜而吾独败。

5.3 国藩昔在江西、湖南，几于通国不能相容。六、七年间，浩然不欲复闻世事。惟以造端过大，本以不顾生死自命，宁当更问毁誉？

5.4 遇棘手之际，须从耐烦二字痛下工夫。

5.5 我辈办事，成败听之于天，毁誉听之于人。惟在己之规模气象，则我有可以自立者，亦曰不随众人之喜惧〔为喜惧〕耳。

5.6 军事棘手之际，物议指摘之时，惟有数事最宜把持得定：一曰待民不可骚扰；二曰禀报不可讳饰[7]；三曰调度不可散乱。譬如舟行，遇大风暴，只要把舵者心明力定，则成败虽未知，要胜于他舟之慌乱者数倍。

5.7 若从流俗毁誉上讨消息[8]，必致站脚不牢。

（以上曾语）

【注释】

[1] 大闲不逾：不会逾越大的道德限度，闲：木栏，同"限"。这里指限度。语出《论语·子张》："子夏曰：大德不逾闲，小德出入可也。"

[2] 沈毅：同"沉毅"，沉着果敢。

[3] 巉巉（chán chán）：形容山势峭拔险峻。这里指出类拔萃的人才。

［4］相薄：相迫近，相搏击。薄，逼近。

［5］俄顷：片刻；一会儿。

［6］殿最：古代考核政绩或军功，下等称为"殿"，上等称为"最"。泛指等级的高低上下。锱铢（zī zhū）：旧制锱为一两的四分之一，铢为一两的二十四分之一。比喻极其微小的数量。

［7］讳饰（huì shì）：隐讳和掩饰。

［8］讨消息：打探消息。这里指获取信息，做出判断。

【今译】

5.1　大凡任职做事之人，绝不可能只有人诋毁而无人赞誉，只有人感恩而无人怨恨。自我修身的人，应该追求子夏所说的"大德不逾闲，小德出入可也"的境界，不要因为有人讥刺批评就馁泄了沉着刚毅之气。衡量选拔人才，只要有一日之长，就应该任用，不能因一点瑕疵就将可用之才抛弃。如果对待那些优秀拔尖的人才过于苛求，就会使那些庸碌凡俗之辈侥幸保全甚至飞黄腾达。

5.2　天下之事，因缘际会，变化无端。我曾经把功业的成败，名誉的优劣，文章的好坏，一概归之于运气。久而久之，更加相信这种说法是颠扑不破、不可改变的真理。然而，我们真正应该自信的是，要在刹那之间，与这捉摸不定的运气赌一个乾坤输赢，锱铢必较，分一个高低上下，终究不能只让那一囊运气一直取胜，而自己一直失败。

5.3　当年我曾国藩在江西、湖南，内外交困，几乎到了全国上下都不能相容的地步。六、七年间，我有心养我浩然之气，不想再过问世事。只是因为当初影响太大，我本就自命不顾生死，哪里还去顾及个人的荣辱毁誉？

5.4 遇到棘手难办之事，必须在"耐烦"二字上痛下功夫。

5.5 我们办事，成败听天由命，毁誉也听人自便。唯独在自己立身处世的规模气象方面，则可以自主自立，也就是说，不要跟随众人的喜惧而喜惧。

5.6 遇到军事上束手无策之际，舆论非议指责之时，只有几件事最应该坚定不移地贯彻：一是不可骚扰百姓；二是不可谎报军情；三是调度有序，有条不紊。好比水上行舟，遭遇特大风暴，只要把舵者头脑清醒，全力以赴，那么，即使成败还不可预知，但也要胜过其他船只上那些惊惶失措的舵手许多倍。

5.7 如果只从世俗流行的诋毁和赞誉上获取信息，作出判断，一定会导致立脚不稳，一败涂地。

（以上曾国藩语）

【原文】

5.8 "不怕死"三字，言之易，行之实难，非真有胆、有良心者不可。仅以客气[1] 为之，一败即挫矣。

5.9 天下事只在人力作为，到水尽山穷之时，自有路走，只要切实去办。

5.10 "冒险"二字，势不能免。小心之过，则近于葸[2]。语不云乎："不入虎穴，焉得虎子！"

5.11 国家委用我辈，既欲稍稍补救于斯民，岂可再避嫌怨？须知祸福有定命，显晦[3] 有定时，去留有定数，避嫌怨者未必得，不避嫌怨未必失也。古人忧谗畏讥[4]，非惟求一己之福也。盖当其事，义无可辞，恐谗谤之飞腾，陷吾君以不明之故，故悄悄之忧心[5]，致其忠爱之忧耳。至于一身祸福进退，何足动其毫末哉？

5.12　胆量人人皆小，只须分别平日胆小、临时胆大耳。今人则平日胆大，临时胆小，可痛也已。

5.13　讨寇之志，不可一眚而自挠[6]。而灭寇之功，必须万全而自立。

5.14　两军交馁[7]，不能不有所损。固不可因一眚而挠其心，亦不可因大胜而有自骄轻敌之心。纵常打胜仗，亦只算家常便饭，并非奇事。惟心念国家艰难，生民涂炭，勉竭其愚，以求有万一之补救。成败利钝，实关天命，吾尽吾心而已。

5.15　侥幸以图难成之功，不如坚忍而规远大之策。

5.16　兵事无万全。求万全者无一全。处处谨慎，处处不能谨慎。历观古今战事，如刘季、光武、唐太宗、魏武帝①，均日濒于危。其济，天也。

5.17　不当怕而怕，必有当怕而不怕者矣。

5.18　战事之要，不战则已，战则须挟全力；不动则已，动则须操胜算。如有把握，则坚守一月、二月、三月，自有良方。今日之人，见敌即心动，不能自主，可戒也。

5.19　古今战阵之事，其成事皆天也，其败事皆人也。兵事怕不得许多，算到五六分，便须放胆放手，本无万全之策也。

（以上胡语）

【注释】

[1]客气：一时的意气；偏激的情绪。

---

① 刘季、光武、唐太宗、魏武帝：分别是指汉高祖刘邦、光武帝刘秀、唐太宗李世民、魏武帝曹操。

[2] 葸（xǐ）：害怕，畏惧。《论语·泰伯》："慎而无礼则葸。"

[3] 显晦：明与暗。比喻仕宦与隐逸，显达与隐志。

[4] 忧谗畏讥：担忧被谗言中伤。语出范仲淹《岳阳楼记》。

[5] 悄悄（qiǎo qiǎo）之忧心：悄悄，忧虑不安的样子。语出《诗经·邶风·柏舟》："忧心悄悄，愠于群小。觏闵既多，受侮不少。"

[6] 眚（shěng）：过错。《左传·僖公三十三年》："孤之过也，大夫何罪？且吾不以一眚掩大德。"自挠（náo）：自屈。挠：弯曲，屈服。

[7] 交馁（něi）：古以退军为馁，两军皆退为交馁，这里指两军交战。

【今译】

5.8　"不怕死"这三个字，说起来容易，做起来实在很难。非真有胆识、真有良心的人是做不到的。如果仅凭一时冲动产生的血气之勇贸然行事，一旦遭遇失败，立刻就泄气了。

5.9　天下之事，只在人为。即使到山穷水尽之时，依然有路可走，关键在于踏踏实实地去做。

5.10　"冒险"二字，势所难免。过分小心，就接近畏惧怯懦了。俗话说得好："不入虎穴，焉得虎子？"

5.11　国家任用我们做事，既然我们想要稍稍补救一下百姓的危难，怎么能够再去回避别人的嫌弃和埋怨呢？要知道福祸都已命中注定，显达与潦倒自有时限，去留生死也都有定数。躲避嫌弃、埋怨，未必就能得到什么，不避嫌弃、埋怨，也未必就会失去什么。古人忧虑小人谗言构陷，害怕别人讥刺中伤，并不是仅仅为了一己的福利，而是他们身当其事，义不容辞，唯恐谗言毁谤谬种流传，而使君主闭目塞听、暧昧不明的缘故。所以他们暗暗地怀着忧心，尽力奉献自己的忠君爱国的热忱。至于个人安危、福祸进退，哪里值得让他们有丝毫的动虑分心呢？

5.12　胆量人人都小，只要区别主次，做到平时胆小，临事胆大就可以了。今天的人却往往平时胆大，临事胆小，实在令人痛心！

5.13　讨伐贼寇的大志，不能因为一次小的失败就自暴自弃；而消灭贼寇的大功，必须要有万全之策才能建立。

5.14　两军交战，不可能没有损失。本来就不能因为一次过失而灰心，也不能因为打了胜仗而产生骄傲轻敌之心。纵然经常打胜仗，也只算是家常便饭，并非什么奇事。只有时刻想着国运艰难，百姓处于水深火热之中，应该竭尽全力，以求对国家、民族有万分之一的补救。成败得失，实际上与天命相关，我们只能尽心竭力而已。

5.15　与其心存侥幸，妄图取得难成之功，不如脚踏实地，坚忍不拔地筹划更远大的策略。

5.16　军事上没有万全之策。总想求得万全，实际上连一全也求不到。处处谨小慎微，反而会处处陷于谨小慎微所导致的被动境地。历观古今战事，如汉高祖刘邦、光武帝刘秀、唐太宗李世民、魏武帝曹操等人，几乎都曾濒临危险困窘的绝境，他们之所以成功，实乃天命使然。

5.17　不该怕的时候而怕的人，一定有该怕而偏不怕的时候。

5.18　战争的关键在于，不战则已，要战就必须全力以赴；不行动则已，要行动就必须稳操胜券。如果有取胜的把握，那么坚守阵地一个月、两个月、三个月，自然会有克敌制胜的良策。今天的一些军人，一看见敌人就蠢蠢欲动，不能控制自己，这是需要避免的。

5.19　古今交战打仗的事，能够打胜全赖苍天护佑，而打败仗则都是人为因素造成的。战争之事，不能畏首畏尾，怕这怕那，只要有五、六分的胜算，就应该放胆一拼，放手一搏。战场上的事，本来就没有万无一失的策略。

（以上胡林翼语）

【原文】

5.20　贤达之起，其初类有非常之撼顿[1]，颠蹶战兢，仅而得全。疢疾[2]生其德术，荼蘖[3]坚其筋骨，是故安而思危，乐而不荒[4]。

5.21　道微俗薄，举世方尚中庸[5]之说，闻激烈之行，则訾过不中[6]，或以阍济尼[7]之，其果不济，则大快奸者之口。夫忠臣孝子，岂必一一求有济哉？势穷计迫，义不返顾，效死而已矣！其济，天也；不济，于吾心无憾焉耳。

5.22　时事愈艰，则挽回之道，自须先之以戒惧惕厉[8]；傲兀郁积[9]之气，足以肩任艰巨，然视事太易，亦是一弊。

（以上曾语）

【注释】

[1] 撼顿：动摇困顿。

[2] 疢（chèn）疾：病害。泛指疾病。

[3] 荼蘖（tú niè）：荼：一种苦菜。蘖：一种苦药。这里用作动词，喻处境艰苦。

[4] 乐而不荒：同"乐而不淫"。指表现的情感有节制，欢乐却不过分荒淫。语出《左传·襄公二十九年》："哀而不愁，乐而不荒，用而不匮，广而不宣。"

〔5〕中庸：儒家推崇的一种价值、道德和智慧境界。中庸之道，指不偏不倚，折中调和的处世态度。《论语·雍也》："子曰：中庸之为德也，其至矣乎？民鲜久矣。"在先秦儒家典籍中，也有不同的表述。如《尚书·大禹谟》称："人心惟危，道心惟微，惟精惟一，允执厥中。""允执厥中"，意指言行不偏不倚，符合中正之道。而《礼记·中庸》则标举"中和"，说："喜怒哀乐之未发谓之中，发而皆中节谓之和。中也者，天下之大本也；和也者，天下之达道也。"又说："君子之中庸也，君子而时中。小人之（反）中庸也，小人而无忌惮也。""执其两端用其中于民，其斯以为舜乎？"后宋明儒者发明"中庸"义理，如程颐说："不偏之谓中，不易之谓庸。中者，天下之正道；庸者，天下之定理。"朱熹说："中者，不偏不倚、无过不及之名。庸，平常也。"曾国藩这里的"中庸之说"，略带贬义，乃指一种明哲保身、不思进取、隔岸观火的保守论调。

〔6〕訾过不中：訾（zǐ）：毁谤，非议。过不中：指过犹不及，不合中道。

〔7〕尼（nǐ）：阻拦，阻止。

〔8〕戒惧：戒惧，指警惕和畏惧。《礼记·中庸》："是故君子戒慎乎其所不睹，恐惧乎其所不闻。"惕厉（tì lì）：指警惕激励。语出《易·乾》："君子终日乾乾，夕惕若厉，无咎。"

〔9〕傲兀（ào wù）：犹傲岸。郁积：指忧郁愤懑积聚于心。

【今译】

5.20　自古贤达之士刚开始的时候，大都经历许多不同寻常的磨难，颠沛流离，战战兢兢，最终仅得保全自身。灾难培养了他们的德行和智术，困苦锻炼了他们的筋骨，所以，我们应当居安而思危，欢乐而不荒淫。

5.21　世道衰微，风俗浇薄，普天之下无不崇尚中庸之道，听说谁有激烈的言行，大家便诋毁其过分失度，有人甚至以不会成功为借口加以阻止。如果事情果真没有成功，那些奸邪小人便会幸灾乐祸，以先见之明夸口标榜。其实，忠臣孝子难道一定要事事都追求成功吗？形势危急，别无良策之时，惟有义无反顾，为国家捐躯献身罢了。事情成功了，那是天命使然；即使失败了，扪心自问，也可无怨无悔。

5.22　时事越是艰难，则挽回补救的方法，就越是先要做到戒慎恐惧，警惕勉励。傲岸外露，或积郁内敛，这两种气质虽然足以担当重任，然而，把一切事情都看得易如反掌，也是一大弊端。

（以上曾国藩语）

【原文】

5.23　人心思乱，不自今日始，亦不自今日止。除日日练兵，人人讲武[1]，则无补救之方；练一日得一日之力，练一人得一人之力。

5.24　时艰事急，当各尽其心力所能，不必才之果异于人，事之果期于成也。遇事每谋每断，不谋不断，亦终必亡。与其坐亡，不如谋之。

5.25　不苦撑，不咬牙，终无安枕之日。

5.26　近事非从吏治人心痛下功夫，不涤肠荡胃[2]，必难挽回。

（以上胡语）

【注释】

[1] 讲武：讲解军事，习练武艺。

[2] 涤肠荡胃：把肠胃洗干净。比喻进行彻底改造。

【今译】

5.23　人心思乱，并不是从今天才开始，也不会到今天就结束。我们除了天天练兵，人人讲武之外，别无其他补救的办法。练一天兵，军队便增一天之力；训练一个人，便多得一人之力。

5.24　时局艰难，国事危急，当各自竭尽全力来挽救国家，不一定非要有特别的才能，也不必期望事事都能马到成功。一旦遇到事情，就要尽心谋划，果断处理；既不谋划，又不果断，最终只能前功尽弃。与其坐以待毙，不如从长计议。

5.25　不能苦苦支撑，不能咬牙坚持，终究没有安枕高卧的日子。

5.26　近来国家之事，非从整顿吏治、凝聚人心方面痛下功夫不可，如不洗心革面，痛改前非，局面一定难以挽回。

（以上胡林翼语）

【原文】

5.27　大局日坏，吾辈不可不竭力支持，做一分，算一分，在一日，撑一日。

5.28　强毅之气，决不可无，然强毅与刚愎[1]有别。古语云：自胜谓之强[2]。曰强制，曰强恕，曰强为善，皆自胜之义也。如不惯早起，而强之未明即起；不惯庄敬，而强之坐尸立斋[3]；不惯劳苦，而强之与士卒同甘苦，强之勤劳不倦，是即强也。不惯有恒，而强之有恒，即毅也。舍此而求以客气胜人，则刚愎而已矣。二者相似，而其流相去霄壤，不可不察，不可不谨。①

---

①　按：第28则摘自《挺经·卷六·刚柔》。

5.29 日慎一日，以求事之济，一怀焦愤[4]之念，则恐无成。千万忍耐，千万忍耐。"久而敬之"[5]四字，不特处朋友为然，即凡事亦莫不然。

5.30 袁了凡①所谓"从前种种譬如昨日死，以后种种譬如今日生"[6]，另起炉灶，重开世界，安知此两番之大败，非天之磨练英雄，使予大有长进乎？谚云：吃一堑，长一智。吾生平长进全在受挫受辱之时。务须咬牙励志，蓄其气而长其智，切不可茶然[7]自馁也。

5.31 予当此百端拂逆[8]之时，亦只有逆来顺受之法，仍不外"悔"字诀、"硬"字诀而已。

5.32 百种弊病，皆从懒生。懒则弛缓，弛缓则治人不严，而趣功不敏，一处迟则百处懈矣。②

（以上曾语）

【注释】

[1] 刚愎（bì）：倔强执拗，固执己见。

[2] 自胜之谓强：战胜自己才可称作强者。《韩非子·喻老》："知之难，不在见人，在自见。故曰：自见之谓明。……志之难也，不在胜人，在自胜也。故曰：自胜之谓强。"又，《史记·商君列传》："反听之谓聪，内视之谓明，自胜之谓强。"

[3] 坐尸立斋：尸：神像，或代死者受祭的人。斋：斋戒。正襟危坐，肃

① 袁了凡（1533—1606）：本名黄，字坤仪。浙江嘉兴人。明万历十四年进士。为官清廉，教子有方。所著《了凡四训》较著名。另有《历法新书》五卷、《宝坻劝农书》二卷、《皇都水利》一卷、《群书备考》二十卷、批削《四书》、《书经集注》而成《删正》等。

② 按：本章第32条摘自同治三年二月二十八日曾国藩日记。亦见《勤劳》章第3条。

然而立。这里指举止庄重。《礼记·曲礼上》："若夫坐如尸，立如齐（斋）。礼从宜，使从俗。"

[4] 焦愤：焦躁愤恨。

[5] "久而敬之"：相处久了，仍能保持对人的尊敬。语出《论语·公冶长》："子曰：晏平仲善与人交，久而敬之。"

[6] "从前"两句：语出《了凡四训·立命之学》："从前种种，譬如昨日死；从后种种，譬如今日生；此义理再生之身。"

[7] 苶（nié）然：疲倦的样子。

[8] 拂逆：违背，违反。

[9] 趣功不敏：趣：同"趋"，奔走，奔跑。趣功：奔跑、行走的功能。敏：迅速。这里指行动迟缓，做事不能迅速取得成效。

【今译】

5.27　国家大局越来越坏，我们不能不竭力支持，做一分，算一分，活一天，就支撑一天。

5.28　"强毅"之气，决不能没有。不过，"强毅"与"刚愎"不同。古人说：自胜叫做强，如强迫自己做事，强迫自己宽容别人，强迫自己做善事，这些都是自胜的内涵。比如，本来不习惯早起，却偏要强迫自己天不亮就起床；不习惯庄重恭敬，偏要强迫自己坐立端庄，恭敬如仪；不习惯于劳苦，却偏要强迫自己与士卒同甘共苦，强迫自己一刻不停地做事情；这些都是"强"。没有持之以恒的习惯，却强迫自己有恒心，这就是"毅"。除此之外，仅只追求以外在一时的血气之勇胜人，则是"刚愎"而已。"强毅"与"刚愎"，看似差不多，其实却有天壤之别，不能不仔细观察，也不能不谨慎对待。

5.29　应该一天比一天更谨慎，以求我们的事业成功。如果只是心怀焦虑、忧心忡忡，则恐怕只能一事无成。遇事当克制情绪，尽力忍耐。"久而敬之"这四个字，不仅与朋友相处需要，就是做其他任何事，也需要这种精神。

5.30　明代的袁了凡所说"从前种种譬如昨日死，从后种种譬如今日生"，就是另起炉灶，重振旗鼓，开辟一个新世界之意。谁能说这两次战役的失败，不是上天有意要磨练英雄，使我大有长进呢？俗谚说：吃一堑，长一智。我这一生凡有长进，全是在遭受挫折和侮辱的时候。所以必须咬紧牙关，自我激励，积蓄勇气，增长智慧，万万不能一蹶不振，自暴自弃。

5.31　我遭遇眼下这种诸事不顺的逆境，也只有逆来顺受一法可用，不过就是"悔""硬"二字秘诀，即多反省、长坚持而已。

5.32　世上各种弊病，都是由懒惰引起的。一个将帅若是犯上懒病，便会放松散漫，治兵也就不会严格要求，行动起来不能迅速有效。可以说，一处放松，其余的地方也就跟着懈怠了。

（以上曾国藩语）

【原文】

蔡按：勇有狭义的、广义的及急遽[1] 的、持续的之别。"暴虎冯河，死而无悔"[2]，临难不苟，义无反顾，此狭义的、急遽的者也。"成败利钝，非所逆睹"，"鞠躬尽瘁，死而后已"[3]，此广义的、持续的者也。前者孟子①所谓小勇，后者所谓大勇[4]、

---

① 孟子（前372—前289）：名轲，战国中期鲁国邹人。受业于子思（孔子之孙）之门人，曾游历于宋、滕、魏、齐等国，阐述他的政治主张，还曾在齐为卿。晚年退而著书，传世有《孟子》七篇。孟子是孔子以后的儒学大师，被尊称为"亚圣"，后世将他与孔子合称为"孔孟"。

所谓浩然之气[5]者也。右章所列，多指大勇而言，所谓勇而毅也。军人之居高位者，除能勇不算外，尤须于"毅"之一字，痛下工夫。挟一往无前之志，具百折不回之气，毁誉、荣辱、死生皆可不必计较，惟求吾良知[6]之所安。以吾之大勇，表率无数之小勇，则其为力也厚，为效也广。至于级居下僚（将校以至目兵），则应以"勇"为惟一天性，以各尽其所职。不独勇于战阵也，即平日一切职务，不宜稍示怯弱，以贻[7]军人之羞。世所谓无名之英雄者，吾辈是也！

【注释】

[1] 急遽（jù）：匆忙；仓促。

[2] "暴虎冯（píng）河，死而无悔"：语出《论语·述而》："暴虎冯河，死而无悔者，吾不与也。必也临事而惧，好谋而成者也。"又《诗·小雅·小旻》："不敢暴虎，不敢冯河。"暴虎：空手打虎；冯河：徒步渡河。指赤手空拳打老虎，没有渡船偏要过河。比喻有勇无谋，冒险蛮干。

[3] "成败利钝"四句：见诸葛亮《后出师表》，原文曰："臣鞠躬尽瘁，死而后已。至于成败利钝，非臣之明所能逆睹也。"

[4] 小勇：即匹夫之勇。语出《孟子·梁惠王下》："王请无好小勇。夫抚剑疾视，曰：'彼恶敢当我哉？'此匹夫之勇，敌一人者也。"大勇：文王、武王之勇，即"一怒而安天下民"之勇。

[5] 浩然之气：《孟子·公孙丑上》："（公孙丑曰）：'敢问何谓浩然之气？'（孟子）曰：'难言也。其为气也至大至刚，以直养而无害，则塞于天地之间。其为气也，配义与道，无是，馁也。是集义所生者，非义袭而取之也。行有不慊于心，则馁矣。'"

[6] 良知：指天赋于人的纯良天性，以及判断是非与善恶的能力。这里指对于家国天下的坚定信念和道义责任。良知一词，本自《孟子·尽心上》："人之所不学而能者，其良能也；所不虑而知者，其良知也。"王阳明在此基

础上，提出"致良知"之学，影响深远。

[7] 贻：遗留，留下。

【今译】

蔡锷按：勇敢有狭义、广义之分，也有匆促爆发或者持久如一之别。如赤手搏虎，徒步涉江，死而无悔；或者临危而不苟且偷生，义无反顾，视死如归，这是狭义的、匆促爆发的勇敢。在成败得失难以预料的情况下，仍能鞠躬尽瘁，死而后已，这是广义的、持久如一的勇敢。前者不过是孟子所说的"小勇"，后者才是真正的"大勇"，也就是所谓"浩然之气"。前面所论述的，多是指"大勇"而言，也就是勇敢和刚毅。身居高位的军官，除了能勇敢之外，尤须在"毅"字上痛下功夫。应怀着一往无前的志向，百折不挠的勇气，将毁誉荣辱完全置之度外，唯一所求的便是良知安顿，问心无愧。用我们的"大勇"，为无数"小勇"作榜样和表率，只有这样，我们的力量才会强大，所起的作用才会广泛。至于下级军官和士兵，则应当把勇敢作为自己的唯一天性，来完成自己的一切职责。不仅在战场上要勇敢杀敌，即便平日的一切职务，也不应该流露出丝毫怯懦，以使军人的荣誉受到羞辱。世上所谓的无名英雄，正是我们这些人哪！

第六章

严　明

【导读】

　　"严明"是指赏罚严肃而公正。治理军队除了要有精兵强将，还须有一套行之有效的军纪军规，功赏罪罚，一丝不苟。不仅如此，还要立法者能够以身作则，这样才能令行禁止，事半功倍。《论语》中多次谈到端正己身的重要性，如《子路》篇中孔子说："其身正，不令而行；其身不正，虽令不从。"又说："苟正其身矣，于从政乎何有？不能正其身，如正人何？"《颜渊》篇中季康子问政于孔子，孔子对曰："政者，正也。子帅以正，孰敢不正？"《宪问》篇中有人问管仲是个怎样的人。孔子说："人（仁）也。夺伯氏骈邑三百，饭疏食，没齿无怨言。"说管仲是个仁者，齐国的大夫伯氏犯了法，管仲依法剥夺了他的三百户人家的封地骈邑，使伯氏穷困潦倒，只能吃粗粮度日，但伯氏对管仲却终身都没有任何怨言。何以如此？正因为管仲行己端正、赏罚严明之故。又，《荀子·议兵》云："制号政令，欲严以威；庆赏刑罚，欲必以信。"亦可作"严明"一词注脚。

　　"严明"与第八章标举的"仁爱"看似矛盾，实则对立统一，相辅相成。曾国藩所谓"严明"，也就是严明军纪，具体说就是"明功罪赏罚""法立令行、整齐严肃"，对违法乱纪者，绝不姑息纵容，煦煦为仁。胡林翼也主张，"行军之际，务须纪律严明，队伍整齐，方为节制之师"。曾、胡还举了古代军事家"专杀立威"的例子为自己张目，这些融会儒、法、兵诸家思想的治兵原则，是曾、胡二公军事生涯的实践总结，极富启发意义。蔡锷"法立然后知恩，威立然后知感"的总结，可谓得其三昧。

当然，军中行赏处罚，亦当张弛有度，故《孙子兵法·行军篇》称："数赏者，窘也。数罚者，困也。"过度的赏罚自然称不上"严明"。又说："卒未亲附而罚之，则不服，不服则难用。卒已亲附而罚不行，则不可用。故令之以文，齐之以武，是谓必取。令素行以教其民，则民服；令不素行以教其民，则民不服；令素行，与众相得也。"是说赏罚也应遵循文武之道，有张有弛，善始善终，否则朝令夕改，兵士必然不服。曾国藩说："立法不难，行法为难。"正此意也。

【原文】

6.1　古人用兵，先明功罪赏罚。

6.2　救浮华者莫如质。积玩[1]之后，振之以猛。医者之治瘠痛[2]，甚者必剜其腐肉，而生其新肉。今日之劣弁羸兵，盖亦当为简汰[3]，以剜其腐肉者，痛加训练，以生其新者。不循此二道，则武备之弛，殆不知所底止[4]。①

6.3　太史公②所谓循吏[5]者，法立令行[6]，能识大体而已。

---

① 按：本章第2条摘自《挺经·卷十三·峻法》。
② 太史公：指司马迁。字子长，左冯翊夏阳（今陕西韩城西南）人。西汉史学家，文学家。所著《史记》开创了我国纪传体通史写作的先河。班固称赞《史记》："善序事理，辩而不华，质而不俚，其文质，其事核，不虚美，不隐恶，故谓之实录。"事见《汉书·司马迁传》。

后世专尚慈惠，或以煦煦为仁[7]者当之，失循吏之义矣。为将之道，亦以法立令行、整齐严肃为先，不贵煦煦也。①

6.4 立法不难，行法为难。凡立一法，总须实实行之，且常常行之。

6.5 九弟②临别，深言驭下宜严，治事宜速。余亦深知驭军驭吏，皆莫先于严，特恐明不傍烛[8]，则严不中礼耳。③

6.6 吕蒙④诛取铠之人[9]，魏绛⑤戮乱行之仆[10]。古人处此，岂以为名？非是无以警众耳。⑥

6.7 近年驭将，失之宽厚，又与诸将相距遥远，危险之际，弊端百出，然后知古人所云：作事威克厥爱，虽少必济[11]。反是，乃败道耳。

（以上曾语）

【注释】

[1] 积玩：积久玩忽。

[2] 瘠痈（jí yōng）：已经溃烂了的疮毒。

[3] 简汰：选择淘汰。

[4] 底止（dǐ zhǐ）：终止。亦作"厎止"。语出《诗经·小雅·祈父》："胡转予于恤，靡所底止？"

[5] 循吏：好的官吏。司马迁《史记》有《循吏列传》。

---

① 按：此章第3条摘自咸丰九年三月廿四日曾国藩日记。
② 九弟：指曾国荃（1824—1890），字沅甫，长沙府湘乡人。优贡生出身。后为湘军首领，官至两江总督。与郭嵩焘等修纂《湖南通志》。
③ 按：此条亦摘自咸丰十一年十月初六日曾国藩日记。
④ 吕蒙（178—220）：字子明，汝南富陂（今安徽阜阳）人。三国时东吴名将。后率军夺取荆州，杀关羽，未及受赏而病卒。
⑤ 魏绛：即魏庄子，春秋时晋国卿。生卒年不详。晋悼公年间为司马。
⑥ 按：此条见于《求阙斋日记类钞·军谋》。

[6] 法立令行：法律得以确立，政令能够推行。语出《管子·法法》："法立令行，则民之用者众矣。法不立令不行，则民之用者寡矣。"

[7] 煦煦（xù xù）为仁：和悦、惠爱的样子。语出韩愈《原道》："彼以煦煦为仁，孑孑为义。"

[8] 傍烛：傍，接近；烛，洞悉。这里指看得十分清楚。

[9] 吕蒙诛取铠之人：吕蒙赏罚分明，曾挥泪斩杀一个取百姓斗笠以覆盖官铠的同乡兵士。《三国志·吕蒙传》："蒙入据城（南郡，今荆州），尽得羽及将士家属，皆抚慰，约令军中不得干历人家，有所求取。蒙麾下士，是汝南人，取民家一笠，以覆官铠，官铠虽公，蒙犹以为犯军令，不可以乡里故而废法，遂垂涕斩之。于是军中震栗，道不拾遗。"

[10] 魏绛戮乱行之仆：据《春秋左氏传》，晋悼公元年（前572）魏绛为司马，执掌军法。晋悼公四年（前569），大会诸侯，悼公借此夸耀他的地位和实力，而其弟杨干却扰乱随从仪卫军队的行列。魏绛为严明军法，冒死戮杨干之仆。此举震动当时。

[11] 威克厥爱，虽少必济：威严如能胜过溺爱，人数虽少，也一定能成功。克，胜过。厥，代词，其。济，过河，这里指成功。语出《尚书·胤征篇》："威克厥爱，允济；爱克厥威，允罔功。"

【今译】

6.1　古人用兵打仗，一定先明确功成受赏、有罪受罚的规则。

6.2　挽救浮华之弊的最好办法，莫过于崇尚质朴之风。积弊日久，形成玩忽职守的风气，必须采取严厉、刚猛的措施提振士气。正如医生治疗溃烂的毒疮，严重的部位一定要剜去腐肉，而使新肉再生。今天我们军队的老弱病残，也应当予以简择淘汰，如剜去其腐肉；士兵当严加训练，使其重获新生。如果不遵循这两种方法，武备的松弛涣散，恐怕不知何时才能彻底改变。

6.3　太史公司马迁所说的"循吏"，不过就是能够做到法立令行，识大体、顾大局而已。后世为官者专门崇尚仁慈恩惠，或者把惯会施舍小恩小惠者当作好官，这就失去了循吏的本义了。所以，作将领的原则，也要以法立令行、整齐严肃为第一要务，而不是一团和气，怀柔无度。

6.4　立法并不难，难的是执法。大凡确立一种法令，总须要踏踏实实地执行，而且要持之以恒地执行，不可半途而废。

6.5　九弟国荃临别之时，郑重强调作为将帅，治兵应该严格，办事应当快捷。我也深知驾驭管理军队，严格要求是首要的。只是担心自己见识不高，不能明察秋毫，以致虽然严格要求，却不能合礼中节。

6.6　三国东吴大将吕蒙因为同乡违反军令，取了百姓的斗笠遮盖铠甲，而忍痛将其斩首。春秋时晋国的大夫魏绛，为严明军纪，处死了扰乱军队行列的晋侯之弟杨干的仆从。古人这么做，难道是为了沽名钓誉么？若不如此处置，就不能确立威信、警示兵众啊。

6.7　近年来，我对部将的管理太过宽厚了，又与诸将相距遥远，每逢危险之际，不能相互策应，弊端多多，漏洞百出。有了这些教训之后，才明白古人所说的话不错："做事立威如能胜过怀柔，人数虽少，也一定能取胜。"反之，就是自取其败了。

（以上曾国藩语）

【原文】

6.8　自来带兵之将，未有不专杀立威[1]者。如魏绛戮仆[2]，穰苴①斩庄贾[3]，孙武②致法于美人[4]，彭越③之诛后至者[5]，皆是也。

6.9 世变日移，人心日趋于伪，优容[6] 实以酿祸，姑息非以明恩。居今日而为政，非用霹雳手段，不能显菩萨心肠。害马既去，伏龙[7] 不惊，则法立知恩。吾辈任事，只尽吾义分之所能为，以求衷诸理之至是[8]，不必故拂乎人情，而任劳任怨，究无容其瞻顾之思。

6.10 号令未出，不准勇者独进；号令既出，不准怯者独止。如此则功罪明而心志一矣。

6.11 兵，阴事也，以收敛固啬[9] 为主。战，勇气也，以节宣[10] 提倡为主。故治军贵执法谨严，能训能练，禁烟禁赌，戒逸乐，戒懒散。

6.12 治将乱之国，用重典；治久乱之地，宜予以生路。

6.13 行军之际，务须纪律严明，队伍整齐，方为节制之师。如查有骚扰百姓，立即按以军法。吕蒙行师，不能以一笠宽其乡人，严明之谓也。绛侯④治兵，不能以先驱犯其垒壁[11]，整

---

① 司马穰苴：原名田穰苴，春秋末期齐国人，系田完（陈完）的后代。因军功尊为大司马，故又名司马穰苴。生卒年不详，春秋末期著名军事家。曾率军击退晋、燕军，名闻诸侯。后遭齐国守旧贵族势力鲍氏、国氏、高氏忌恨，被齐景公辞退。《史记》卷六四有传。

② 孙武：即孙子，字长卿，齐国乐安（今山东博兴北，一说惠民）人。古代军事学家，中国古代军事学的奠基人。春秋末期吴国将军。所著《孙子兵法》，是中国和世界军事史上不朽的军事名著，对后世影响甚巨。

③ 彭越（？—前196）：字仲，昌邑（今山东巨野东南）人。秦末反秦义军首领。先附项羽，楚汉战争率三万多人归顺刘邦。公元前203年，率兵参加垓下会战，次年被封为梁王。后以谋反罪被斩杀于洛阳。

④ 绛侯：指汉初大臣周勃（？—前169），沛县（今属江苏）人。随刘邦起义，有军功，汉初封绛侯，官至太尉。曾从刘邦平定臧荼、韩王信、陈豨等叛乱。惠帝时为太尉。刘邦死前预言："安刘氏天下者必勃也。"刘邦死后，吕后专权。吕后死，周勃与陈平合谋夺取军权，诛灭诸吕，迎立文帝刘恒即位，任右丞相。

齐之谓也。

6.14 立法宜严，用法宜宽，显以示之纪律，隐以激其忠良。庶几畏威怀德，可成节制之师。若先宽后严，窃恐始习疲玩，终生怨尤，军政必难整饬[12]。

（以上胡语）

【注释】

[1] 专杀立威：指将帅专门斩杀违反军纪者以杀一儆百，树立威信。

[2] 魏绛戮仆：见前注。

[3] 穰苴（ráng jū）斩庄贾：穰苴是春秋时齐国军事家，出身低微，在率军与燕、晋对阵前，担心自己不能服众，便请齐景公派最亲近的大臣庄贾前来监军。庄贾为人傲慢，与人饮宴，以至误了约定时间。穰苴于是将其斩首示众。燕、晋军队知其军纪严明，不战而退。

[4] 孙武致法于美人：指孙武在吴国以后宫美女为吴王阖闾演习用兵之术。《吴越春秋·阖闾内传》载："（王）问曰：'兵法宁可以小试耶？'孙子曰：'可。可以小试于后宫之女。'王曰：'诺。'孙子曰：'得大王宠姬二人以为军队长，各将一队。'令三百人皆被甲兜鍪，操剑盾而立，告以军法，随鼓进退，左右回旋，使知其禁。乃令曰：'一鼓皆振，二鼓操进，三鼓为战形。'于是宫女皆掩口而笑。孙子乃亲自操枹击鼓，三令五申，其笑如故。孙子顾视诸女，连笑不止。孙子大怒，两目忽张，声如骇虎，发上冲冠，项旁绝缨。顾谓执法曰：'取铁锧。'孙子曰：'约束不明，申令不信，将之罪也。既以约束，三令五申，卒不却行，士之过也。军法如何？'执法曰：'斩！'武乃令斩队长二人，即吴王之宠姬也。吴王登台观望，正见斩二爱姬，驰使下之令曰：'寡人已知将军用兵矣。寡人非此二姬，食不甘味，宜勿斩之。'孙子曰：'臣既已受命为将，将法在军，君虽有令，臣不受之。'孙子复执鼓之，当左右进退，回旋规矩，不敢瞬目，二队寂然无敢顾者。"

[5] "彭越之诛后至者"：指彭越起兵前，为盗于野泽，投奔者甚多，为

严明军纪，警示徒众，曾杀约期迟到之人。《史记·魏豹彭越列传》载："彭越者，昌邑人也，字仲。常渔巨野泽中，为群盗。陈胜、项梁之起，少年或谓越曰：'诸豪桀相立畔秦，仲可以来，亦效之。'彭越曰：'两龙方斗，且待之。'居岁余，泽间少年相聚百余人，往从彭越，曰：'请仲为长。'越谢曰：'臣不愿与诸君。'少年强请，乃许。与期旦日日出会，后期者斩。旦日日出，十余人后，后者至日中。于是越谢曰：'臣老，诸君强以为长。今期而多后，不可尽诛，诛最后者一人。'令校长斩之。皆笑曰：'何至是？请后不敢。'于是越乃引一人斩之，设坛祭，乃令徒属。徒属皆大惊，畏越，莫敢仰视。乃行略地，收诸侯散卒，得千余人。"

[6] 优容：宽容，优待。

[7] 伏厖（máng）：驯服的狗。厖，多毛的狗。

[8] 义分：道义和本分。求衷诸理之至是：折衷各种情况以求合情合理。

[9] 固嗇：固，坚固；嗇，同"塞"，闭塞不通。这里由秘而不宣义。吕坤《呻吟语》："沉藏固嗇，是冬之气。"

[10] 节宣：指或裁制或布散以调适之，使气不散漫，不壅闭。这里指节制宣泄士气，使其勇敢向前。

[11] "绛侯治兵，不能以先驱犯其垒壁"：这里指周勃之子周亚夫军细柳之事。据《史记·绛侯周勃世家》载，汉文帝亲自劳军，到了霸上和棘门军营，可以长驱直入，将军及官兵骑马迎送。而到了细柳军营，军容威严，号令如山，即使是皇上驾到，也不准入营。"细柳"也成了后人诗文中形容军中常备不懈、军纪森严的常用典故。垒壁：军营的围墙或工事。

[12] 怨尤：怨天尤人。语出《论语·宪问》："不怨天；不忧人。"整饬（zhěng chì）：整治，使有条理。

【今译】

6.8 自古以来带兵打仗的将帅，没有不专以杀戮来确立威信的。如魏绛斩杀替王弟驾车的仆人，司马穰苴斩杀监军庄贾，孙武怒杀吴王阖闾的宠姬，彭越起事时杀迟到的同伙以儆效尤，都是好例。

6.9　随着世道的变化，时间的推移，人心日渐叵测，越来越虚伪。对人太过宽容优待，就容易酿成祸患；姑息纵容作奸犯科者，也不足以表明恩惠。在当前的局势下处理军政大事，不采取雷霆万钧的严厉手段，就不能显现菩萨心肠。正如把害群之马剔除出去，驯服的狗才不会受惊狂吠，这样，法度才得以确立，恩惠才能被感知。我们做事情，只能尽自己道义本分内的所有力量，以此求得折衷众情，合乎至理，而不必故意违背人之常情。同时，还应当任劳任怨，不能容许怀有瞻前顾后、患得患失的私心俗念。

6.10　两军对阵，号令未出时，不许勇敢的士兵先行进攻；号令既出，则不能允许怯懦的士兵临阵退缩。这样，就能做到功过明晰，大家自然也就齐心协力了。

6.11　治军，是隐蔽不宣的事，应当以收敛密藏为主。打仗，则要靠勇气，应当以砥砺士气为主。所以，治军贵在执法严明，训练有素，必须禁止吸大烟、赌博等恶习，也应力戒贪图享乐、懒惰散漫的作风。

6.12　治理将要发生动乱的国家，应当实行严刑峻法；治理长久混乱的国家，应该给百姓以自新图强的生路。

6.13　行军之时，务必需要军纪严明，队伍整齐，才能算作有节制的军队。如果查出有骚扰百姓者，应当立即按军法处置。吕蒙行军，并没有因为一顶斗笠这样的小事就宽恕他的同乡，这就是所谓军纪严明。绛侯周勃之子周亚夫治兵，并不因为来人是皇帝的先驱便让其直闯军营，这就是所谓队伍整齐。

6.14　立法应当严格，用法可以适当放宽。明里向部下显示军队要有铁的纪律，暗里则用以激励他们尽忠报国。这样，也许就会使兵士畏威怀德，可以把军队锻造成一支有节制的军队。如果先宽后严，恐怕他们一开始惯于懒散拖沓，反而会对严明军纪的举措心生怨尤，这样，军队大政方针的贯彻也就难以整齐高效了。

（以上胡林翼语）

【原文】

蔡按：治军之要，尤在赏罚严明。煦煦为仁，足以隳[1] 军纪而误国事，此尽人所皆知者。近年军队风气，纪纲大弛，赏罚之宽严每不中程[2]，或姑息以图见好，或故为苛罚以示威，以爱憎为喜怒，凭喜怒以决赏罚。于是赏不知感，罚不知畏。此中消息，由于人心之浇薄者居其半，而由于措施之乖方[3] 者亦居其半。当此沓泄[4] 成风、委顿疲玩之余，非振之以猛，不足以挽回颓风。与其失之宽，不如失之严。法立然后知恩，威立然后知感。以菩萨心肠，行霹雳手段，此其时矣。是望诸健者勇者毅然行之而无稍馁，则军事其有豸[5] 乎！

【注释】

[1] 隳（huī）：毁坏；崩毁。

[2] 中（zhòng）程：合乎规定标准。

[3] 乖方：违背法度，失当。

[4] 沓泄（tà xiè）：弛缓，懈怠。《孟子·离娄上》：“《诗》曰：‘天之方蹶，无然泄泄。’泄泄，犹沓沓也。事君无义，进退无礼，言则非先王之道者，犹沓沓也。”

[5] 豸（zhì）：通"解"，解决。《左传·宣公十七年》："余将老，使郤子逞其志，庶有豸乎！"杜预注："豸，解也。"

【今译】

蔡锷按：治理军队的要务，尤其在于赏罚严明。如果姑息怀柔，足以败坏军纪，耽误国事，这是人所共知的道理。近年来，军队的风气每况愈下，纲纪十分松懈，赏罚的宽严每每不能中规中矩。或者靠姑息纵容以图一时被拥戴，或者故意用苛酷的刑罚来逞强示威。更有甚者，以一己之爱憎，一时之喜怒，来决定赏罚，于是，得到奖赏的人不知感恩，受到处罚的人也不知敬畏。造成这种恶果的个中原因，一半是由于人心涣散，不思进取；另一半也是由于主政者赏罚不明，措施失当。面临如今散漫松懈、萎靡不振的局面，如果不施行严厉的手段，就难以挽回颓废腐糜的风气。与其失之于宽，不如失之于严。立法之后，人们才知道感恩；立威之后，人们才知道敬畏。以菩萨般的仁慈心肠，实行霹雳般的严厉手段，现在正是时候。因此，希望诸位英雄豪杰，毅然将严明军纪作为头等大事身体力行，而不要有所松懈，那么，当前的军事冲突就有顺利解决的可能吧！

第七章

公　明

【导读】

　　此章紧承"严明"一章，提出"公明"的治兵原则。"公明"，即公正光明之意。强调仅有严刑峻法还不够，功赏罪罚还要公正、公平，处事力求高明、精明，举荐人才则应秉持公心。

　　怎么做到"公明"呢？曾国藩拈出"知人""晓事"二端，指出："今日能知人、能晓事，则为君子；明日不知人、不晓事，则为小人。寅刻公正光明，则为君子；卯刻偏私晻曖，则为小人。"胡林翼则标举"明是非""讲节义"，以为"是非不明，节义不讲，此天下所以乱也"。可见，"公"有辨别是非、赏罚公正之意，"明"则有光明磊落、明白无欺之意。如果说，"尚志""诚实""勇毅"强调内在的修炼，"严明"和"公明"则偏重外在的操作，同样是治兵大计，不可须臾偏废。

　　蔡锷在曾、胡二公所论的基础上，概括以"公明"二字，亦可谓别具只眼。他将"公明"之道与"用人"结合，说："不知人，则不能用人；不晓事，何能办事？君子、小人之别，以能否利人济物为断。"并以"内举不避亲，外举不避仇"的古训为标准，进一步指出："曾公之荐左中堂，而劾李次青，不以恩怨而废举动，名臣胸襟，自足千古。"蔡松坡之于曾文正，可谓知之深矣！

【原文】

7.1　大君[1]以生杀予夺[2]之权，授之将帅，犹东家之银钱货物，授之店中众伙。若保举太滥，视大君之名器[3]，不甚爱惜，犹之贱售浪费，视东家之货财，不甚爱惜也。介之推①曰："窃人之财，犹谓之盗，况贪天之功，以为己功乎？"余则略改之曰："窃人之财，犹谓之盗，况假[4]大君之名器，以市[5]一己之私恩乎？"余忝居高位，惟此事不能力挽颓风，深为愧惭。

7.2　窃观古今大乱之世，必先变乱是非，而后政治颠倒，灾害从之。屈原之所以愤激沉身而不悔者，亦以当日是非淆乱为至痛。故曰："兰芷变而不芳，荃蕙化而为茅。"又曰："固时俗之从流，又孰能无变化？"[6]伤是非之日移日淆，而几不能自主也。后世如汉、晋、唐、宋之末造[7]，亦由朝廷之是非先紊，而后小人得志，君子有皇皇无依[8]之象。推而至于一省之中，一军之内，亦必其是非不揆[9]于正，而后其政绩少有可观。赏罚之任视乎权位，有得行，有不得行。至于维持是非之公，则吾辈皆有不可辞之责。顾亭林②先生所谓"匹夫与有责焉"[10]者也。

7.3　大抵莅事[11]以"明"字为第一要义。明有二：曰高

---

①　介之推：一作介子推、介推，春秋时晋国贵族。曾从晋文公流亡国外，文公回国后赏赐随从臣属，未及介之推，推义不苟求，乃和母亲隐居绵山（今山西介休东南），终老于此。文公悔悟，以绵山作为他名义上的封田，后世遂称绵山为介山。又有传说谓文公悔悟，亲到绵山请介之推，推坚辞不出，文公乃放火烧山逼其出山受赏，推不愿出来而被烧死。曾国藩所引语本《左传·僖公二十四年》。

②　顾亭林：即顾炎武（1613—1682），明末清初思想家、文学家。初名绛，字忠清，清兵南下，他改名炎武，字宁人。曾自署"蒋山佣"，人称亭林先生。昆山（今属江苏）人。顾炎武学识广博，著作宏富，在经学、音韵学、史学、文学诸方面有很深造诣。著有《亭林诗文集》《日知录》《音学五书》《韵补正》《天下郡国利病书》等。

明，曰精明。同一境，而登山者独见其远，乘城者独觉其旷，此高明之说也。同一物，而臆度[12]者不如权衡之审，目巧者不如尺度之精，此精明之说也。凡高明者，欲降心抑志以遽趋于平实，颇不易易。若能事事求精，轻重长短，一丝不差，则渐实矣；能实，则渐平矣。

7.4　凡利之所在，当与人共分之；名之所在，当与人共享之。居高位，以知人、晓事二者为职。知人诚不易学，晓事则可以阅历黾勉[13]得之。晓事则无论同己、异己，均可徐徐开悟，以冀和衷[14]。不晓事，则挟私固谬，秉公亦谬；小人固谬，君子亦谬；乡愿[15]固谬，狂狷[16]亦谬。重以不知人，则终古相背而驰，决非和协之理。故恒言皆以分别君子、小人为要，而鄙论则谓天下无一成不变之君子，亦无一成不变之小人。今日能知人、能晓事，则为君子；明日不知人、不晓事，则为小人。寅刻公正光明，则为君子；卯刻偏私晻暧[17]，则为小人。故群毁群誉之所在，下走常穆然深念，不能附和。

7.5　营哨官之权过轻，则不得各行其志。危险之际，爱而从之者或有一二，畏而从之者则无其事也。此中消息，应默察之，而默挽之，总揽则不无偏蔽，分寄则多所维系。

（以上曾语）

【注释】

[1]　大君：犹皇帝。

[2]　生杀予夺：生：让人活；杀：处死；予：给予；夺：剥夺。形容统治者掌握生死、赏罚大权，对人的生命财产可以任意处置。

[3]　名器：指朝庭的官职。《左传·成公二年》："唯器与名，不可以假人"。杜预注："器，车服；名，爵号。"

[4] 假：借。

[5] 市：买。如市义、市恩，即买好，讨好意。

[6] "兰芷"数句：皆出屈原《离骚》。兰芷：兰草与白芷。与荃蕙，皆香草名。古用以比喻君主。

[7] 末造：犹末世。指朝代末期。造：时代。

[8] 皇皇无依：惶恐不安，没有依靠。皇，通"惶"。《礼记·檀弓上》："既葬，皇皇如有望而弗至。"

[9] 不揆（kuí）：不合准则。揆：道理，准则。

[10] "匹夫与有责焉"：《日知录》卷十三"正始"条："有亡国，有亡天下。亡国与亡天下奚辨？曰：易姓改号，谓之亡国；仁义充塞，而至于率兽食人，人将相食，谓之亡天下。……是故知保天下，然后知保其国。保国者，其君其臣，肉食者谋之。保天下者，匹夫之贱，与有责焉耳矣。"

[11] 莅事：视事，处理公务。

[12] 臆度：主观推测。

[13] 黾勉（mǐn miǎn）：亦作"黾俛"。勉励，尽力。《诗·邶风·谷风》："黾勉同心，不宜有怒。"

[14] 和衷：本指和善。后多以"和衷"指和睦同心。语出《尚书·皋陶谟》："同寅协恭和衷哉。"孔安国传："衷，善也。以五礼正诸侯，使同敬合恭而和善。"

[15] 乡愿：乡中外表谨慎厚道，实际上同流合污的伪善之人。语出《论语·阳货》："乡原，德之贼也。"

[16] 狂狷：指放纵而不遵礼法的人。语出《论语·子路》："不得中行而与之，必也狂狷乎！狂者进取，狷者有所不为也。"

[17] 晻暧（ǎn ài）：同"晻昧"。昏暗不明。这里指不光明正大。

【今译】

7.1 皇上把生杀予夺的大权，授予将帅，犹如东家把银钱货物，都托付给店中的伙计。如果保举将帅不加选择，太过泛滥，他们看待皇上给予的官爵和名位，就不会很爱惜。这和经营商店，一味把财货贱价出卖，随意浪费，店中的伙计看待东家的东西也就不再爱惜，是同样的道理。介之推曾说过："窃取别人的钱财，尚且称作盗贼，何况贪天之功，以为己功呢？"我则把这句话略加修改为：窃取别人的钱财，尚且称作盗贼，何况借皇上的官爵和名位，来收买一己之私利恩惠呢？我虽忝居高位，却不能挽回此种颓唐不振的风气，真是非常惭愧！

7.2　据我观察，自古以来的大乱之世，一定先是淆乱是非，颠倒黑白，然后才会导致政局动荡，灾害也就如影随形地降临。屈原之所以激于义愤，自沉于汨罗江而毫不后悔，也正是因为对当时是非淆乱的局面深感痛苦。所以他在《离骚》中说："兰芷已经不再芳香，荃蕙也都变成了茅草！"又说："本来时俗就是随波逐流，又怎么能没有变化？"他感伤是非越来越混淆，几乎到了正直的人难以立足的地步。后世如汉、晋、唐、宋的末世，也由于朝政混乱，是非颠倒，而后才有小人得志，君子惶惶不安、无所依托的乱象。由此推及到一省之中，一军之内，也一定是先有是非颠倒，准则无依的局面，然后才会导致政绩不佳，无可称道的结果。赏罚之事，当根据权力大小、地位高低而定，有的行得通，有的行不通。至于维持是非的公正，则我们都有不可推卸的责任。正如顾亭林先生所说，"天下兴亡，匹夫有责"。

7.3　一般而言，做事当以"明"字为第一要义。"明"有两种：一是高明，一是精明。同一个地方，登上高山去看，独见其辽远；登上城楼去看，独见其空旷。这就是所谓高明。同一件事物，主观臆测其重量，就不如用秤来称量更准确；单凭眼力去观测其长短，就不如用尺子测量更精确。这就是所谓精明。大凡高明之人，想要降低心志和要求，以求很快达到平实的境界，并非那么容易。如能做到事事精益求精，轻重长短，丝毫不差，就能渐渐达到"实"的要求；只要能做到"实"，离"平"也就不远了。

　　7.4　凡是有利可图，应当和别人同分；凡是有名可求，也应当与别人共享。身居高位的人，应当以知人、晓事为职责。知人，诚然不易学到；至于明晓事理，则可以通过阅历勤奋努力而掌握。晓事就是指无论对同志者还是反对者，都可以慢慢开导、启发诱导，以求达到和衷共济、团结一心的目的。如果不晓事，挟私怨固然办错事，秉公心也会办错事；小人不晓事固然会办错事，君子亦然；虚与委蛇、毫无原则的乡愿之徒会办错事，洁身自好、有所不为的狂狷之士，也同样不能幸免。（不晓事倒也罢了，）如果再加上不知人这一条，那么，无论办什么事都永远事与愿违，这绝不是什么和协通达之道。所以，常言都说，分辨君子和小人最为重要。而我则认为，天下没有一成不变的君子，也没有一成不变的小人。今天能知人，能晓事，你就是君子。明天你不知人，不晓事，那就是小人。寅时你是公正光明的，那你就是君子；卯时你变得偏私卑琐，那你就是小人。所以，每当众人一致诋毁或一致赞誉某人的时候，我私下里都会默默思考，审慎分析，绝不人云亦云，随声附和。

　　7.5　营哨官的权力如果太轻，他们就不能各行其志。危险之际，因为爱戴他们而跟从的或许有一二人，因为敬畏而跟从的就绝无仅有了。其中的微妙之处，的确应该默默地考察，默默地挽回补救，凡事大包大揽，就会因为偏执而有所遮蔽，顾此失彼，处处考虑到分权给下属，用人不疑，便会在很多方面左右逢源，从而维系大局的稳定。

（以上曾国藩语）

【原文】

7.6 举人不能不破格，破格则须循名核实[1]。否则，人即无言，而我心先愧矣。

7.7 世事无真是非，特有假好恶。然世之徇私以任事者，试返而自问，异日又岂能获私利之报于所徇利之人哉！盍[2] 亦返其本矣。

7.8 天下惟左右习近[3] 不可不慎。左右习近无正人，即良友直言〔亦〕不能进。

7.9 朝廷爵赏，非我所敢专，尤非我所敢吝，然必积劳乃可得赏。稍有滥予[4]，不仅不能激励人才，实足以败坏风俗。荐贤不受赏，隐德[5] 必及子孙。

7.10 国家名器，不可滥予。慎重出之，而后军心思奋，可与图后效而速成功。

7.11 天下惟不明白人多疑人，明白人不疑人也。

7.12 是非不明，节义不讲，此天下所以乱也。

（以上胡语）

【注释】

[1] 循名核实：犹言循名责实。循：依照；责：要求。按着名称或名义去寻找实际内容，使得名实相符。《韩非子·定法》："术者，因任而授官，循

名而责实。操杀生之柄，课群臣之能者，此人主之所执也。"

　　〔2〕盍（hé）：何不。

　　〔3〕习近：犹接近。

　　〔4〕滥予：不加选择，不加节制地赐予。

　　〔5〕隐德：施德于人而不为人所知。

【今译】

　　7.6　举荐人才不能不打破常规，但要做到名实相符。不然的话，即使别人没有闲言碎语，自己也先要感到惭愧了。

　　7.7　世上的事，没有真正一成不变的是非，只有一时的虚假的好恶。然而，世上那些徇私舞弊的人，试着扪心自问，难道有朝一日，那些获得私利的人，真会报答为他们徇私舞弊的人吗？何不也返回根本，按照原则做事呢？

　　7.8　天下之大，只有那些自己身边的、特别亲近的人，不可不小心谨慎地提防。如果身边没有正人君子，即使是真正良友的谏诤直言，也都听不到了。

　　7.9　朝廷的爵位奖赏，不是我敢专擅定夺的，更不是我敢吝啬不给的，然而，一定要长期操劳而有功的人才可以得到奖赏。如果赏赐稍滥，则不仅不能激励人才，反而会败坏社会风气。推荐贤才虽然不一定都受到赏赐，但暗中所积之阴德，一定会惠及子孙后代。

　　7.10　国家的名号和权位，不能胡乱给人。只有慎重地封赏，才能凝聚军心，奋发图强，如此，方可共同谋划将来，迅速取得成功。

　　7.11　天下只有不明事理者，才会经常怀疑人；真正明白事理的人，是不会怀疑人的。

7.12　不明是非，不讲节义，这正是天下所以混乱的根本原因。

（以上胡林翼语）

【原文】

7.13　知天之长，而吾所历者短，则遇忧患横逆之来，当少忍以待其定。知地之大，而吾所居者小，则遇荣利争夺之境，当退让以守其雌[1]。知学问之多，而吾所见者寡，则不敢以一得自喜，而当思择善而约守[2]之。知事变之多，而吾所办者少，则不敢以功名自矜[3]，而当思举贤而共图之。夫如是，则自私自满之见，可渐渐蠲除[4]矣。

（以上曾语）

【注释】

[1] 守其雌：以柔弱的态度处世。语出《老子》第二十八章："知其雄，守其雌；知其白，守其黑；知其荣，守其辱。"

[2] 择善而约守：泽善，即择善而从。语出《论语·述而》："三人行，必有我师焉；择其善者而从之，其不善者而改之。"又，《礼记·中庸》："诚之者，择善而固执之者也。"约守，亦作"守约"，见本书《将材》章注释。曾国藩尝说："治心治身，理不必太多，知不可太杂，切身日夕用得着的，不过一两句，所谓守约也。"窃以为，这里除"持守简约""返约可行"之意外，还有"约礼自守"意。《论语·里仁》子曰："以约失之者，鲜矣。"又《雍也》子曰："博学于文，约之以礼，亦可以弗畔矣夫。"孟子发明此义，提出"由博返约"："博学而详说之，将以反说约也。"（《孟子·离娄下》）进一步提出"守约施博"说："言近而指远者，善言也；守约而施博者，善道也。"（《孟子·尽心下》）约守之道，便是"博文约礼""一以贯之"的君

子修养之道。

　　[3] 自矜：自我夸耀。

　　[4] 蠲（juān）除：消除，剔除。

【今译】

　　7.13　如果知道天时是永久的，我们所经历的人生却很短暂，那么，当遇到忧患和不顺的时候，就应当稍加忍耐，等待一切转危为安。知道大地是广博的，我们所居处的地方实在很小，那么，遇到争名夺利的情况，就应当退让不争，淡然处之。知道学问是没有边际的，我们所见到的十分有限，就不敢因为有一得之见而沾沾自喜，而应该考虑择善而从，守约而行。知道世事变幻无常，永无尽头，我们所能做的事不是很多而是极少，就不敢以一点微薄的功名而自夸，而应当考虑广荐贤才，共图大业。只有这样，自私之心，自满之见，才会渐渐消除干净。

　　（以上曾国藩语）

【原文】

　　蔡按：文正公谓居高位以知人、晓事为职，且以能为知人、晓事与否，判别其为君子为小人。虽属有感而发，持论至为正当，并非愤激之说。用人之当否，视乎知人之明昧[1]；办事之才不才，视乎晓事之透不透。不知人，则不能用人；不晓事，何能办事？君子、小人之别，以能否利人济物为断。苟所用之人，不能称职，所办之事，措置乖方[2]，以致贻误大局，纵曰其心无他，究难为之宽恕者也。

　　昔贤于用人一端，"内举不避亲，外举不避仇"[3]。其宅心[4]

之正大，足以矜式[5]百世。曾公之荐左中堂①，而劾李次青②，不以恩怨而废举动，名臣胸襟，自足千古。

[近世名器名位之滥极矣。幸进[6]之途，纷歧杂出。昔之]用人讲资格，固足以屈抑人才；今之不讲资格，尤未足以激扬清浊。赏不必功，惠不必劳，举不必才，劾不必劣。或今贤而昨劣，或今辱而昨荣。扬之则举之九天之上，抑之则置之九渊之下。得之者不为喜，失之者不为歉。所称为操纵人才、策励士气之具，其效力竟以全失。欲图挽回补救，其权操之自上，非吾侪所得与闻。惟吾人职居将校，在一小部分内，于用人一端，亦非绝无几希[7]之权力。既有此权，则应于用人惟贤、循名核实之义，特加注意。能于一小部分有所裨补，亦为心安理得。

【注释】

[1] 明昧：明白与糊涂。

[2] 措置：安排处置。乖方：违背法度；失当。

[3] "内举不避亲，外举不避仇"：语出《吕氏春秋·去私》："晋平公问于祁黄羊曰：'南阳无令，其谁可而为之？'祁黄羊对曰：'解狐可。'平公曰：'解狐非子之仇邪？'对曰：'君问可，非问臣之仇也。'平公曰：'善。'

---

① 左中堂：即左宗棠（1812—1885），字季高、朴存，号上农人，湖南湘阴人。军事家、政治家、湘军著名将领，洋务派代表人物。与曾国藩、李鸿章、张之洞并称"晚清中兴四大名臣"。一生经历湘军平定太平天国运动、洋务运动、平叛陕甘同治回乱、收复新疆以及新疆建省等重要历史事件。官至东阁大学士、军机大臣，封二等恪靖侯。1885年病逝于福州。追赠太傅，谥号"文襄"。著有《左文襄公全集》。

② 李元度（1820—1887）：字次青，又字笏庭，湖南平江县人。清朝大臣，学者。道光举人。咸丰中入曾国藩幕，官至云南按察使。中法战争爆发，赴广东协助彭玉麟办理军务，迁贵州布政使，卒于官。著有《南岳志》《国朝先正事略》《天岳山馆文钞》等。

遂用之。国人称善焉。居有间，平公又问祁黄羊曰：'国无尉，其谁可而为之?'对曰：'午可。'平公曰：'午非子之子邪?'对曰：'君问可，非问臣之子也。'平公曰：'善。'又遂用之。国人称善焉。孔子闻之曰：'善哉，祁黄羊之论也！外举不避仇，内举不避子。祁黄羊可谓公矣。'"意谓举荐贤才，不以至亲或仇敌而特意回避。

　　[4] 宅心：居心，存心。

　　[5] 矜式：犹示范。

　　[6] 幸进（xìng jìn）：因侥幸而进升。

　　[7] 几希（jī xī）：极少。《孟子·离娄下》："人之所以异于禽兽者几希。"赵岐注："几希，无几也。"

【今译】

　　蔡锷按：曾文正先生认为，身居高位者应该以知人、晓事为职责，而且应当以能否知人晓事，作为判别君子和小人的标准。虽然是有感而发，所持观点还是很正当的，并非一时愤激之言。用人是否得当，取决于知人明达与否；办事是否得力，取决于晓事通透与否。不知人就不能用人，不晓事如何能办好事？君子与小人的区别，正在于能否成人之美，济人之事。如果所用之人不能称职，所办之事处理失当，以致贻误大局，就算你心里并无私心杂念，也终究难以得到宽恕啊。

　　以前的贤人在用人方面，"内举不避亲，外举不避仇"。其宅心仁厚，光明正大，所以才能垂范百世。曾国藩先生举荐左宗棠，弹劾李元度，不因个人恩怨而影响正当的推荐和弹劾，一代名臣的宽广胸怀，自足以流芳千古。

　　[近世以来，朝廷用人不当，滥施官爵名位到了极点。因侥幸而当官或升级的各种途径，纷然杂出，不一而足。以往] 用人

论资排辈，固然可能压抑委屈真正的人才；但今天完全不讲资格，也未必就能够激浊扬清。赏赐不须有功，恩惠不必有劳，举荐的不一定是有才能的人，弹劾的也不一定是有劣迹的人。有的人今天虽贤良而过去很卑劣；有的人今天受侮辱而昨天很荣耀。表彰某人恨不得将他捧到九天之上，贬抑某人又恨不得将其置于九渊之下。如此，则得到奖赏的人并不觉得欢喜，得不到的人也不觉得有什么缺憾。称扬表彰，本是操纵人才、激励士气的工具，现在其效力竟完全丧失殆尽。要想挽回补救这种局面，其权力掌握在中央政府，不是我们可以过问的。不过，因为我们身居将校之职，在一部分范围之内，特别是在用人方面，也绝不是没有一点权力。既然有此权力，就应该在贯彻用人惟贤、循名核实的原则上，特加注意。即使能在一个很小的部分内有所补救，也就可以心安理得、问心无愧了。

第八章

仁　爱

【导读】

　　本章讲"仁爱"，同样是对儒家思想的继承与运用。孔子思想的核心，莫过一个"仁"字，而传统文化中人我相与之道，莫过一个"爱"字。《论语·学而》篇中，孔子说"泛爱众而亲仁"，首次将"仁爱"并举；同书《颜渊》篇樊迟问仁，子答之曰"爱人"，则是以"爱"释"仁"。到了孟子，更提出"仁者爱人，有礼者敬人。爱人者，人恒爱之；敬人者，人恒敬之"，将仁爱与礼敬的内在关系及相互作用揭示无遗。孟子还说："君子之于物也，爱之而弗仁；于民也，仁之而弗亲。亲亲而仁民，仁民而爱物。"（《孟子·尽心上》）这就把"仁爱"与"亲爱"做了区分，告诉我们，亲爱其亲，仁爱其民，并在此基础上推己及人，推人及物，于是才有"老吾老以及人之老，幼吾幼以及人之幼"的推恩之道，以及"以天地万物为一体"的"一体之仁"。

　　"仁爱"又与"忠恕"相连。忠者，尽己之心以待人；恕者，推己之心以及人。"己欲立而立人，己欲达而达人"，是由"忠"及"仁"；"己所不欲，勿施于人"，则是由"恕"及"爱"。故《礼记·中庸》说："忠恕违道不远，施诸己而不愿，亦勿施于人。"孟子也说："万物皆备与我，反身而诚，乐莫大焉。强恕而

行，求仁莫近焉。"（《孟子·尽心上》）

荀子擅长论兵，可谓儒家中之军事家。《荀子·议兵》篇提到古之圣王，"皆以仁义之兵行于天下也。故近者亲其善，远方慕其德，兵不血刃，远迩来服，德盛于此，施及四极"。是说"仁义"对于带兵打仗效用广大，无远弗届。又说："故仁人上下，百将一心，三军同力，臣之于君也，下之于上也，若子之事父、弟之事兄，若手臂之扞头目而覆胸腹也。"这种"三军一家亲"的思想成为历代军事家的治兵之道。

不仅儒家重仁爱，兵家亦然。《孙子兵法·地形篇》说："视卒如婴儿，故可与之赴深溪；视卒如爱子，故可与之俱死。"这是强调治兵如治家，将帅若不能体恤关爱士兵，就无法凝聚人心，提振士气。但紧接着又说："厚而不能使，爱而不能令，乱而不能治，譬若骄子，不可用也。"这是防止过分的仁爱有可能滋生助长的骄、娇二气。曾国藩有名言曰："小仁者，大仁之贼。"说的正是此意。

曾国藩一生学问，要在能反求诸己，强恕而行。故治兵虽对外之事，他偏将其自反，成为"为己之学"的一部分。正因为能将儒家"仁爱"与"忠恕"之道合理运用于军事，故而才能提出"带兵之道，用恩莫如用仁，用威莫如用礼"的主张。这就将治兵与治学、带兵与待人结合在一起。曾国藩还说："爱民为治兵第一要义"，"吾辈带兵，如父兄之带子弟一般。"观其所作《爱民歌》（见本书附录），可知其所言不虚。无独有偶。胡林翼也将对士兵的仁爱推及百姓，认为"必须谆嘱将弁，约束兵丁，爱惜百姓"，把"济人济物""损己利人"作为"正道"。这些无疑都是行之有效的治兵之法。在此基础上，蔡锷更总结出"军人以军营为第二家庭""兵者民之所出""安民爱民方能兴国强兵"的治军思想。

【原文】

8.1　带兵之道，用恩莫如用仁，用威莫如用礼。仁者，所谓欲立立人、欲达达人[1]是也。待弁兵如待子弟之心，常望其发达，望其成立，则人知恩矣。礼者，所谓无众寡，无小大，无敢慢，泰而不骄[2]也。正其衣冠，尊其瞻视，俨然人望而畏之，威而不猛[3]也。持之以敬，临之以庄[4]，无形无声之际，常有凛然难犯之象，则人知威矣。守斯二者，虽蛮貊[5]之邦行矣，何兵之不可治哉！①

8.2　吾辈带兵，如父兄之带子弟一般。无银钱，无保举，尚是小事。切不可使之因扰民而坏品行，因嫖赌、洋烟而坏身体。个个学好，人人成材，则兵勇感恩，兵勇之父母亦感恩矣。

8.3　爱民为治兵第一要义。须日日三令五申，视为性命根本之事，毋视为要结粉饰[6]之文。

（以上曾语）

【注释】

[1]"欲立立人、欲达达人"：自己想要修身立德，也要让别人修身立德，自己想要通达事理，也要让别人通达事理。语出《论语·雍也》："夫仁者，己欲立而立人，己欲达而达人。能近取譬，可谓仁之方也已。"

[2]"无众寡，无小大，无敢慢，泰而不骄"：无论人数多少，无论年辈、

---

① 按：本章第 1 条摘自咸丰九年（1859）六月初四日曾国藩日记："与何镜海谈带勇之法，用恩莫如仁，用威莫如礼"云云。收入《求阙斋日记·军谋》，亦见《挺经·卷十·诡道》。

官职大小，都不能轻慢无礼，做到"泰而不骄"。语出《论语·尧曰》："君子无众寡，无小大，无敢慢，斯不亦泰而不骄乎？"泰而不骄：谓安静坦然而不骄慢。亦见《论语·子路》："君子泰而不骄，小人骄而不泰。"

〔3〕"正其衣冠，尊其瞻视，俨然人望而畏之，威而不猛"：衣冠端正，视听严肃，举止庄严，让人望而生畏，但又威严而不凶暴。语出《论语·尧曰》："君子正其衣冠，尊其瞻视，俨然人望而畏之，斯不亦威而不猛乎？"威而不猛，亦见《论语·述而》："子温而厉，威而不猛，恭而安。"

〔4〕临之以庄：用庄重严肃的态度对待民众（这里指兵士）。语出《论语·为政》："季康子问：'使民敬、忠以劝，如之何？'子曰：'临之以庄，则敬；孝慈，则忠；举善而教不能，则劝。'"

〔5〕蛮貊（mò）：亦作"蛮貉"。古代称南方和北方落后部族，亦泛指四方落后部族。《论语·卫灵公》："子张问行。子曰：'言忠信，行笃敬，虽蛮貊之邦，行矣；言不忠信，行不笃敬，虽州里，行乎哉？'"

〔6〕要结：邀引交结。粉饰：涂饰表面，掩盖污点或缺点。

【今译】

8.1　带兵之道，用施恩的办法不如用仁恕之道，用立威的办法不如用礼义之理。所谓仁恕之道，也就是孔子所说的"己欲立而立人，己欲达而达人"。对待士兵，就像对待自己的子弟一样，一心希望他们能够发达，能够成事立人，这样，他们自然就会感恩戴德。所谓礼义之理，也就是无论人数是多还是少，无论年辈、官职是大还是小，都不能轻慢无礼，做到所谓"泰而不骄"。正如孔子所说，君子应该衣冠端正，视听严肃，举止庄严，让人望而生畏，但又威严而不凶暴。如果立身处事恭敬有礼，对待部下庄重严肃，无形之中，无声之时，常有凛然不可侵犯的气度，这样，部下就能感受到你的威严了。如能坚守这两条原则，就是蛮荒落后的地区都能行之有效，还有什么样的军队治理不好呢？

8.2 我们这些人带兵，就像父兄带子弟一般，没有金钱粮饷，没有得到保举升迁，都是小事。千万不能让他们因为骚扰百姓而坏了品行，因为嫖娼、赌博、抽大烟而坏了身体。如果能让他们个个学好，人人成才，那么，不仅这些兵勇感恩戴德，就是他们的父母也会知恩图报的。

8.3 爱护百姓乃是治兵的第一要义，必须每天三令五申，并且将其当作关系到生死存亡的根本大事，而不可当作邀功讨好、粉饰太平的官样文章。

（以上曾国藩语）

【原文】

8.4 大将以救大局为主，并以救他人为主。须有"嘉善而矜不能"[1] 之气度，乃可包容一切，觉得胜仗无可骄人，败仗无可尤人。即他人不肯救我，而我必当救人。

8.5 必须谆嘱将弁，约束兵丁，爱惜百姓，并随时访查，随时董戒[2]，使营团皆行所无事，不扰不惊，戢暴安良[3]，斯为美备。

8.6 爱人当以大德，不以私惠。

8.7 军行之处，必须秋毫无犯，固结民心。

8.8 长官之于属僚，须扬善公庭，规过[4] 私室。

8.9 圣贤、仙佛、英雄、豪杰，无不以济人济物为本，无不以损己利人为正道。

8.10 爱人之道，以严为主。宽则心弛而气浮。

8.11　自来义士忠臣，于曾经受恩之人，必终身奉事惟谨。韩信①为王，而不忘漂母一饭之恩[5]；张苍②作相，而退朝即奉事〔王陵及〕王陵之妻如父母，终身不改[6]。此其存心正大仁厚，可师可法。

（以上胡语）

【注释】

[1]"嘉善而矜不能"：鼓励赞美好的人，同情怜悯不好的人。语出《论语·子张》："子夏之门人问交于子张。子张曰：'子夏云何？'对曰：'子夏曰："可者与之，其不可者拒之。"'子张曰：'异乎吾所闻：君子尊贤而容众，嘉善而矜不能。我之大贤与，于人何所不容？我之不贤与，人将拒我，如之何其拒人也？'"

[2]董戒：监督、管理和戒备。

[3]戢暴安良：除暴安良。戢：遏止。

[4]规过：规正过失，改正错误。

[5]漂母一饭：漂母：漂洗丝絮的老妇。一饭：一顿饭。据《史记·淮阴侯列传》："韩信始为布衣时，贫无行……常从人寄食饮，人多厌之者。……信钓于城下，诸母漂，有一母见信饥，饭信，竟漂数十日。……信至国，如所从食漂母，赐千金。"

---

① 韩信（？—前196）：秦汉之际名将。淮阴（今江苏淮安市淮阴区西南）人。熟谙兵法，战功卓著，为汉王朝的创建作出重要贡献。刘邦虽用韩信而心存疑忌，故在项羽败亡后，即夺其兵权，徙为楚王，继又黜为淮阴侯。吕后知刘邦疑忌韩信，乃与萧何定计，于汉高祖十一年正月诱韩信至长乐宫，以谋反罪杀之。韩信著有兵书三篇，今已失传。

② 张苍（前256—前152）：西汉丞相，封北平侯，阳武县（今河南省原阳县）人。曾师事荀况，与韩非、李斯同门。张苍博览群书，深通律历，提出和制订了一套比较完整的关于度、量、衡的理论，把算学研究成果直接用于国计民生。在历法方面，提倡采用《颛顼历》，并增订、删补《九章算术》。

［6］"张苍作相"句：据《史记·张丞相列传》载，王陵对张苍有不杀之恩，"及苍贵，常父事王陵。陵死后，苍为丞相，洗沐常先朝陵夫人，上食，然后敢归家。"

【今译】

8.4 大将以救大局为主，并且以救他人为主。必须有"嘉善而矜不能"的气度，才可以包容一切，觉得打了胜仗没有什么可以骄傲的，吃了败仗也没什么可怨恨的。即使他人不肯救我，我也一定要救他人。

8.5 必须谆谆嘱咐将官，要严格约束士兵，爱惜百姓，并随时进行访查、监督、管理和戒止，使军队中各兵营、各团队无论行动还是居处皆能平安无事，不仅不会惊扰百姓，还要除暴安良，只有这样，才能算是尽善尽美。

8.6 爱护别人，应当遵循正大光明的道德原则，而不是靠私下里滥施小恩小惠。

8.7 军队所到之处，必须做到秋毫无犯，才能牢固地团结民心。

8.8 长官对待下属，最好在大庭广众之下表扬他们的好处，而把规正其过失的事放在私下进行。

8.9 大凡古圣先贤、道家佛家，以及古往今来的英雄豪杰，无不把济人济事当作立身处世的根本，无不把牺牲私利而为大众谋福利作为自己追求的正道。

8.10 爱人之道，当以严谨为主，过于宽容就会使下属心浮气躁。

8.11 自古以来的忠臣义士，对于曾经有恩于自己的人，一定会终身侍奉，恭谨如一。韩信被封为楚王，贵极人臣，却不忘当年一位洗衣老妇的舍饭之恩，赠之千金。张苍做了丞相之后，一人之下，万人之上，却对救命恩人王陵及其夫人敬若父母，终身不改。这正是他们光明正大、宅心仁厚的地方，值得后世学习和效法。

（以上胡林翼语）

【原文】

8.12 不慌不忙，盈科后进[1]，向后必有一番同甘滋味出来。

（以上曾语）

【注释】

[1]盈科后进：泉水遇到坑洼，要充满之后才继续向前流。比喻学习应步步落实，不能只图虚名。语出《孟子·离娄下》："原泉混混，不舍昼夜，盈科而后进，放乎四海。有本者如是，是之取尔。苟为无本，七八月之间雨集，沟浍皆盈；其涸也，可立而待也。故声闻过情，君子耻之。"

【今译】

8.12 不慌不忙，如泉水要充满坑洼之后才能向前流（人也必须经历挫折、积累经验，才会进步），如此而后，一定会有一番同甘共苦的滋味可供反复体味。

（以上曾国藩语）

【原文】

蔡按："带兵如父兄之带子弟"一语，最为慈仁贴切。以此存心，则[古]今带兵格言，千言万语，皆可付之一炬。父兄之待子弟，虑其愚蒙无知也，则教之诲之；虑其饥寒苦痛也，则爱之护之；虑其放荡无行也，则惩责之；虑其不克[1] 发达也，则培养之。无论为宽为严，为爱为憎，为好为恶，为赏为罚，均出之以至诚无伪，行之以至公无私。如此则弁兵爱戴长上，亦必如子弟之爱其父兄矣。

军人以军营为第二家庭，此言殊亲切有味。然实而按之，此第二家庭较之固有之家庭，其关系之密切，殆将过之。何以故？长上之教育部下也，如师友；其约束督责爱护之也，如父兄。部下之对长上也，其恪恭[2] 将事，与子弟之对于师友父兄，殆无以异耳。及其同莅战役也，同患难，共死生，休戚[3] 无不相关，利害靡不与共。且一经从戎，由常备而续备，由续备而后备，其间年月正长，不能脱军籍之关系。一有战事，即须荷戈以出，为国宣劳。此以情言之耳。国为家之集合体，卫国亦所以卫家，军人为卫国团体之中坚，则应视此第二家庭为重。此以义言之耳。

古今名将用兵，莫不以安民、爱民为本。盖用兵原为安民，若扰之害之，是悖用兵之本旨也。兵者民之所出，饷亦出之自民。索本探源，何忍加以扰害？行师地方，仰给于民者岂止一端；休养军队，采办粮秣，征发夫役，探访敌情，带引道路，何一非借重民力！若修怨于民，而招其反抗，是自困也。

至于兴师外国，亦不可以无端之祸乱，加之无辜之民，致上干[4] 天和，下招怨怼[5]，仁师义旅，决不出此。此海陆战条约所以严掳掠之禁也。

【注释】

[1] 不克：不能。

[2]恪恭：恭谨；恭敬。

[3]休戚：欢乐和忧愁；幸福与祸患。

[4]干（gān）：冒犯。

[5]怨怼（yuàn duì）：怨恨；怨望。

【今译】

蔡锷按："带兵如父兄之带子弟"一句话，最为仁慈贴切。把这句话记在心里，今天所谓的带兵格言，千言万语，都可以付之一炬。父兄对待子弟，担心他们愚昧无知，于是就不厌其烦地教诲他们；担心他们饥寒苦痛，于是无微不至地爱护他们；担心他们放荡没有德行，于是对他们的错误严加惩戒，痛加责罚；担心他们不能发达成才，就不遗余力地培养他们。无论对他们是宽是严，是爱是憎，是好是坏，是赏是罚，都是出自至诚之心，而没有一丝虚伪，也都是出于至公之心，而没有一丝私念。如果真能做到这些，那么，部下爱戴长官，一定就像子弟爱戴他们的父兄一样。

军人把军队当作自己的第二家庭，这话听起来特别亲切有味。不过从实际情况考察，则这里的第二家庭，比起本来的家庭，其家庭成员的亲密关系，可谓有过之而无不及。什么原因呢？因为长官教育部下，就像良师益友；他们约束、督责、爱护部下，就像父兄对待子弟一样；反过来，部下对待长官，其恭敬勤勉的态度，也和子弟对待他们父兄没有什么两样。一旦他们同赴战场，就能同患难，共生死，利害相关，休戚与共。而且，一经从军，由常备军到续备军，再由续备军到后备军，其间年月很长，不能脱离军籍的关系，一旦发生战争，就必须荷枪实弹开赴战场，为国效劳，这是从感情方面而言。从道义方面而言，国乃是家的集合体，保卫国也就是保卫家，军人是保卫国家的中流砥柱，所以应当把军队这个第二家庭看得更重。

古今名将用兵，没有不把安抚百姓、爱护百姓作为根本之道的。因为用兵打仗本来就是为了保一方百姓平安，如果侵扰祸害百姓，就有悖于用兵的根本宗旨。军队，是从百姓中来的，军饷也是取自老百姓的，追本溯源，又怎么忍心扰害百姓呢？在地方上行军打仗，需要仰仗老百姓的何止一个方面，诸如修养军队，采集粮食，征发壮丁，刺探敌情，带引道路，哪一项不要借重百姓的力量？如果得罪了百姓，招致其反抗，便是作茧自缚。

至于对外国发动战争，也不可以把无端的祸乱强加在无辜的百姓身上，以至于上犯天和，下招民怨。仁义之师，决不会出现这样的情况。这也正是为什么海战、陆战条约所以要严禁掳掠的原因。

第九章

勤　劳

【导读】

　　此章论勤劳与治军之关系。治军如治国，治国须勤政，治军亦然。《论语·子路》记载："子路问政。子曰：'先之，劳之。'请益。曰：'无倦。'"又，子张问政，子曰："为之不倦，行之以忠。"这里的"无倦""不倦"，皆"勤政"之意。孔子还说："爱之，能勿劳乎？忠焉，能勿诲乎？"这就可与上章"仁爱"结合在一起，说明真正爱护一个人，应该让他勤勉努力，而不是让他好逸恶劳！《荀子·议兵》篇说："凡百事之成也，必在敬之；其败也，必在慢之。故敬胜怠则吉，怠胜敬则灭；计胜欲则从，欲胜计则凶。战如守，行如战，有功如幸，敬谋无圹，敬事无圹，敬吏无圹，敬众无圹，敬敌无圹，夫是之谓五无圹。""无圹"即"无旷"，犹言不懈怠，所以，荀子所说的"敬"，正"敬事""勤劳"之意也。

　　俗话说：业精于勤荒于嬉。提高军队战斗力的唯一法宝不是别的，而是勤苦训练。勤与懒、逸相对，懒、逸之弊惟须勤字克服。曾国藩一生克勤克俭，有许多经验之谈。他尝说："百种弊病，皆从懒生。""无论治世乱世，凡一家之中，能勤能敬，未有不兴者，不勤不敬，未有不败者。""一身能勤能敬，虽愚人亦有贤智风味。"说的也不外乎一个"勤"字。

如果说，"勇毅"培养的是军队的内在勇敢和刚毅精神，那么"勤劳"则是锻造士兵的外在体能和作战能力。故曾国藩反复指出：治军之道，"以勤字为先"，"身勤则强，逸则病。家勤则兴，懒则衰。国勤则治，怠则乱。军勤则胜，惰则败"。不仅如此，还要"惩忿窒欲"，力戒"骄""惰"二病。胡林翼则以为，"军旅之事，非以身先之劳之，事必无补"。并把孟子的"苦其心志、劳其筋骨"作为治军的法典。这些说法看似老生常谈，但对于治兵打仗而言，却是百世不惑、千古不易的真理。

本章末尾，蔡锷特加按语曰："习劳忍苦，为治军之第一要义。而驭兵之道，亦以使之劳苦为不二法门。"良有以也！

【原文】

9.1　练兵之道，必须官弁昼夜从事，乃可渐几于熟。如鸡伏卵，如炉炼丹，未可须臾稍离。

9.2　天下事，未有不由艰苦中得来，而可大可久者也。

9.3　百种弊端，皆由懒生。懒则弛缓，弛缓则治人不严，而趣功不敏。一处弛，则百处懒矣。[①]

9.4　治军之道，以勤字为先。身勤则强，逸则病。家勤则兴，懒则衰。国勤则治，怠则乱。军勤则胜，惰则败。惰者，暮气[1]也，当常常提其朝气[②]。

9.5　治军以勤字为先，实阅历而知其不可易。未有平日不

---

① 按：此章第3条摘自曾国藩同治三年二月二十八日日记。亦见《勇毅》章第32条。

② 按：此章第4条摘自曾国藩咸丰十年十一月十六日致宋梦兰信。收入《求阙斋日记类钞·军谋》。

早起，而临敌忽能早起者；未有平日不习劳，而临敌忽能习劳者；未有平日不能忍饥耐寒，而临敌忽能忍饥耐寒者。吾辈当共习勤劳，先之以愧厉[2]，继之以痛惩[3]。①

9.6　每日应办之事，积搁[4]过多，当于清早单开本日应了之件，日内了之，如农家早起，分派本日之事，无本日不了者，庶几积压较少。

9.7　养生之道，莫大于惩忿窒欲[5]，多动少食。

（以上曾语）

【注释】

[1] 暮气：不振作、不求进取的精神状态。这里的"朝气""暮气"，皆出自《孙子兵法·军争》篇，其文曰："故三军可夺气，将军可夺心。是故朝气锐，昼气惰，暮气归；故善用兵者，避其锐气，击其惰归，此治气者也。以治待乱，以静待哗，此治心者也。以近待远，以佚待劳，以饱待饥，此治力者也。"

[2] 愧厉：使有所愧而自勉之。

[3] 痛惩：严厉地惩戒。

[4] 积搁：积压。

[5] 惩忿窒欲：惩：惩戒；忿：愤怒；窒：抑止；欲：嗜欲。克制愤怒，抑制嗜欲。

【今译】

9.1　训练军队的方法，必须官兵昼夜操练，才能越来越熟练，犹如母鸡孵化小鸡，也好比火炉冶炼金丹，不能有片刻

① 按：此章第 5 条摘自曾国藩咸丰十年十一月十九日复宋梦兰信。

停歇。

9.2　天下的事情，没有不从艰苦磨练中得来，而能光大、长久的。

9.3　世上千百种弊端，都是由懒惰引起。人一懒惰，就会行动弛缓。对于将帅来说，一旦弛缓，就会治人不严，而办事也就缺乏效率了。一处迟缓，便会百处懒惰，事倍功半。

9.4　治军之道，当以勤字为先。自身勤劳，则身强体壮，贪图安逸，则百病缠身。家庭勤劳，则兴旺发达，家庭懒惰，则日渐衰落。国家勤劳，则长治久安，国家懈怠，便会天下大乱。军队勤劳，则胜券在握，怠惰松弛，则易遭失败。懒惰，犹如黄昏的暮气，注意培养的是军队的朝气和活力。

9.5　治军以"勤"字最为重要。我从亲身经历中知道，这是不可改变的道理。没有平时不早起，而在大敌当前时能忽然早起的；没有平时不劳作，而在大敌当前时却忽然勤劳起来的；没有平时不能忍饥耐寒，而在大敌当前时忽然能够忍饥耐寒的。我们应当共同养成勤劳的作风，开始时，要使士兵有所惶愧而自我勉力，如无改进，则继之以严峻的惩戒。

9.6　每天应该处理的事情，如积累搁置太多，应当在每天早晨开列本日应完成的事情备忘，当天一定要完成，就像农家早起之时，先把本日须做之事分派清楚，没有当天完不成的，这样，事情积压的情况就会减少了。

9.7　养生之道，最重要的莫过于克制愤怒，抑制嗜欲，多运动，少贪食。

【原文】

9.8　军旅之事，非以身先之劳之[1]，事必无补。古今名将，不仅才略异众，亦且精力过人。

9.9　将不理事，则无不骄纵者；骄纵之兵，无不怯弱者。

9.10　凡兵之气，不见仗则弱，常见仗则强。久逸则终无用处，异日则必不可临敌。

9.11　兵事如学生功课，不进则退，不战则并不能守。敬姜①之言曰："劳则思，逸则淫。"[2] 设以数万人屯兵境上，无论古今无此办法，且久逸则筋脉皆弛，心胆亦怯，不仅难战，亦必难守。

9.12　淫佚酒色，取败之媒[3]；征逐嬉娱，治兵所戒。金陵围师之溃[4]，皆由将骄兵惰，终日酣嬉，不以贼匪为念。或乐桑中[5] 之嬉，或恋室家之私，或群与纵酒酣歌，或日在赌场烟馆，淫心荡志，乐极忘疲，以致兵气不扬，御侮无备，全军覆没，皆自宣淫纵欲[6] 中来也。夫兵犹火也，不戢则焚；兵犹水也，不流则腐。治军之道，必以苦其心志、劳其筋骨[7] 为典法。

（以上胡语）

【注释】

[1] 先之劳之：先民而劳动也，指做好表率。语出《论语·子路》："子路问政。子曰：'先之，劳之。'请益。曰：'无倦。'"

[2] 劳则思，逸则淫：劳苦了就会用心思考，安逸了就会迷惑昏乱。语出《国语·鲁语》："夫民劳则思，思则善心生；逸则淫，淫则忘善，忘善则恶心生。"

[3] 媒：媒介，诱因。

---

① 敬姜：齐侯之女，姜姓，谥曰敬。春秋末年鲁国大夫公父文伯歜的母亲，相传十分贤德。

[4]"金陵围师之溃"：咸丰年间，清军围剿太平军于天京，后因将领腐败无能，两次被太平军打败，主帅向荣自杀，张国樑临阵脱逃。

[5]桑中：《诗经·鄘风·桑中》："爰采唐矣？沬之乡矣。云谁之思？美孟姜矣。期我乎桑中，要我乎上宫，送我乎淇之上矣。"《毛诗序》云："《桑中》，刺奔也，卫之公室淫乱，男女相奔，至于世族在位，相窃妻妾，期于幽远，政散民流，而不可止。"后来就以"桑中"比喻男女幽会私奔。

[6]宣淫：公然淫乱，毫无避忌。纵欲：放纵嗜欲。

[7]苦其心志、劳其筋骨：磨炼其心志，劳累其筋骨。语出《孟子·告子下》："故天将降大任于是人也，必先苦其心志，劳其筋骨，饿其体肤，空乏其身，行拂乱其所为，所以动心忍性，曾益其所不能。"

【今译】

9.8　军队之事，如果将帅不能身先士卒，吃苦在前，享受在后，很多事情必然无法做好。古今名将，往往不仅才智谋略出众，而且精力过人。

9.9　将帅如果不能亲自处理事务，那么，士兵没有不骄横放纵的；而平日骄纵的士兵，一旦上战场，没有不怯懦怕死的。

9.10　大凡军队的士气，不打仗就容易低落，经常打仗则容易旺盛。如果军队长期处于安逸状态，无用武之地，则最终会毫无用处，将来也就一定不能临战迎敌。

9.11　军事如同学生做功课，不进则退，不打仗便不能固守原来的实力。春秋时鲁国大夫文伯歜的母亲敬姜曾说："劳则思，逸则淫。"假如以数万兵马驻扎在边境之上，无论古今，都没有这么做的。况且长期安逸会使筋骨松弛，心惊胆怯，不仅难以迎战，就是固守防御也是很难的。

9.12　骄奢淫逸，沉迷于酒色，乃是取败的根本原因；追欢逐乐，放纵无度，更是治兵者应该严加戒止的。当年江南大营围攻金陵而至溃败，都是因为主将骄奢，士兵怠惰的缘故。他们终日酣饮嬉乐，完全不把剿灭太平军的事放在心上：或者暗中与情人幽会私奔，作"桑中"之好；或者贪恋家庭，沉湎于闺房之私；有的人集体饮酒欢歌，有的人每日泡在烟馆赌场，狂吸豪赌，淫心荡志，乐此不疲，导致整个军队纪律涣散，毫无斗志，对敌人的进攻毫无戒备，最后全军覆没，一败涂地。这完全是由于宣淫纵欲、不思进取导致的恶果。军队，就如大火一样，不加控制就会酿成火灾，焚毁一空；军队也如流水一样，不加疏导使之流动，就会腐烂变质，一塌糊涂。所以，治军之道，一定要把孟子所说的"苦其心志，劳其筋骨"作为最高法则。

（以上胡林翼语）

【原文】

9.13　耐冷耐苦，耐劳耐闲。

9.14　立法不难，行法为难，以后总求实实行之，且常常行之。应事接物时，常从人情物理中之极粗极浅处着眼，莫从深处细处看。

9.15　身体虽弱，却不宜过于爱惜。精神愈用则愈出，阳气愈提而愈盛。每日做事愈多，则夜间临睡愈快活。若存爱惜精神的意思，将前将却[1]，奄奄无气，决难成事。①

9.16　总须脚踏实地，克勤小物[2]，乃可日起而有功。②

9.17　精神愈用则愈出，不可因身体素弱，过于保惜。智慧

---

①　按：本章第15条摘自曾国藩咸丰七年十二月十四日与沅弟书。
②　按：本章第16条摘自曾国藩咸丰八年正月十四日与沅弟书。

愈苦而愈明，不可因境遇偶拂，遽尔[3] 摧沮[4]。

9.18 不轻进，不轻退。

9.19 习劳为办事之本。引用一班能耐劳苦之正人，日久自有大效。①

9.20 欲去"骄"字，总以不轻非笑人为第一义。欲去"惰"字，总以不晏起[5] 为第一义。

9.21 每日临睡之时，默数本日劳心者几件，劳力者几件，则知宣勤国事之处无多，更宜竭诚以图之。

9.22 自古圣贤豪杰，文人才士，其志事不同，而其豁达光明之胸，大略相同。吾辈既办军务，系处功利场中，宜刻刻勤劳，如农之力穑[6]，如贾[7] 之趋利，如篙工之下滩，早作夜思，以求有济。而治事之外，此中却须有一段冲融[8] 气象，二者并进，则勤劳而以恬淡出之，最有意味。

9.23 用兵最戒骄气惰气，作人之道，亦惟"骄""惰"二字误之最甚，扶危救难之英雄，以心力劳苦为第一义。

（以上曾语）

【注释】

[1]将前将却：又想前进，又想退却，形容犹豫不定，缺少勇气。将：又，且。

[2]克勤小物：能够在小事上勤劳，不马虎。克：能够。小物：小事物。

[3]遽尔：惊惧、慌张的样子。

[4]摧沮：因受挫折而沮丧。

[5]晏起：迟起，晚起。晏：晚，迟。

---

① 按：本章第 19 条摘自曾国藩咸丰十年七月初八日与沅、季二弟书。

[6] 力穑：努力耕作。

[7] 贾（gǔ）：商人。古时特指囤积营利的坐商，古时候称行商为"商"，坐商为"贾"。后泛指商人。

[8] 冲融：充溢弥漫貌，这里指冲和，恬适。

【今译】

9.13　要耐得寒冷，耐得辛苦，也要耐得劳累，耐得安闲。

9.14　制定法令不难，难的是执行法令。以后总要切切实实地执行法令，始终如一地执行法令。处理事情，待人接物，要常从人情事理中最粗浅的地方着眼，不要只从深处、细处看。

9.15　身体虽然弱，但不宜过于爱惜。因为精神愈用愈健旺，阳气越提越旺盛。每天做的事越多，夜里睡觉前就越快活。如果存有爱惜身体、吝啬精力的意思，遇事且进且退，瞻前顾后，没精打采，毫无生气，是很难成就大事的。

9.16　总要脚踏实地，从小事做起，勤勤恳恳，才可以每天都有起色，最终总会有所成功。

9.17　精神愈用愈健旺，不能因为身体平素虚弱而过于爱惜。智慧也同样，越是经常苦思冥想，见解就越是高明。不能因为境遇不顺，偶尔遇到些挫折，就惊惶失措，灰心丧气。

9.18　不轻易进攻，也不轻易退却。

9.19　习惯于劳苦乃是办事的根本。任用一班能够吃苦耐劳的正直之人，久而久之，必然大见功效。

9.20　想要去除"骄"字，总要以不轻视别人、非议别人、嘲笑别人为第一要义。想要去除"惰"字，首先一条就是不要早上睡懒觉。

9.21　每天临睡的时候，要默默历数今天所做的事，劳心的有几件，劳力的又有几件。这样，就知道自己为国家尽力的地方并不多，更应该竭尽全力多为国家效劳。

9.22　自古圣贤豪杰，文人才士，他们的志向事业也许不同，但拥有豁达光明的心胸，则是大体相同的。我们既然要兴办军务，就是处于功利场中，应该时时勤劳，就像农夫努力稼穑，商贾勤苦挣钱，篙工下滩时奋力撑船一样，白天做事，晚上反思，希望能把事情办好。而在每天的辛劳治事之外，心中还要保持饱满的热情，冲和的气象。如果把二者结合起来，做到外勤治事，内守恬淡，那就是人生最有意味的事了。

9.23　用兵最应戒除的是骄气与惰气。为人处事，也是骄、惰二字最为误人误事。扶危救难的英雄，应该把心力劳苦作为自己立身处世的第一原则。

（以上曾国藩语）

【原文】

蔡按：战争之事，或跋涉冰天雪窟之间，或驰驱酷暑恶瘴之乡，或趁雨雪露营，或昼夜趱程[1]行军；寒不得衣，饥不得食，渴不得水。枪林弹雨之中，血肉横飞，极人世所不见之惨，受恒人所不经之苦。其精神、其体力，非于平时养之有素，练之有恒，岂能堪此？练兵之主旨，以能效命于疆场为归宿。欲其效命于疆场，尤宜于平时竭尽手段以修养其精神，锻炼其体魄，娴熟其技艺，临事之际，乃能有恃以不恐。故习劳忍苦，为治军之第一要义。而驭兵之道，亦以使之劳苦为不二法门[2]。盖人性似猴，喜动不喜静，宜劳不宜逸。"劳则思，逸则淫。"闲居无所事事，则为不善。此常人恒态。聚数百千血气方刚之少年于一团，苟无所以范[3] 其心志、劳其体肤，其不逾闲荡检[4]、溃出堤防之外者，乌[5] 可得耶？

【注释】

[1] 趱（zǎn）程：赶路。

[2] 不二法门：不二：指不是两极端；法门：修行入道的门径。原为佛家语，意为直接入道，不可言传的法门。后比喻最好的或独一无二的方法。

[3] 范：规范，统一。

[4] 逾闲荡检：逾闲，语出《论语·子张》："子曰：'大德不逾闲，小德出入可也。'"逾：逾越；闲：同"限"。荡，放荡。检，指规矩、法度。形容行为放荡，不守礼法。

[5] 乌（wū）：疑问词，哪，何。

【今译】

蔡锷按：行军打仗，有时跋涉于冰天雪地之间，有时驰驱于酷暑之地、恶瘴之乡，或者在雨雪之中露营休息，或者紧急行军，日夜兼程。寒冷了没有棉衣穿，饥饿了找不到东西吃，口渴了喝不上水，更有甚者，枪林弹雨之中，血肉横飞，生死俄顷，看尽人世间所不见的惨象，受尽常人没有经历过的痛苦。军人的精神体力，如果不是平时训练有素，持之以恒，怎么能够忍受？练兵的主要宗旨，是以能够让士兵在疆场上奋力杀敌为归属的。要想让他们效命于疆场，尤其需要在平时竭尽所能地培养其精神，锻炼其体魄，娴熟其技艺，只有这样，临阵之时，才能胸有成竹，有恃无恐。所以，让士兵习惯辛劳，忍受痛苦，是治军的首要原则。而驭兵之道，也以能够使士兵习惯于劳苦为唯一有效的办法。因为人的性情很像猴子，喜动不喜静，适宜劳动，不适宜安逸。劳动就会心思缜密，有条不紊，安逸则会懒散迟慢，贪欲无忌。闲居无所事事，就容易做坏事，这是人之常情恒态。把成千上万血气方刚的年轻人聚集在一起，如果没有办法规范他们的思想，锻炼他们的体魄，要想让他们循规蹈矩，遵纪守法，不作奸犯科，这怎么可能呢？

第十章

和　辑

【导读】

　　本章论"和辑"之道。"和辑"一词，见于《管子·五辅》："举错得，则民和辑；民和辑，则功名立矣。"意为在上位者举措得宜，则百姓便会和睦团结，百姓和睦团结，则功名可以确立。又，《淮南子·本经训》："世无灾害，虽神无所施其德；上下和辑，虽贤无所立其功。"也是说和睦团结的重要性。

　　在军队中，仅有勇毅、勤劳还不够，还须上下一心，精诚团结，方能克敌制胜。怎么才能做到"和辑"呢？这就需要"治心"。儒家的为己之学，实则便是治心之学。孔子的君子养成之道，内仁外礼，仁本礼用，主张"修己以敬""克己复礼"，又强调"和为贵""爱众亲仁""尊贤容众"以及"己所不欲勿施于人"。这些人我相与之道，都是处理军中纷扰的重要原则。

　　曾国藩服膺君子为己之学，特拈出"敬""恕"二字以治军，提出"敬以持躬，恕以待人"，与今天所谓"严以律己，宽以待人"同理。胡林翼说得更为全面，即对于将领，应该顾全大局，求同存异；对于士卒，则须谨遵将令，一切行动听指挥。"不奉一将之令，兵多必败；能奉一将之令，兵少必强"。"和辑"之道，全在平时修养平常心，战时不忘责任心，正如蔡锷所言，"功不独居，过不推诿，乃可以言破敌"。蒋介石亦批云："本章各条，皆为治国治兵之秘诀，吾党同志如不能体察力行，则平时所谓团结精神与实行主义者，皆为欺妄之词，何以对党，何以做人?"

【原文】

10.1　祸机之发，莫烈[1]于猜忌，此古今之通病。败国、亡家、丧身皆猜忌之所致。《诗》称："不忮不求，何用不臧?"[2]忮、求二端，盖妾妇穿窬[3]兼而有之者也。

10.2　凡两军相处，统将有一分龃龉[4]，则营哨必有三分，兵夫必有六七分。故欲求和衷共济[5]，自统将先办一副平恕之心始。人之好名，谁不如我?同打仗，不可讥人之退缩，同行路，不可疑人之骚扰。处处严于治己，而薄于责人，则唇舌自省矣。

10.3　敬以持躬[6]，恕以待人。敬则小心翼翼，事无巨细，皆不敢忽。恕则凡事留余地以处人，功不独居，过不推诿[7]。常常记此二字，则长履大任，福祚[8]无量。

10.4　湘军之所以无敌者，全赖彼此相顾，彼此相救。虽平日积怨深仇，临阵仍彼此照顾；虽上午口角参商[9]，下午仍彼此救援。

（以上曾语）

【注释】

[1]烈：严厉；严重。

[2]"不忮（zhì）不求，何用不臧?"：语出《诗经·邶风·雄雉》。忮：

嫉恨。求：贪得。何用：用到哪里。臧：善、好。大意是：不忌妒别人，不贪求财利，走到哪里不顺当？

[3] 穿窬（yú）：穿壁逾墙，指偷盗行为。穿：指穿壁；窬：通"逾"，从墙上爬过去。语出《论语·阳货》："色厉而内荏，譬诸小人，其犹穿窬之盗也与！"

[4] 龃龉（jǔ yǔ）：牙齿上下对不上，喻抵触，不融洽，意见不合。

[5] 和衷共济：衷：内心；济：渡。大家一条心，共同渡过江河。比喻同心协力，克服困难。

[6] 敬以持躬：要求自己的行为庄重恭敬。持躬：持身，即对自身言行的把握。

[7] 推诿（wěi）：推卸责任；推辞。

[8] 福祚（zuò）：福禄；福分。

[9] 参商（shēn shāng）：参星与商星。两星不同时在天空出现，因以比喻亲友分隔两地不得相见。这里喻指彼此对立，不和睦。《左传·昭公元年》载："昔高辛氏有二子，伯曰阏伯，季曰实沈。居于旷林，不相能也。日寻干戈，以相征讨。后帝不臧迁阏伯于商丘，主辰，商人是因，故辰为商星。迁实沈于大夏，主参，唐人是因，以服事夏商。"

【今译】

10.1　祸机的引发，没有比猜忌更厉害的了，这是古今的通病。大到败坏国家，小到家破身亡，都是由猜忌所导致的。《诗经》有云："不猜忌，不贪求，还有什么事情做不好？"猜忌和贪求这两大弊病，正是善妒的妾妇和穿墙越户的盗贼兼而有之的。

10.2　大凡两个部队相处共事，如果统将的意见有一分不合，则营哨必有三分不合，士兵必有六、七分不合。所以想要同心协力，克服困难，一定要从主将先有一副平和宽容之心开始。人都喜欢好名声，谁不如此呢？一同打仗不能讥笑别人退缩，一同行路不能怀疑别人会骚扰自己。只要能做到时时处处严于律己，宽以待人，无谓的口舌之争自然就会减少了。

10.3 一个人，应当持身恭敬，待人宽容。恭敬则小心翼翼，做事不论大小，都不敢疏忽。宽容则凡事给人留有余地，有功不独占，有过不推诿。常常记住"敬""恕"这两个字，就可以长期担任重大职责，福祉不可限量。

10.4 湘军之所以无敌的原因，全靠大家彼此依赖照顾，相互救援。即便是平时积有夙怨深仇，一旦上了战场，仍然能够彼此互相照顾；哪怕是上午刚刚发生过激烈的口角，下午打仗仍能彼此救援掩护。

（以上曾国藩语）

【原文】

10.5 军旅之事，以一而成，以二三而败。唐代九节度之师，溃于相州[1]。其时名将如郭子仪①、李光弼②，亦不能免。盖谋议可资[2]于众人，而决断须归于一将。

10.6 古来将帅不和，事权不一，以众致败者，不止九节度使相州一役。

10.7 为大将之道，以肯救人、固大局为主，不宜炫耀己之长处，尤不宜指摘人之短处。

---

① 郭子仪（697—781）：唐代著名军事家。华州郑县（今陕西华州区）人，祖籍山西汾阳。安史之乱时任朔方节度使，在河北打败史思明。后连回纥收复洛阳、长安两京，功居平乱之首，晋为中书令，封汾阳郡王。代宗时，郭子仪结盟回纥，打击吐蕃，保卫了国家的安宁。戎马一生，屡建奇功，"权倾天下而朝不忌，功盖一代而主不疑"，享有崇高的威望和声誉。
② 李光弼（708—764）：唐中叶名将。营州柳城（今辽宁朝阳）人。天宝十四载（755），安禄山反，李光弼与郭子仪联合镇压叛军。进封临淮郡王。

10.8　兵无论多寡，总以能听号令为上。不奉一将之令，兵多必败；能奉一将之令，兵少必强。

（以上胡语）

【注释】

[1]"九节度之师"句：节度使，唐代官名，统揽一道祸数州军政大权。九节度之师，指安史之乱时，以朔方节度使郭子仪、河东节度使李光弼、关内节度使王思礼、北庭行营节度使李嗣业、襄邓节度使鲁炅、荆南节度使李广琛、河南节度使崔光远、滑濮节度使许叔冀、平卢节度使董秦等九大节度使，联合率军攻打相州（今河南安阳），因军无统帅，不能统一指挥，虽有人数之众，最终却吃了败仗。

[2]资：咨询，请教。资，通"咨"。

【今译】

10.5　军旅中的事情，由一人主管、团结一心则容易成功，若由多人主持、三心二意则容易失败。唐代安史之乱时，前去攻打相州的九大节度使的兵力，人数最多，还是功亏一篑。就连当时的名将郭子仪、李光弼也不能幸免。所以说，谋划商讨可以征求大家的意见，而最终决断必须由一人作主。

10.6　自古以来，由于将帅之间意见不和，缺乏统一的指挥和调度，最终以优势兵力仍然落得个失败下场的战例，决不仅仅是九节度使在相州溃败这一仗。

10.7　做大将的方法，应以肯舍身救人、稳固大局为主，不应该炫耀自己的长处，尤其不应该指摘别人的短处。

10.8　士兵无论多少，总以能听号令为最佳。如果不能服从主将的命令，人数再多也必定失败；反之，士兵能够服从命令听指挥，即使兵很少，实力也必定会增强。

（以上胡林翼语）

【原文】

10.9　沅弟谓雪①声色俱厉[1]。凡目能见千里而不能自见其睫[2]。声音笑貌之拒人，每苦于不自见，苦于不自知。雪之厉，雪不自知。沅之声色，恐亦未始不厉，特[3]不自知耳。（雪谓彭雪琴即彭玉麟也，沅为曾元甫即曾国荃也。）

（以上曾语）

【注释】

[1] 沅弟：即曾国荃。注释见前。雪：即彭玉麟，字雪琴。声色俱厉：说话时声音和脸色都很严厉。

[2] 不能自见其睫：语出《韩非子·喻老》："臣患智之如目也，能见百步之外而不能自见其睫。"比喻人的智慧有限，不能看到自己的问题。

[3] 自见：看到自己的问题。

[4] 特：只，但。

【今译】

10.9　沅弟国荃说彭雪琴声色俱厉。事实上，一般而言，人们的眼睛可以看到千里之远，却看不到自己的睫毛。有时自己的音容笑貌拒人于千里之外，却不能自见，不能自知。彭雪琴态度严厉时，他自己常常意识不到；沅弟自己的声色也未尝不严厉，

---

① 彭玉麟（1816—1890）：字雪琴，呈退省庵老人，湖南衡阳人。诸生。随曾国藩创办湘军水师并镇压太平军。官至巡阅长江水师，擢兵部尚书，辞未任。卒谥刚直。有《彭刚直公诗集》。论清末中兴名臣，亦有以"曾左彭胡"并称者。

只不过他自己无从觉察罢了。（雪就是彭雪琴即彭玉麟，沅就是曾沅甫即曾国荃。）

（以上曾国藩语）

【原文】

蔡按：古人相处，有愤争公庭，而言欢私室；有交哄于平昔，而救助于疆场。盖不以公而废私，复不以私而害公也。人心之不同如其面，万难强之使同，驱之相合，则睚眦[1] 之怨，芥蒂之隙[2]，自所难免。惟于公私之界分得清，认得明，使之划然两途，不相混扰，则善矣。发捻之役[3]，中日之役，中法之役，列将因争意气而致败绩者，不一而足。故老相传，言之凿凿。从前握兵符者，多起自行间，罔知大体，动以意气用事，无怪其然。今后一有战役，用兵必在数十万以上，三十数镇之师。情谊夙不相孚[4]，言语亦多隔阂，统驭调度之难盖可想见。苟非共矢忠诚，无猜无贰，或难免不蹈既往之覆辙。欲求和衷共济，则惟有恪遵[5] 先哲遗言，自统将先办一副平恕之心始。功不独居，过不推诿，乃可以言破敌。

【注释】

[1] 睚眦（yá zì）：亦作"眦睚"。睚：眼角。发怒时瞪眼睛。亦借指微小的怨忿。

[2] 芥蒂之隙：因心里的不满或不快而引起的猜忌和嫌隙。

[3] 发捻之役：发：指太平军。捻：即捻军。这里指和太平军及捻军的战争。

[4] 相孚：犹相符。

[5] 恪遵：严格遵守。

【今译】

　　蔡锷按：古人相处，有在大庭广众之下，声色俱厉据理力争的情况；也有在私下里，谈笑风生、前嫌尽释的情况；有的平日明争暗斗，在战场上却能奋不顾身，互相救助。这是因为他们不以公而废私，又不以私而害公的缘故啊。人心各不相同，就如同千人千面，万难强使他们心意相同，志趣相合。所以，彼此之间，有些发怒瞪眼的小恩怨，郁结于心的小隔膜，自然也就在所难免。只要能分清辨明公与私的界限，使二者泾渭分明，互不相犯，这样就好了。在剿灭太平军和捻军的战斗中，以及中日战争、中法战争，各位将领因为意气之争而导致失败的例子俯拾皆是，不一而足，上了年纪的人都这样传说，言之凿凿，不容置疑。

　　从前掌握军权的将帅，大多发迹于行伍之间，不知道识大体、顾大局，动不动就意气用事，难怪他们会一败涂地。今后一旦发生战争，用兵一定会在几十万人以上，三十多镇的军队，相互之间本来就没有什么情谊，言语也多隔阂，统率驾驭他们的难度，可以想见。如果不是同心同德，坦诚相待，不猜忌，不背叛，或许难免不重蹈过去的覆辙。想要求得和衷共济，只有严格遵守先哲的遗训，从统帅自身做起，先养成一种平和和宽容的心态，有功不独居，有过不推诿，这样才可以谈得上破敌制胜。

第十一章
兵　机

【导读】

　　这一章才是真正讨论迎敌作战的兵法。"兵机"，是指用兵的机谋，或军事机要。古代兵法，不仅强调战术的训练和应用，而且充分认识到战争的成败常有人力不可控的因素在起作用，此即所谓"势"。《孙子兵法·虚实篇》称："夫兵形象水，水之形，避高而趋下；兵之形，避实而击虚；水因地而制流，兵因敌而制胜。故兵无常势，水无常形；能因敌变化而取胜，谓之神。"同书《兵势篇》亦说："故善战者，求之于势，不责于人，故能择人而任势。"战争不仅要把握"势"，还当充分了解"形"，以便选择作战时机，制定应变制敌之术。同书《地形篇》说："夫地形者，兵之助也。料敌制胜，计险阨远近，上将之道也。知此而用战者必胜，不知此而用战者必败。"又说："知吾卒之可以击，而不知敌之不可击，胜之半也；知敌之可击，而不知吾卒之不可击，胜之半也。知敌之可击，知吾卒之可以击，而不知地形之不可以战，胜之半也。故知兵者，动而不迷，举而不穷。故曰：知彼知己，胜乃不殆；知天知地，胜乃可全。"这些都是古代军事思想中与"兵机"相关的宝贵遗产。

　　曾国藩的军事思想一个显著的特点便是：重心不重术。这一思想与先秦儒道两家对战争的看法大有关系。《左传·成公十三年》

有云："国之大事，在祀与戎。"说明在古代，祭祀与战争同等重要。故《论语·卫灵公》载："卫灵公问陈（战阵）于孔子。孔子对曰：'俎豆之事，则尝闻之矣；军旅之事，未之学也。'明日遂行。"又《论语·述而》载："子之所慎：齐（斋戒）、战、疾。"说明在"祀""戎"所代表的礼乐和战争之间，孔子更重视礼乐而非战争。这种"反战""慎战"的思想贯彻了孔子的一生。但这并不意味着孔子不懂得军事。据《史记·孔子世家》记载，公元前 484年，孔子的弟子冉有统率鲁国军队，同齐国作战，大败齐军。季康子问他："子之于军旅，学之乎？性之乎？"（"您的军事才能，是学来的呢？还是天生的呢？"）冉有回答说："学之于孔子。"说明孔子虽不主张战争，但对于战阵之事，却十分精通，甚至对学生有所传授。比如，在《论语·子路》中，孔子说："善人教民七年，亦可以即戎矣。"又说："以不教民战，是谓弃之。"这两句话，是孔子军事思想的精华所在，可以归结为一句话：不战则已，战必有教，教必有术。本章曾国藩提到"不教之卒""窳败之械"去打仗的危害，认为兵"不可不精选，不可不久练"，与此一脉相承。

道家也不主张战争。如《老子》第三十一章云："夫兵者，不祥之器，物或恶之，故有道者不处。君子居则贵左，用兵则贵右。兵者不祥之器，非君子之器，不得已而用之，恬淡为上，胜而不美，而美之者，是乐杀人。夫乐杀人者，则不可得志于天下矣。吉事尚左，凶事尚右。偏将军居左，上将军居右。言以丧礼处之。杀人之众，以悲哀莅之，战胜以丧礼处之。"在老子看来，"兵者，不祥之器"，在战争中获胜的一方，不仅不应该欢庆，反而应该悲哀，因为"杀人之众"。受此影响，曾国藩认为，"兵者，阴事"，不宜过分张扬，甚至"不宜有欢欣之象"。这种带有神秘主义色彩的观点非通常所谓"骄兵必败""哀兵必胜"那么简单，而是包含着对天道、天命以及胜败结果不易把握的深刻敬畏。因为一旦开战，真的是"谋事在人，成事在天"。

胡林翼也认为胜败难料："恃强者是败机，敬戒者是胜机。"提出"兵事决于临机""须谋定后战，相机而行"的主张，这和《孙子兵法》重"兵无常势""因敌变化而取胜"的思想是一致的。同时，胡林翼还强调侦察敌情、地势的重要性，并提出了一整套"以整攻散，以锐蹈瑕，以后劲而防抄袭"，以及"以静制动，以逸待劳，以整御散"的"必胜之道"。这一套战略战术对后来毛泽东的军事思想产生了重要影响。

【原文】

11.1　前此为赴鄂救援之行，不妨仓卒成军。近日为东下讨贼之计，必须简练慎出。若不教之卒[1]、窳败之械[2] 则何地无之，而必远求之湖南？等于辽东自诩之豕[3]，仍同灞上儿戏之军[4]。故此行不可不精选，不可不久练。

11.2　兵者，阴事也。哀戚之意，如临亲丧；肃敬之心，如承大祭[5]，……故军中不宜有欢欣之象。有欢欣之象者，无论或为和悦，或为骄盈，终归于败而已矣。田单①之在即墨[6]，将军

_____

① 田单：临淄人，战国名将。齐国田氏远房亲属，任齐都临淄的市掾（秘书）。公元前 284 年，燕国大将乐毅出兵攻占临淄（今山东淄博东北），陆续攻下齐国七十余城池，最后只剩莒城（今山东莒县）和即墨（今山东平度县东南），田单率族人以铁皮护车轴逃至即墨。即墨被围不久，守将战死，军民共推田单为将。田单利用两军相持的时机，集结七千余士卒，加以整顿、扩充，并增修城垒，加强防务。他和军民同甘共苦，"坐而织蒉（编织草器），立则仗插（执锹劳作）"，亲自巡视城防；又编妻妾、族人入行伍，尽散饮食给士卒，深得军民信任。后用反间计大破燕军，并收复七十余城。

有必死之心，士卒无生还之气，此其所以破燕也。及其攻狄也，黄金横带，有生之乐，无死之心，鲁仲连①策其必不胜[7]。兵事之宜惨戚，不宜欢欣，亦明矣。②

11.3 此次由楚省招兵东下，必须选百炼之卒，备精坚之械，舟师则船炮并富，陆路则将卒并愤，作三年不归之想，为百战艰难之行。岂可儿戏成军，仓卒成行？人尽乌合，器多苦窳，船不满二百，炮不满五百，如大海簸豆，黑子着面[8]，纵能速达皖省，究竟于事何补？是以鄙见总须战舰二百号，又补以民船七八百，［载］大小炮千余位。水军四千，陆军六千，夹江而下，明年成行，始略成气候。否则名为大兴义旅，实等矮人观场[9]，不直方家一晒[10]。

【注释】

[1] 不教之卒：指没有训练的士兵。语出《论语·子路篇》：子曰："善人教民七年，亦可以即戎矣。"又曰："以不教民战，是谓弃之。"

[2] 窳（yǔ）败之械：陈旧破敝的武器。

[3] "辽东自诩之豕（shǐ）"：典出《后汉书·朱浮传》，谓农夫得见白头豕，异而欲献，后见群豕皆然，怀惭而还。今喻少见多怪。豕：猪。

[4] "灞上儿戏之军"：指军纪松懈的军队。典出周亚夫细柳营故事。据《史记·绛侯周勃世家》载："既出军门，群臣皆惊。文帝曰：'嗟呼，此真

---

① 鲁仲连（约前305—前245）：战国时齐国（今王老乡望鲁店村）人。善于谋划，常周游各国，为人排难解纷不受酬报。公元前260年，秦军围困赵都邯郸，仲连以利害劝阻赵、魏大臣尊秦为帝。赵、魏两国接受其建议，联合燕、齐、楚等国共同抗秦，邯郸解围。公元前249年，齐国派军收复被燕占据的聊城，年余不下，百姓灾难深重，仲连乃以亲笔书信劝燕将撤守，齐国复得聊城。《汉书·艺文志》有《鲁仲连子》十四篇，今佚，有清马国翰辑本。

② 按：本章第2条摘自《挺经·卷十·诡道》。

将军矣！曩者灞上、棘门军，若儿戏耳，其将固可袭而虏也。至于亚夫，可得而犯邪！'称善者久之。"

[5] 如承大祭：如同承担大型祭祀典礼一样庄肃恭敬。语出《论语·颜渊》："仲弓问仁。子曰：'出门如见大宾，使民如承大祭。己所不欲，勿施于人。在邦无怨，在家无怨。'仲弓曰：'雍虽不敏，请事斯语矣。'"

[6] "田单之在即墨"：田单，战国齐人。即墨，今山东平度县东南。田单守即墨，载于《战国策·齐策》，详见脚注。

[7] "及其攻狄也"数句：田单攻狄，事见《战国策·齐策》。其文云："田单将攻狄，往见鲁仲子。仲子曰：'将军攻狄，不能下也。'田单曰：'臣以五里之城，七里之郭，破亡余卒，破万乘之燕，复齐墟。攻狄而不下，何也？'上车弗谢而去。遂攻狄，三月而不克之也。齐婴儿谣曰：'大冠若箕，修剑拄颐，攻狄不能，下垒枯丘。'田单乃惧，问鲁仲子曰：'先生谓单不能下狄，请闻其说。'鲁仲子曰：'将军之在即墨，坐而织蒉，立则丈插，为士卒倡曰：可往矣！宗庙亡矣！云曰尚矣！归于何党矣！当此之时，将军有死之心，而士卒无生之气，闻若言，莫不挥泣奋臂而欲战，此所以破燕也。当今将军东有夜邑之奉，西有菑上之虞，黄金横带，而驰乎淄、渑之间，有生之乐，无死之心，所以不胜者也。'田单曰：'单有心，先生志之矣。'明日，乃厉气循城，立于矢石之所及，乃援枹鼓之，狄人乃下。"

[8] 黑子着面：比喻地域狭小。《汉书·贾谊传》："淮阳之比大诸侯，廑如黑子之着面。"

[9] "矮子观场"：语出《朱子语类》卷二十七："正如矮人看戏一般，见前面人笑，他也笑，他虽眼不曾见，想必是好笑，便随他笑。"比喻不懂装懂，人云亦云。

[10] 方家："大方之家"的简称，本义是道术修养深厚精湛的人，后多指饱学之士或精通某种学问、技艺的行家里手。哂（shěn）：微笑，讥笑。

【今译】

11.1 在此之前，为了迅速赶往湖北救援，自然不妨仓促间集结成军。近日乃是为东下讨伐敌人，则必须简练士卒，谨慎出动。如果是未经训练的士卒，破旧不堪的兵器，什么地方没有呢？为什么一定要舍近求远到湖南来找呢？这等于是《后汉书》里那只被人大惊小怪的白毛猪，也相当于汉文帝感叹的视战争如儿戏的灞上老兵。所以，我们此次行动，不能不精选精兵强将，不可不日夜训练。

11.2 治军打仗是隐秘之事，每遇将士阵亡之事，哀凄之意，如同参见亲人的丧礼；人怀庄肃之心，如同亲临重大庄严的祭祀典礼。所以，军队之中，不应该有欢欣喜乐的气氛，有了欢欣喜乐的气氛，那么，无论是和悦的，还是骄傲的，最终都会带来失败。战国时齐国的田单防守即墨时，将军人人有必死的决心，士卒个个无生还的打算，这是他们之所以能够打败燕国的原因。而到田单攻打狄人时，披挂着黄金横带，只知道活着的快乐，而丧失了拼死沙场的决心，鲁仲连因此推测他不能获胜，后来果然如此。可见带兵打仗应该居安思危，忧戚在心，而不宜欢欣傲慢，这是十分显明的道理啊！

11.3 这次由湖南招兵东下，必须选拔久经锻炼的将士，准备精良坚固的武器。水军必须船多炮足，陆军则必须同仇敌忾，做好三年不归的打算。马上就要做艰苦卓绝的战斗，怎么能儿戏般地组编军队，仓促行军呢？如果兵士多乌合之众，武器多废铜烂铁，战船不满二百艘，大炮不到五百门，就好像大海里簸豆，黑子着面，就算能迅速到达安徽，究竟又能对战事有何帮助呢？所以，我以为，必须要有二百艘战舰，再增补七八百只民船，大、小炮一千余尊，水军四千人，陆军六千人，夹江而下，明年动身，这样才能略成气候。否则，虽然名义上是大兴义师，实际上等于矮子看戏，不值得博真正的行家一笑。

【原文】

11.4 夫战，勇气也，再而衰，三而竭[1]。国藩于此数语，常常体念[2]。大约用兵无他巧妙，常存有余不尽之气而已。孙仲谋①之攻合肥，受创于张辽②；诸葛武侯③之攻陈仓，受创于郝昭④。皆初气过锐，渐就衰竭之故。惟荀罃⑤之拔偪阳[3]，气已竭而复振；陆抗⑥之拔西陵，预料城之不遽下，而蓄养锐气，先备外援，以待内之自毙。此善用气者也。⑦

---

① 孙仲谋：孙权（182—252），字仲谋。三国东吴皇帝。229 年称帝，建立吴国，即东吴，史称孙吴。在位 23 年。葬于建业（今江苏南京）蒋陵，谥大皇帝，庙号太祖。

② 张辽（169—222）：字文远，雁门马邑（今朔城区大夫庄）人，三国时魏国著名将领，官至前军、晋阳侯。昔从属丁原、董卓、吕布。及吕布败亡，乃归曹操。辽随曹军征讨，战功累累。

③ 诸葛武侯：即诸葛亮（181—234），字孔明，号卧龙，琅邪阳都（今山东沂南）人。三国时期蜀国杰出的政治家、军事家和战略家。为蜀汉丞相，生前曾被封为"武乡侯"（武乡在今汉中市的武乡镇），死后又被刘禅追谥为"忠武侯"，故又称诸葛武侯。

④ 郝昭：三国时曹魏名将。深通兵法，官拜镇西将军。曾率军守陈仓拒诸葛亮，蜀军多次攻城无功而还，使诸葛亮一时难以取胜。

⑤ 荀罃（yīng）：春秋时晋国名将。又称知罃，卒谥武，史称知武子。周简王十一年（前 575），晋楚鄢陵之役后，知罃任晋军下军副帅。《左传·襄公十年》载："诸侯之师久于偪阳，荀偃、士匄请于荀罃曰：'水潦将降，惧不能归，请班师。'知伯怒，投之以机，出于其间，曰：'女成二事而后告余。余恐乱命，以不女违。女既勤君而兴诸侯，牵帅老夫以至于此，既无武守，而又欲易余罪，曰："是实班师，不然克矣。"余羸老也，可重任乎？七日不克，必尔乎取之！'五月庚寅，荀偃、士匄帅卒攻偪阳，亲受矢石。甲午，灭之。书曰'遂灭偪阳'，言自会也。"

⑥ 陆抗（226—274）：字幼节，吴郡吴县华亭（今江苏苏州）人，名将陆逊次子，孙策外孙，三国末期吴军著名军事家。

⑦ 按：本章第 4 条摘自《挺经·卷十一·久战》。

11.5　日中则昃，月盈则亏^[4]，故古诗"花未全开月未圆"^[5]之句，君子以为知道。故余治兵以来，每介疑胜疑败之际，战兢恐惧，上下悚惧者，其后常得大胜。当志得意满之候，各路云集，狃^[6]于屡胜，将卒矜慢，其后常有意外之失。

11.6　国家之强，以得人为强。所谓"无竞惟人"^[7]也。若不得其人，则羽毛未丰，亦似难以高飞。昔在宣宗皇帝①，亦尝切齿发愤，屡悔和议，而主战守，卒以无良将帅，不获大雪国耻。今欲罢和主战，亦必得三数引重致远^[8]、折冲御侮^[9]之人以拟之。若仅区区楚材，目下知名之数人，则干将莫邪^[10]，恐未必不终刓折^[11]。且聚数太少，亦不足以分布海隅。用兵之道，最忌"势穷力弱"四字。力则指将士之精力言之，势则指大局大计，及粮饷之接续、人才之继否言之。能战虽失算亦胜，不能战虽胜算亦败。

11.7　悬军深入而无后继，是用兵大忌。

11.8　危急之际，尤以全军保全士气为主。孤军无助，粮饷不继，奔走疲惫，皆散乱必败之道。

（以上曾语）

【注释】

［1］再而衰，三而竭：语出《左传·曹刿论战》："一鼓作气，再而衰，三而竭。"

［2］体念：犹体验。

［3］偪（fú）阳：春秋时国名。在今山东枣庄一带。

［4］日中则昃（zè），月盈则亏：昃：太阳偏西。这里有倾斜意。太阳到

———

① 宣宗皇帝：名旻宁，在位三十年，年号道光，庙号宣宗。

了正午就要偏西，月亮到了最圆时就必定开始亏缺。比喻事物发展到一定程度，就会向相反的方向转化。

[5] 花未全开月未圆：北宋蔡襄《十三日吉祥探花》诗云："花未全开月未圆，寻花待月思依然。明知花月无情物，若使多情更可怜。"这里喻指世上并无完美圆满之事。

[6] 狃（niǔ）：因袭，拘泥。

[7] "无竞惟人"：人君为政，无强于得贤人。语出《诗经·大雅·无抑》："无竞维人，四方其训之；有觉德行，四国顺之。訏谟定命，远犹辰告。敬慎威仪，维民之则。"

[8] 引重致远：语出《易经》："服牛乘马，引重致远，以到天下。"意即牵挽重物而能达到很远的地方。

[9] 折冲御侮：指抗击敌人。

[10] 干将莫邪：干将，春秋时吴国人；莫邪，干将之妻。二人善铸剑，雄剑名干将，雌剑为莫邪。后以干将、莫邪比喻宝剑。

[11] 刓（wán）折：刓：削，挖刻。折：折断。这里指失败。

【今译】

11.4　战斗，靠的是勇气；正如《左传》所说的，"一鼓作气，再而衰，三而竭"。我对这几句话，常常揣摩体会。大约用兵之道，实在没有其他的巧妙，只要常存有用之不竭的勇气就可以了。当年孙权统兵攻打合肥，被魏将张辽挫败；诸葛亮进攻陈仓，也被郝昭挫败；都是因为开始时锋芒太露，勇气太过，后来渐渐气衰力竭的缘故。只有春秋时晋国大将荀罃攻破偪阳那一仗，属于士气已经衰竭而后又振作起来的情况。还有三国时吴国名将陆抗攻克西陵，事先早已料到西陵不可能很快攻下，因而养精蓄锐，先准备好外援，等待城内守兵自毙，最后取得胜利。这些都是善于利用士气的人。

11.5　太阳到了正午就要偏西，月亮到了最圆时就必定开始亏缺。所以古诗中有"花未全开月未圆"之句，君子以为此句深知天道。因此，自我治兵以来，每当胜败难料、患得患失之际，常常战战兢兢，如临深渊如履薄冰，全军上下严阵以待，惊恐不安，这样之后，军队常常大获全胜。而每当志得意满之时，各路大军云集，被多次胜利冲昏头脑，自以为胜券在握，将士常常骄傲自满，而最后常常会遭到意外的损失。

11.6　国家是否强大，是以是否得到人才作为标准的。这也就是《诗经》中所说的"人君为政，无强于得贤人"之意。如果不得其人，就好比羽毛未丰，也似乎难以高飞。当年宣宗皇帝也曾想发愤图强，多次为签订和议后悔，而主张宣战固守。最终因为没有更优秀的将帅，以至于没有大雪国耻。今天想要罢和主战，也必须要得到几个雄才大略之人来担当引重致远、抵御外侮的重任。如果仅靠湖南的区区几个人才，也就是目前比较知名的几个人，那么就算你手握干将莫邪，恐怕最终也未必不会失败。况且，能够任用的人才实在太少，也不能分布到全国各地。用兵之道，最忌讳"势穷力弱"四个字。"力"，是指将士的勇力；"势"则是指天下大势，如粮饷是否充足，人才是否能够接续而言的。如果善于作战，即使偶尔失算也能获胜；不善于作战，就是胜算在握也有可能失败。

11.7　孤军深入敌阵而没有后援，这是用兵的大忌。

11.8　当形势危急的时候，尤其要以保全军队的士气为主。孤军无援，粮饷不继，奔走疲惫，这都是军队溃败的原因。

（以上曾国藩语）

【原文】

11.9　有不可战之将，无不可战之兵。有可胜不可败之将，无必胜必不胜之兵。

11.10　古人行师，先审己之强弱，不问敌之强弱。

11.11　兵事决于临机[1]，而地势审于平日，非寻常张皇幽渺[2] 可比。

11.12　军事有先一着而胜者，如险要之地，先发一军据之，此必胜之道也。有最后一着而胜者，待敌有变，乃起而应之，此必胜之道也。至于探报路径，则须先期妥实办理。兵事之妙，古今以来，莫妙于拊其背、冲其腰、抄其尾，惟须审明地势、敌情。

11.13　先安排以待敌之求战，然后起而应之，乃必胜之道。盖敌求战，而我以静制动，以逸待劳，以整御散，必胜之道也。此意不可拘执[3]，未必全无可采。

【注释】

[1] 临机：犹随机。

[2] 张皇幽渺：皇：大，显。幽，深。指阐发、张扬思想或著述中的深妙精微之处。这里有空谈义理、纸上谈兵之义。韩愈《进学解》："先生之业，可谓勤矣。抵排异端，攘斥佛老，补苴罅漏，张皇幽眇。"

[3] 拘执：拘泥成法，固执一端。

【今译】

11.9　只有不会打仗的将领，没有不会打仗的士兵。只有可打胜仗、不可打败仗的将领，没有必然打胜仗或者必然打败仗的士兵。

11.10　古人行军打仗，首先要知道自己的强弱，而不问敌人的强弱。

11.11　军事上的事，常常要随机应变，但熟悉环境、地势等客观因素则要靠平日观察，这不是那种耍小聪明、炫耀自己先见之明的小伎俩可比的。

11.12　军事上有因为棋先一招而获胜的：比如在险要的地方，先派一支军队占据那里，这是必胜之道。也有直到最后一招才获胜的：等到敌情有变，然后再根据情况随机应变，这也是必胜之道。至于说探听消息，侦察路径，则必须事先就切实妥当地办理。自古以来，军事的巧妙，没有比从背后偷袭，从其中路截击，或者包抄敌军的尾巴更妙的了，不过前提是必须审明地势，查明敌情。

11.13　事先安排部署好军队以等待敌军来进攻，然后起而应战，这是必胜之道。因为敌人前来求战，而我军以静制动，以逸待劳，以整全之军抵御分散之敌，一定会胜利。此意虽不可拘泥固执，但也未必一无是处，全无可采。

【原文】

11.14　临阵之际，须以万人并力，有前有后，有防抄袭之兵，有按纳不动以应变之兵，乃是胜着[1]。如派某人守后，不应期[2] 而进，便是违令；应期而不进，便是怯战。此则必须号令严明者也。徇他人之意，以前为美，以后为非，必不妥矣。

11.15　夹击原是上策，但可密计，而不可宣露，须并力而不宜单弱。须谋定后战，相机[3] 而行，而不可或先或后。

11.16　不轻敌而慎思，不怯战而稳打。

11.17　兵分则力单，穷进则气散，大胜则变成大挫，非知兵者也，不可不慎。敬则胜，整则胜，和则胜。三胜之机，决于是矣。

11.18　我军出战，须层层布置，列阵纵横，以整攻散，以锐蹈瑕[4]，以后劲[5]而防抄袭。临阵切戒散队，得胜尤忌贪财。

【注释】

[1] 胜着（zhāo）：要招，妙招。

[2] 应期：按时。

[3] 相机（xiàng jī）：观察时机。相：看。

[4] 以锐蹈瑕：用精锐部队攻击对方的疲惫之师。蹈瑕：利用过失。

[5] 后劲：殿后的精兵。语出《左传·宣公十二年》："军行：右辕，左追蓐，前茅虑无，中权，后劲。"杜预注："中军制谋，后以精兵为殿。"

【今译】

11.14　临阵之际，必须万众一心，竭尽全力，有前锋，有后卫，有防备敌人包抄偷袭的部队，也有按兵不动、以不变应万变的兵力，这才是制胜的要招。如果派某人留守后方，不到规定时间他就向前进发，便是违令；反之，如果到了该进攻的时候而不进攻，便是怯战。这些都是必须号令严明的事项。如果因循屈从他人的意思，以不择时机地向前进攻为是，以有原则地后撤为非，必然是不妥当的。

11.15　两面夹击敌人原本是上上之策，但只可以秘密谋划，而不可以对外透露，而且，夹击必须集中兵力，而不能分散兵力进行。必须谋划妥当后再出击，观察时机行事，而不能一方先行，一方后进，步调不一。

11.16 不能轻敌，要慎思熟虑才可行动；也不能怯战，而应步步为营，稳扎稳打。

11.17 兵力分散，就会势单力薄；一味进攻，就会士气涣散，情绪低落；由大胜变成大挫，这不是深知兵法的现象，所以不可不慎。严肃勤勉就会取胜，军队整齐就会取胜，团结一致就会取胜。这三个方面的取胜之机，都取决于此了。

11.18 我军出战，应该层层布置，列阵纵横，以完整的部队攻其溃散的残兵，以精锐的部队冲击其弱旅，以后方的劲旅防范敌人的包抄偷袭。在战场上，切忌军队散乱，首尾不能呼应，得胜后，切忌贪财无度。

【原文】

11.19 熟审[1] 地势、敌情，妥谋分击之举。或伺敌之缺点，蹈瑕而入；或趋敌之重处，并力而前。皆在相机斟酌。惟临阵切忌散队，切戒贪财。得胜之时，尤宜整饬队伍，多求痛杀。

11.20 军务只应以一处合围以致敌，其余尽作战兵、援兵、兜剿之兵。若处处合围，则兵力皆为坚城[2] 所牵缀。屯兵坚城之下，则情见势绌[3]。

11.21 用兵之道，全军为上策，得土地次之；破敌为上策，得城池次之[4]。古人必四路无敌，然后围城，兵法所谓"十则围之"[5] 之义也。

11.22 兵事有须先一着者，如险要之地，以兵据之，先发制人，此为扼吭[6] 之计，必胜之道也。有须后一着者，愈持久愈神妙，愈老到愈坚定，待敌变计，乃起而乘之，此可为奇兵而拊其背[7]，必胜之道也。

11.23　一年不得一城，只要大局无碍，并不为过；一月而得数城，敌来转不能战，则不可为功。

【注释】

[1] 熟审：仔细查看。审：仔细思考，反复推究。

[2] 坚城：动词，攻坚围城。下文"坚城"则作名词用。

[3] 情见势绌（qíng xiàn shì chù）：情：真实情况；见：通"现"，暴露。指在军事上情况暴露而又处在劣势的地位。绌：不足，不够。亦作"情见力屈"，语出《汉书·韩信传》："今足下举倦敝之兵，顿之燕坚城之下，情见力屈，欲战不拔，旷日持久，粮食单竭。"

[4] "用兵之道"数句：语出《孙子兵法·谋攻》："凡用兵之法，全国为上，破国次之；全军为上，破军次之；全旅为上，破旅次之；全卒为上，破卒次之；全伍为上，破伍次之。"全：保全。

[5] "十则围之"：语出《孙子兵法·谋攻》："故用兵之法，十则围之，五则攻之，倍则分之。"意思是说，有十倍于敌的兵力就包围敌人，有五倍于敌的兵力就进攻敌人，有一倍于敌的兵力就分散敌人。

[6] 扼吭（è háng）：扼：用力掐着，抓住；吭：喉咙，嗓子。喻控制敌人要害部位。

[7] 拊（fǔ）其背：军事术语。这里指攻击敌人背后。常与"扼吭"连用。《史记·刘敬叔孙通列传》："夫与人斗，不扼其亢，拊其背，未能全其胜也。"成语"拊背扼吭"，本此。拊：按。

【今译】

11.19　仔细地查看地势，了解敌情，妥善地谋划分兵进攻、打击敌人的行动。或者抓住敌人的缺点，乘虚而入；或者靠近敌人的要害部位，全力以赴发起进攻。这些全靠主帅审时度势，相机而动。特别需要提醒的是，临阵切忌队形散乱，切忌贪财好利。得胜的时候，更应该整顿队伍，严阵以待，争取更多地歼灭敌人。

11.20　指挥军队的关键在于，只应在一个地方形成合围之势，以吸引敌人其他部队增援，其他地方则全部安排成作战之兵、增援之兵和包抄围剿之兵。如果处处合围，则兵力便都被攻坚围城所牵制，把大部分兵力集中在敌人防守坚固的地方，这样自己的实力容易暴露而使攻势处于不利。

11.21　用兵之道，以保全军队不受重创为上策，占领敌人的阵地次之；以击破敌人的军队为上策，占领敌人的城池次之。古人打仗，必定是在四面无敌的情况下，才敢围攻敌人的城池，这也就是《孙子兵法》所说的"十则围之"之意。

11.22　军事上既有必须抢先一招制胜的办法，比如地势险要之地，先派兵占据它，先发制人，这就是扼住敌人咽喉的计谋，是必胜之道；也有必须晚一招制胜的办法，坚持得越久越神妙，越老越坚定，等到敌人改变策略，再乘机发动攻击，便可用奇兵袭击敌人背后，这也是必胜之道。

11.23　一年没有占领敌方一座城池，只要不妨碍大局，也并不算过错。即使一个月占领敌人好几座城池，可是当敌人进攻时却无力抵挡，也不能称得上有功。

【原文】

11.24　军队分起[1]行走，相隔二日，每起二千人，若前队遇敌先战，非必胜之道也。应于近敌之处，饬[2]前茅、后劲、中权[3]，会齐并力，乃可大胜。

11.25 临阵分枝，不嫌其散；先期合力，必求其厚。

11.26 荀悦①之论兵也，曰："权不可预设，变不可先图。与时迁移，随物变化。"[4] 诚为用兵之至要。

11.27 战阵之事，恃强者是败机，敬戒[5] 者是胜机。

11.28 军旅之事，谨慎为先。战阵之事，讲习为上。盖兵机至精，非虚心求教不能领会，矧可是己而非人[6]？兵机至活，非随时谨密，不能防人，矧可粗心而大意？

11.29 侦探须确、须勤、须速。博访以资众论，沈思[7] 以审敌情。敌如不分枝，我军必从其入境之处，并力迎剿；敌如分枝，则我军必于敌多之处专剿。

（以上胡语）

【注释】

[1] 分起：分批，分组。起：量词，批；组。

[2] 饬（chì）：古同"敕"，告诫，命令。

[3] 前茅、后劲、中权：前茅，即前锋尖兵；后劲，即殿后的劲旅；中权，即中军。

[4] "权不可预设"数句：权：有利的形势；主动权。语出荀悦《汉纪·高祖皇帝纪卷第二》。

[5] 敬戒：警戒，谨慎戒备。《周礼·夏官·职方氏》："考乃职事，无敢不敬戒。"《荀子·大略》："敬戒无怠。"

[6] 矧（shěn）可：岂可。语出《诗经·大雅·抑》："神之格思，不可

---

① 荀悦（148—209）：字仲豫，颍川颍阴（今河南许昌）人，东汉末史学家，思想家，政治家。士族出身，荀子十三世孙。汉灵帝时，宦官专权，托病隐居。后曹操荐举供职于其府，迁黄门侍郎、秘书监、侍中等职。撰有《汉纪》《申鉴》《崇德》《正论》等。

度思，矧可射思。"矧：况且，何况。是己而非人：赞美自己，非议他人。

[7] 沈（chén）思：亦作"沉思"。深思。

【今译】

11.24 军队分批行进，相隔两天，每批二千人，如果前面的部队遭遇敌人先打起来，则不是必胜之道。应当在靠近敌军的地方，命令前军、中军和后军，会齐一处，全力进攻，才能大获全胜。

11.25 临阵之时分派军队，不要怕它分散；而事先集结兵力时，务必求其雄厚。

11.26 汉末荀悦讨论军事时说："权变之机不可预测，形势之变也不可事先计划，应该随着时机的迁移而迁移，随着事情的变化而变化。"这的确是用兵至关重要的原则。

11.27 战场上的事，自恃兵力强大而轻敌，就会导致失败；谨慎行事，严加戒备，则会接近胜利。

11.28 行军打仗，首先应当谨慎。打仗之事，以讲习为上。因为军事的机巧变化极为精深，若不虚心请教，则不能领会，岂可自以为是而非议别人？兵法的权变也非常灵活，变化无穷，如果不是随时谨慎保密，就不能防范敌人，岂可粗心大意？

11.29 侦探敌情，务必准确，勤快，迅速。要广泛采访以便集思广益，深入思考以便洞察敌情。如敌军不分兵进犯，我军就一定要从其入境之处并力迎剿；敌人如果分兵几路进攻，那么我军就必须专门围剿其主力部队。

（以上胡林翼语）

【原文】

11.30 凡善弈者，每于棋危劫急[1]之时，一面自救，一面破敌，往往因病成妍[2]，转败为功，善用兵者亦然。

（以上曾语）

【注释】

[1] 劫急：劫：围棋术语，即叫吃。如打劫，谓双方在一处可以交换吃一子的争夺战。劫急，形势危急。

[2] 因病成妍（yán）：本指树木枯病之时反有一种美态，这里指形势发生改变，转危为安。妍：美好。语出南朝诗人许瑶《咏楠榴枕》诗："端木生河侧，因病遂成妍。朝将云髻别，夜与蛾眉连。"

【今译】

11.30　凡是善于下棋的人，每每在形势危急之时，一方面奋力自救，一方面寻求破敌的方法，往往能够因祸得福，转败为胜。善于用兵的人也是如此。

（以上曾国藩语）

【原文】

11.31　平日千言万语，千算万计，而得失仍只争临阵须臾之顷。凡奇谋至计，总在平实处，如布帛菽粟之类，愈近浅易，愈广大而精微[1] 也。

11.32　凡事过于求好，转多不妥之处。

（以上胡语）

【注释】

[1] 广大而精微：语出《礼记·中庸》："君子尊德性而道问学，致广大而尽精微，极高明而道中庸。温故而知新，敦厚以崇礼。"这里有效用广大、

道理精微之意。

【今译】

11.31　平时千言万语，千种算计，万般谋划，都未必奏效，决定胜败得失的就在临阵迎敌的片刻之间。凡是奇谋妙计，都在平实朴素之处，好比布帛菽粟之类，越是平常浅易，就越是效用广大，道理精微。

11.32　凡事过于追求完美，反而会多有不妥，适得其反。

（以上胡林翼语）

【原文】

11.33　凡危急之时，只有在己者靠得住，其在人者，皆不可靠。恃之以守，恐其临危而先乱；恃之以战，恐其猛进而骤退。①

11.34　凡用兵须蓄不竭之气，留有余之力。②

（以上曾语）

【今译】

11.33　凡是危急的关头，只有真在己身的本领是靠得住的，他人身上的力量都不可靠。倚仗他人之力防守，恐怕一遇危险就会先乱阵脚；凭借他人之力去打仗，恐怕冒失猛攻一阵之后，只能骤然败退。

11.34　大凡用兵之道，当须积蓄源源不断的士气，保存绰

---

① 按：此章第 33 条摘自曾国藩同治元年九月十三日与沅弟季弟书。

② 按：此章第 34 条摘自曾国藩同治元年九月三十日致沅弟书。

绰有余的实力。

（以上曾国藩语）

【原文】

蔡按：曾、胡之论兵，极主主客之说：谓守者为主，攻者为客；主逸而客劳，主胜而客败。尤戒攻坚围城。其说与普法战争[1]前法国兵学家所主张者殆同（其时俄土两国亦盛行此说）。其论出师前之准备，宜十分周到。谓一械不精，不可轻出；势力不厚，不可成行；与近今之动员准备，用意相合。其以全军、破敌为上，不以得土地、城池为意，所见尤为精到卓越，与东西各国兵学家所倡导者，如出一辙。临阵分枝宜散，先期合力宜厚，二语尤足以赅括[2]战术、战略之精妙处。临阵分枝者，即分主攻、助攻之军及散兵、援队、预备队之配置等是也；先期合力者，即战略上之聚中展开及战术上之开进等是也。所论诸端，皆从实行后经验中得来，与近世各国兵家所论若合符节[3]。吾思先贤，不能不馨香[4]崇拜之矣。

【注释】

[1]普法战争：1870年至1871年，普鲁士和法国为争夺欧洲霸权，进行了一场规模巨大、影响深远的战争。战争直接导致法兰西第二帝国的垮台和巴黎公社革命的爆发，促使普鲁士完成德意志统一，建立了德意志帝国。同时，在德法之间酿成仇隙，在一定程度上影响着整个欧洲的局势。

[2]赅（gāi）括：概括，包括。

[3]若合符节：比喻两者完全吻合。符节，古代朝廷传达命令、征调兵将以及用于各项事务的一种凭证，用金、铜、玉、角、竹、木、铅等不同原料制成，用时双方各执一半，合之以验真假，如兵符、虎符等。《孟子·离

娄下》："（舜和文王）得志行乎中国，若合符节。先圣后圣，其揆一也。"

[4] 馨香：供奉神佛的香火。这里指虔诚祭拜。

【今译】

蔡锷按：曾国藩、胡林翼二先生论兵，都极力主张主、客之说，把防守一方称为主，进攻一方称为客；防守一方以逸待劳，往往主方获胜而客方落败。特别应该力戒的是攻坚围城。他们的说法与普法战争前，法国军事家所主张的几乎相同（当时俄国、土耳其两国也盛行这种说法），都认为军队出师之前的准备，应当十分完备周到；只要有一种器械不精良，就不能轻易出动；积累的实力如不够雄厚，也不可成行。这和今天所说的战前动员准备工作，用意正相符合。曾、胡二公论战争，以保全军队、击破敌人为要旨，而不把占领土地和城池作为主要目标，这种见解真是精到卓越，与东西各国兵学家所倡导的精神如出一辙。此外，临阵分派兵力应当以散为主，预先集结军队以实力雄厚为主，这两句话更足以概括战术、战略的微言大义。临阵分派军队，也就是分主攻、助攻的部队，以及散兵、援队、预备队等的配置；预先集结兵力，就是战略上的聚中展开，以及战术上的步步开进等。曾、胡所论这些方面，都是从实践后总结的经验中得来，与近世各国军事家所论完全符合。我每当想起这些拥有大智慧的先贤，就不能不对他们虔诚崇仰、顶礼膜拜。

第十二章
战　守

【导读】

　　此章论攻战与防守之道。《孙子兵法·谋攻篇》云："凡用兵之法，全国为上，破国次之；全旅为上，破旅次之；全卒为上，破卒次之；全伍为上，破伍次之。是故百战百胜，非善之善者也；不战而屈人之兵，善之善者也。"又说："上兵伐谋，其次伐交，其次伐兵，其下攻城。……故善用兵者，屈人之兵，而非战也；拔人之城，而非攻也；毁人之国，而非久也。"又以"知己知彼"为致胜法宝，说："知彼知己，百战不殆；不知彼而知己，一胜一负；不知彼，不知己，每战必败。"同书《军形篇》论及胜败与战守之关系，说："昔之善战者，先为不可胜，以待敌之可胜，不可胜在己，可胜在敌。故善战者，能为不可胜，不能使敌必可胜。故曰：胜可知而不可为。不可胜者，守也；可胜者，攻也。守则不足，攻则有余。善守者，藏于九地之下；善攻者，动于九天之上，故能自保而全胜也。"这些军事思想至少在"冷兵器时代"，可谓颠扑不破，影响深远。

　　曾国藩则以"主客"论"战守"，深入辨析"先发制人"与"先发不能制人"的异同优劣，可谓别出心裁。并在此基础上提出防守三法：一是深沟高垒，二是哨探严明，三是痛除客气。

148

胡林翼论述得更加缜密，既有"围城"之法，又有"守城"之法，主张合理安排兵力，"稳扎猛打，合力分枝"；"军事之要，必有所忌，乃能有所济；必有所舍，乃能有所全"；"防边之要，不可处处设防。若处处设防，兵力必分。不能战，亦不能守"。

蔡锷将曾、胡二公的战守策略加以分析后，指出："曾、胡论兵，极重主、客之见。"但此论亦有偏颇，即"只知守则为主之利，不知守反为主之害"。蔡锷认为，敌方"并非节制之师、精练之卒""攻击力复甚薄弱"，在这种情况下，如果"每拘泥于地形、地物，攻击精神未由奋兴"。所以，战术上究竟需要攻势还是防御，必须贯彻"因时制宜"之法，不可执一而论。蔡锷此论，深合《荀子·议兵》所谓"战如守，行如战"之道。不仅如此，蔡锷还为未来可能发生的国际战争做了战术上的分析，主张对于我们这样的弱国而言，一旦强邻入侵，只能采取"据险以守，节节为防，以全军而老敌师为主，俟其深入无继，乃一举歼除之"的"波亚战术"（游击战），考虑到多年以后的抗日战争，不能不说蔡锷有着作为高超军事指挥家的"先见之明"。

【原文】

12.1　凡出队，有宜速者，有宜迟者。宜速者，我去寻敌，先发制人者也。宜迟者，敌来寻我，以主待客者也。主气常静，客气常动。客气先盛而后衰，主气先微而后壮。故善用兵者，每喜为主，不喜作客。休、祁诸军[1]，但知先发制人一层，不知以主待客一层，加之探报不实，地势不审，敌情不明，徒能先发而不能制人。应研究此两层：或我寻敌，先发制人；或敌寻我，以主待客。总须审定乃行，切不可于两层一无所见，贸然出队。[1]

12.2　师行所至之处，必须多问、多思。思之于己，问之于人，皆好谋之实迹也。昔王璞山[2]带兵，有名将风，每与敌遇，将接仗之前一夕，传令营官齐集，与之畅论敌情、地势，袖中出地图十余张，每人分给一张，令诸将各抒所见，如何进兵，如何分支，某营埋伏，某营并不接仗，待事毕后专派追剿。诸将一一说毕，璞山乃将自己主意说出，每人发一传单，即议定之主意也。次日战罢，有与初议不符者，虽有功亦必加罚。其平日无事，每三日必传各营官熟论[3]战守之法。

12.3　一曰：扎营宜深沟高垒。虽仅一宿，亦须为坚不可拔之计。但使能守我营垒安如泰山，纵不能进攻，亦无损于大局。一曰：哨探严明。离敌既近，时时作敌来扑营之想。敌来之路，应敌之路，埋伏之路，胜仗追击之路，一一探明，切勿孟浪[4]。一曰：痛除客气，未经战阵之兵，每好言战，带兵者亦然。若稍有阅历，但觉我军处处瑕隙[5]，无一可恃，不轻言战矣。

12.4　用兵以渡水为最难。不特渡长江大河为难，即偶渡渐车[6]之水，丈二之沟，亦须再三审慎，恐其半渡而击。背水无归，败兵争舟，人马践溺，种种皆兵家所忌。

12.5　隘路[7]打胜仗，全在头敌。若头敌站脚不住，后面虽有好手，亦被挤退。

（以上曾语）

———————

① 按：本章第1条摘自咸丰十一年五月初九日复刘建德、姚体备书。

【注释】

[1] 休、祁诸军：指防守休宁、祁门二县的军队。

[2] 王璞山：即湘军名将王鑫，湖南湘乡人。见第一章脚注。

[3] 熟论：了解辨别。这里指详细讨论。《吕氏春秋·应言》："入与不入之时，不可不熟论也。"

[4] 孟浪：大而无当，不着边际。语出《庄子·齐物论》："夫子以为孟浪之言，而我以为妙道之行也。"

[5] 瑕隙（xiá xì）：指可乘的间隙，嫌隙。

[6] 渐车：指河水漫过战车轮毂，渐车之水，盖指小河之水。渐：浸泡，打湿。《诗经·卫风·氓》："淇水汤汤，渐车帷裳。"

[7] 隘（ài）路：狭窄而险要的路。

【今译】

12.1　凡是出兵作战，有适于迅速的情况，也有适于迟慢的情况。应当迅速的情况是，我军去寻找敌人作战，属于先发制人。适于迟慢的情况是，敌军前来寻我作战，我军是以主待客。主方之气常常主静，客方之气常常主动。客军的士气是先盛大而后衰落，主军的士气则是先微弱而后壮大。所以善于用兵的人，常常喜欢作主方，而不喜欢作客军。镇守休、祁二县的各路军队，只知道有先发制人的一层，却不知还有以主待客、以逸待劳的一层。再加上所得的侦探情报不实，地势、地形不清楚，对敌情了解甚少，因此只能先发而不能制人。我们应研究这两个方面：或者我方寻敌作战，以图先发制人；或者等待敌方寻我，以主待客。总之，必须对敌我双方的形势考虑成熟以后才可行动，千万不能对这两方面一无所知，就贸然出兵。

12.2　行军所到之处，必须多问、多思。自己勤于思考，善于思考，并且主动向别人请教，集思广益，这都是好谋的具体表现。过去王璞山带兵，就颇有名将之风，每次与敌军遭遇，在即将交战的前一天晚上，一定会传令各营长官齐集帐下，和他们讨论敌情，分析地势，往往从袖子里取出十余张地图，每人分给一张，令诸将各抒己见，诸如如何进兵，如何分派部队，哪个营负责埋伏，哪个营并不交战，而等到主攻战斗结束后，专门派他们追剿敌人的残兵败将，等等。待诸将一一说完，王璞山才将自己的主意说出，并且发给每人一张传单，上面写好大家议定的主意。第二天战斗结束，论功行赏，如果有与当初议定的行动计划不符合的，即使有功也必定要施加惩罚。在王璞山的军营里，平常无事，每三天必定要传令各营的长官聚在一起，详细讨论攻战与防守的方法。

12.3　第一，是扎营应当深沟高垒，即使仅住一宿，也必须把营寨修建得坚不可摧。只要能把我方营垒防守得安如泰山，纵然不能进攻，也无损于大局。第二，哨探必须严明。如距离敌营很近，要时时提防敌人前来扑营。所以须把敌人前来之路，我军应敌之路，埋伏之路，以及打了胜仗以后的追击之路，一一探明，千万不可敷衍了事。第三，要痛除总想进攻的浮躁冒进之气，没有经过战阵的士兵，常常喜欢主战，带兵的将领也是如此。如果稍有阅历，就会只觉得我军处处有弱点，没有一个地方是可以真正依仗的，于是便不敢轻言打仗了。

12.4　带兵打仗最难的莫过于渡水。不仅横渡长江大河是困难的，即便偶尔横渡一下刚好淹没车轮的小河，或者长不过丈二的沟渠，也必须再三考虑，慎之又慎，唯恐刚刚渡过一半人马就遭到敌人攻击。那时候进退维谷，只有背水一战，败兵争夺舟船，人马互相践踏，纷纷溺于水中，凡此种种，都是兵家大忌。

12.5　在狭窄险要的路上与敌人遭遇，要想打胜仗，关键要看敌人的先头部队如何，如果先头部队被打垮，就算后面有精兵强将，最后也会被挤退。

（以上曾国藩语）

【原文】

12.6　战守机宜[1]，不可纷心[2]；心纷则气不专，神不一。

12.7　交战宜持重，进兵宜迅速。稳扎猛打，合力分枝[3]，足以括用兵之要。

12.8　军旅之事，守于境内，不如战于境外。

12.9　军事之要，必有所忌，乃能有所济；必有所舍，乃能有所全。若处处设备，即十万兵亦无尺寸之效。

12.10　防边之要，不可处处设防。若处处设防，兵力必分。不能战，亦不能守。惟择其紧要必争之地，厚集兵力以守之，便是稳固。

【注释】

［1］机宜：针对客观情势处理事务的方针、办法等。

［2］纷心：心思纷乱，六神无主。

［3］分枝：根据战场形势分派部署军队。

【今译】

12.6　作战和防守的关键，不可心思纷乱。心思纷乱则气力不专，精神也就不能集中起来。

12.7 两军交战之时，应该老成稳重，进兵应该迅速，稳扎猛打，事先集合兵力，临敌合理分派兵力，这几条足以概括用兵打仗的诀窍。

12.8 行军打仗之事，与其固守在我方境内，不如到敌方境内作战。

12.9 军事的关键，一定要有所顾忌，只有这样才能有所成功；一定要有所舍弃，只有这样才能有所保全。如果处处设防求备，即使有十万兵力，也不会建尺寸之功。

12.10 防守边境地区的要旨是，不能处处设防。如果处处设防，兵力必然会分散。结果既不能迎战，也不能坚守。只有选择那种地势紧要、双方必争之地，厚集重兵严加防守，才可以确保安全稳固。

【原文】

12.11 碉卡[1]之设，原所以省兵力，予地方官以据险慎守之方。有守土而无守之之人，虽天堑[2]不能恃其险；有守人而无守具，虽贲、获[3]无所展其长。

12.12 有进战之营，必须留营作守。假如以十营作前茅为战兵，即须留五营作后劲为守兵。其留后之兵，尤须劲旅。其成功一也，不可争目前之微功，而误大局。

12.13 有围城之兵，须先另筹打仗之兵。有临阵打仗之兵，必须安排后劲，或预杜[4]抄后之敌，或备策应之举。

12.14 扼要[5]立营，加高加深，固是要着。惟须约束兵丁，不得滋扰。又须不时操练，使步法整齐，技艺精熟，庶战守皆能有备。

（以上胡语）

【注释】

［1］碉卡：碉堡哨卡。

［2］天堑：天然形成的隔断交通的大沟，比喻地势险要，不易通过。

［3］贲（bēn）、获：战国时勇士孟贲和乌获的并称。

［4］预杜：预先杜绝。

［5］扼要：抓住要点，这里指占据险要之地。

【今译】

12.11　碉堡哨卡的设置，原本是为了节省兵力，给地方官提供占据险要之地严加防守的办法。但是，如果仅有守卫之地却无可以守卫之人，即使是天堑也不能依赖其险；如果只有守卫之人而无可守之法，即使是战国时孟贲和乌获那样的勇士复生，也无法发挥他们的特长。

12.12　有开赴前线负责进攻的军队，就必须留下足够的兵力在后方防守。假如以十营的兵力作前锋出战，就至少应该留下五营的兵力作后卫，作守兵。留守后方的部队尤其需要战斗力很强的劲旅，无论在前线还是守后方，他们的功绩是相同的。不能为了争夺眼前的尺寸微功，而贻误了大局。

12.13　既然有负责围城的兵力，就必须先行安排部署负责打仗的兵力。有临阵打仗的兵力，就必须安排负责殿后的精锐之师，或者用以预防杜绝从背后偷袭的敌军，或者做好策应各路军队的准备。

12.14　在形势险峻的地方安营扎寨，加高城墙，加深护城河，固然是重要的部署。但更重要的是，必须约束士兵，不得滋扰当地百姓。同时，还必须时常操练部队，使他们步法整齐，技艺精熟。这样，无论进攻还是守卫，都能有备无患。

（以上胡林翼语）

【原文】

蔡按：右揭[1] 战守之法，意括而言赅。曰攻战，曰守战，曰遭遇战，曰局地战，以及防边之策，攻城之术，无不独具卓识，得其要诀。虽以近世战术之日新月异，而大旨亦不外是。其论夜间宿营，虽仅一宿亦须深沟高垒，为坚不可拔之计，则防御之紧严，立意之稳健，尤为近世兵家所不及道者也。（按：咸、同时战争两方，多为不规则之混战，来去飙倏[2]，不可端倪[3]，故扎营务求坚固，以防侵袭。）

曾、胡论兵，极重主、客之见。只知守则为主之利，不知守反为主之害。盖因其时所对之敌，并非节制之师、精练之卒。且其人数常倍于我，其兵器未如今日之发达，又无骑、炮[4] 两兵之编制，耳目不灵，攻击力复甚薄弱。故每拘泥于地形、地物，攻击精神未由奋兴[5]。故战术偏重于攻势防御，盖亦因时制宜[6]之法。

近自普法、日俄[7] 两大战役以后，环球之耳目一新，攻击之利，昭然若揭[8]。各国兵学家，举凡战略战术，皆极端的主张攻击。苟非兵力较弱，或地势、敌情有特别之关系，无复有以防守为计者矣。然战略战术，须因时以制宜，审势以求当，未可稍事拘滞[9]。若不揣[10] 其本，徒思仿效于人，势将如跛者之竞走，鲜不蹶[11] 矣。兵略之取攻势，固也，必须兵力雄厚，士马精练，军资（军需、器械）完善，交通利便，四者均有可恃，乃足以操胜算。四者之中，偶缺其一，贸然以取攻势，是曾公所谓"徒先发而不能制人"者也。

普法战役，法人国境之师，动员颇为迅速，而以兵力未能悉集，军资亦虞[12] 缺乏，遂致着着落后，陷于防守之地位。日俄之役，俄军以交通线仅恃一单轨铁道，运输不继，遂屡为优势之日军所制。虽迭经试取攻势，终归无效。以吾国军队现势论，其数则有二十余镇之多，然续备、后备之制，尚未实行。每镇临战，至多不过得战兵五千。须有兵力三镇[13] 以上，方足与他一镇之兵相抗衡。且一有伤亡，无从补充。是兵力一层，决难如邻邦之雄厚也。今日吾国军队能否说到精练二字，此稍知军事者自能辨之。他日与强邻一相角逐，能否效一割之用[14]，似又难作侥幸万一之想。至于军资、交通两端，更瞠乎人后[15]。如此而曰吾将取战略战术上最有利益之攻势，乌可得耶？鄙意[16] 我国数年之内，若与他邦以兵戎相见，与其为孤注一掷之举，不如采用波亚战术[17]，据险以守，节节为防，以全军而老敌师为主，俟其深入无继，乃一举歼除之。昔俄人之蹶[18] 拿破仑①于境外，使之一蹶不振，可借鉴也。

【注释】

[1] 右揭：前面揭示。因原文为竖排，故云"右揭"。

---

① 拿破仑（1769—1821）：法兰西帝国缔造者，卓越的军事家，政治家。多次打垮欧洲各封建君主组织的"反法同盟"，并在欧、非、北美各战场上，进行对欧洲各封建国家的战争，建立了法兰西第一帝国。1812 年，拿破仑集兵 60 万远征俄罗斯，长驱直入，直捣莫斯科城，大败而归。1814 年退位，被流放至厄尔巴岛。1815 年建立百日王朝，后战败于滑铁卢，又被流放。1821 年 5 月 5 日，病逝于圣赫勒拿岛。

[2] 飙倏：飙：暴风。倏：极快地，忽然。形容速度极快，没有章法。

[3] 端倪：指推测事物的始末。

[4] 骑、炮：指骑兵和炮兵。

[5] 奋兴：奋起。

[6] 因时制宜：根据不同时期的具体情况，采取适当的措施。

[7] 日俄：指日俄战争，1904 年爆发，日本与沙皇俄国为了侵占中国东北和朝鲜，进而争夺亚洲及太平洋霸权，在中国东北地区发起战争。战争以日本胜利、沙俄失败告终。经过这场不义之战，日本取代沙俄，继续强行"租借"第三国——中国的土地，进而长期霸占。

[8] 昭然若揭：昭然：显著；揭：揭开。形容真相全部暴露，一切都明明白白。

[9] 拘滞：拘泥呆板。

[10] 揣：估量，忖度。

[11] 蹶：跌倒。

[12] 虞：忧虑，担心。

[13] 镇：明、清两代军队编制单位。清朝军队编制，一镇有 12 500 余人，相当于一个师。北洋时期，新军采用二二制，一个镇下辖两个协，一个协又分为两个标，每标三营，每营四队。

[14] 一割之用：本指切割一次，后即用为行使一次或负责一次之词。语出《后汉书·班超传》："昔魏绛列国大夫，尚能和辑诸戎，况臣奉大汉之威，而无铅刀一割之用乎？"

[15] 瞠（chēng）乎人后：瞠，瞪着眼看。形容远远落在别人后面，干瞪眼却赶不上。

[16] 鄙意：谦辞，我以为。

[17] 波亚战术：即游击战术。波亚是 Boer 的音译，即荷兰语"农民"，后译为"布尔人"。1899 年 10 月至 1902 年 5 月，英国同荷兰移民后裔布尔人为争夺南非领土和资源进行了一场战争。布尔人在战争中采用游击战术，给英国带来巨大伤亡。此后，各国把"游击战"称为"布尔战术"，我国早

期译为"波亚战术"。

　　[18] 蹈：踏。比喻轻而易举。

【今译】

　　蔡锷按：前面所揭示的作战防守之法，可谓言简意赅。曾国藩、胡林翼二公对攻战、守战、遭遇战、局地战，以及防边之策、攻城之术，无不独具卓识，深得要领。尽管当今之世，在军事上，战略战术日新月异，发展迅速，但其主旨也不外乎曾、胡二公所论述的范围。他们在论及夜间宿营时说，哪怕只是驻扎一宿，也必须深沟高垒，做好坚不可摧的准备，其防御的紧严，立意的稳健，更是近世以来的军事家所没有论及的。（按：咸丰、同治时期战争的两方，进行的多是不规则、无秩序的混战，来去飘倏，防不胜防，不可逆料，所以扎营立寨时务必力求坚固，以防敌人侵袭。）

　　曾、胡二公论兵法，极其重视主、客之说。只知防守对主方是有利的；不知防守反而会对主方有害。这是因为当时所对阵的敌人，并不是什么纪律严明的节制之师，训练有素的精兵强将。况且，敌军的人数常常超过我军一倍以上，他们当时的兵器也不如今天这么发达，又没有骑兵、炮兵两种军队的编制，消息不灵通，攻击力也就十分薄弱。所以常常拘泥于地形、地势等外部条件，军队的攻击力和作战的勇气也就难以调动，达到兴奋点。因此战术上偏重于攻势防御，也是根据不同时期的具体情况，采取适当的权宜之计。

　　近代自普法战争、日俄战争两大战役以后，全世界的军事发展令人耳目一新，攻击战的优势，昭然若揭。各国军事家，只要提到战略战术，都十分极端地主张攻击战术。只要不是由于兵力较弱，或地势、敌情有特别劣势，就不会再考虑防守的事情。然而，战略战术必须因时以制宜，根据当时的具体情势作出正确妥当的选择，不能稍有哪怕是一点儿拘泥板滞。如果不充分地估测自己本来的条件，只是一味地想着仿效别人，势必就像跛足者和健康人赛跑，很少有不跌倒的。军事的战略采取攻势，是必然的，但必须满足以下四个条件：兵力雄厚，士马精练，军资（军需、器械）完善，交通便利。如果在这四个方面都可依赖，才算得上是稳操胜券。如果四个条件中，偶然有一条不具备，就贸然采取攻势，这就是曾国藩所说的只能先发而不能制人了。

在普法战争中，法国的国境部队，动员颇为迅速，但最终却因为兵力没有全部集结，军需物资也有缺乏的担心，于是导致招招落后，被迫陷于防守的地位。日俄战争中，俄军因为交通线仅靠一条单轨铁道，运输难以为继，于是多次被具有优势的日军所牵制。虽然多次试图采取攻势，终归没有效果。就我国军队目前的态势而言，其兵力虽有二十余镇之多，但是续备军和后备军的制度尚未实行。每镇临战，至多只能调派五千士兵作战，这样一来，我方必须有三镇的兵力，才可以与敌军一镇的兵力相抗衡。况且，一旦有伤亡，却无从补充。所以在兵力众寡这方面，我军实在难以像邻国那么雄厚。今天我国军队能否说到"精练"二字，这是稍知军事的人都能分辨明白的。将来一旦和强大的邻国发生冲突，我军能否稳扎稳打，有所斩获，似乎又难以心存侥幸，心怀万一取胜的想法。至于军资、交通这两方面，我军更是远远落后于邻国，难以望其项背。在这样的情势之下，要说我军必将取得战略战术上最有利的攻势，怎么可能呢？我认为，在数年之内，我国如果与他国兵戎相见，与其作孤注一掷的打算，不如采用波亚游击战术，据险以守，节节设防，以保全军队实力，拖垮敌人军队为主，等到敌军深入我军腹地，后继乏力之时，再集中优势兵力一举将其歼灭。当年俄国军队诱敌深入，最后轻松将拿破仑军队拒于国境之外，并使其一蹶不振，这种对策，正是我们可以借鉴的。

第十三章

治　心①

【导读】

本章为蒋介石所辑曾国藩语录，与蔡锷所辑十二章合并，正好凑足《孙子兵法》十三章之数。以"治心"冠名，恰与"治兵"遥相呼应，以彰显蒋氏"治心即为治兵之本"，治兵先须治心之宗旨。不过，此章更多谈论修身养气之义理，充满天地、阴阳、动静、慎独、诚意等概念，可以充分了解作为理学家的曾国藩养生处世之心法，而与"治兵"二字无必然之联系。而说到"治心"，曾国藩日记、家书、杂著中多有论述，今择要照录如下，以与本章相互参照②：

忆自辛卯年，改号涤生。涤者，取涤其旧染之污也；生者，取明袁了凡之言，"从前种种，譬如昨日死；从后种种，譬如今日生"也。改号至今九年，而不学如故，岂不可叹！余今年已三十，资禀顽钝，精神亏损，此后岂复能有所成？但求勤俭有恒，无纵逸欲，以丧先人元气；困知勉行，期有

---

① 　本章为蒋介石所辑补。
② 　所引均据《求阙斋日记类钞》。见李瀚章编撰、李鸿章校勘：《曾文正公全集》第十五册，同心出版社 2014 年版。

寸得，以无失词臣体面；日日自苦，而不至佚而生淫。——庚子（1840）十月

凡喜誉恶毁之心，即鄙夫患得患失之心也。于此关不打破，则一切学问才智，始足以欺世盗名。——壬寅（1842）正月

言物行恒，诚身之道也，万化基于此矣。余病根在无恒，故家内琐事，今日立条例，明日仍散漫，下人无常规可循，将来莅众，必不能信，作事必不能成。戒之！——壬寅正月

每日游思，多半是要人说好。为人好名，可耻！而好名之意，又自谓比他人高一层，此名心之症结于隐微者深也。——壬寅正月

日来自治愈疏矣，绝无瑟僩之意，何贵有此日课之册！看来只是好名。好作诗，名心也。——壬寅十月

所以须日课册者，以时时省过，立即克去耳。今五日一记，则所谓省察者安在？所谓自新者安在？吾谁欺乎？真甘为小人，而绝无羞恶之心者矣。——癸卯（1843）正月

予今闷损至此，盖身被私意私欲缠扰矣，尚何以自拔哉！立志今年自新，重起炉灶，痛与血战一番。而半月以来，暴弃一至于此，何以为人，何以为子！——癸卯正月

心生忿懥，盖无养之故也。——戊午（1858）六月

古人言，昼课妻子夜课梦寐。吾于睡中梦中总乏一种好意味，盖犹未免为乡人也。——庚申（1860）十一月

诚中形外，根心生色。古来有道之士，其淡雅和润，无不达于面貌。余气象未稍进，岂嗜欲有未淡邪？机心有未消

邪？当猛省于寸衷，而取验于颜面。——辛酉（1861）七月

近日心绪之恶，襟怀之隘，可鄙可耻甚矣！变化气质之难也！——壬戌（1862）十月

近日常见得人多不是，郁郁不平，毋乃明于责人，而暗于责己乎？——癸亥（1863）正月

闻家中修整富厚堂屋宇，用钱共七千串之多。不知何以浩费如此，深为骇叹。余生平以起屋买田为仕宦之恶习，誓不为之，不料奢靡若此，何颜见人！平日所说之话，全不践言，可羞孰甚！——丁卯（1867）十一月。

余日衰老而学无一成，应作之文甚多，总未能发奋为之。忝窃虚名，毫无实际，愧悔之至！老迈如此，每日办官事尚不能毕，安能更著述邪？——己巳（1869）四月

日月如流，倏已秋分。学业一无所成，而德行不修，尤悔丛集。自顾竟前无湔除改徙之时，忧愧曷已！——己巳八月

念生平所作事，错谬甚多，久居高位而德行学问一无可取，后世将讥议交加，愧悔无及。——己巳八月

梦在场中考试，枯涩不能下笔，不能完卷，焦急之至，惊醒。余以读书科第，官跻极品，而于学术一无所成，亦不能完卷之象也，愧叹无已。——庚午（1870）正月

自省目病之源在肝，肝病之源则由于忮心、名心不能克尽之故，在室中反复自讼，不能治事。——辛未（1871）四月

观此可知，曾国藩真是一生克己治心的表率，实现了其所谓

"身心一日不能闲也"的自励之言。其所以能治兵，与其治心之功夫不无关系。王阳明说："破山中贼易，破心中贼难。"而曾国藩其人，真可谓上马可破贼，下马能治心。今之官员，不仅要读王阳明，更要读读曾国藩！

【原文】

13.1　治心治身，理不必太多，知不可太杂，切身日夕用得着的，不过一两句，所谓守约[1] 也。①

13.2　凡沉疴[2] 在身，而人力可以自为主持者，约有二端：一曰以志帅气，一曰以静制动。人之疲惫不振，由于气弱。而志之强者，气亦为之稍变。如贪早睡，则强起以兴之；无聊赖[3]，则端坐以凝之；此以志帅气之说也。久病虚怯，则时时有一畏死之见憧扰[4] 于胸中，即梦魂亦不甚安恬，须将生前之名，身后之事，与一切妄念，扫除净尽，自然有一种恬淡意味，而寂定之余，真阳[5] 自生。此以静制动之法也。

13.3　外境之迕[6]，未可滞滤，置而遣之，终履夷涂[7]。

13.4　心欲其定，气欲其定，神欲其定，体欲其定。

13.5　古之成大事者，规模远大与综理密微，二者缺一不可②。

13.6　兄[8] 自问近年得力[9]，惟有一"悔"字诀。兄昔年自负本领甚大，可屈可伸，可行可藏[10]，又每见得人家不是，自从丁巳、戊午大悔大悟之后，乃知自己全无本领，凡事都见得人家有几分是处，故自戊午至今九载，与四十岁以前，迥不相同。

大约以能立、能达[11] 为体，以不怨、不尤[12] 为用。立者，发奋自强，站得住也；达者，办事圆融，行得通也。

【注释】

[1] 守约：遵守简易可行的原则。《孟子·公孙丑上》："孟施舍似曾子，北宫黝似子夏。夫二子之勇，未知其孰贤，然而孟施舍守约也。"详见第七章《公明》注释。

[2] 沉疴（kē）：拖延长久的重病；难治的病。

[3] 聊赖：精神上或生活上的寄托、凭借等。

[4] 憧（chōng）扰：纷乱不安。

[5] 真阳：中医学名词。又称"肾阳""元阳"。中医认为阴阳相互对立，又相互依存，互为因果。阴指人体脏器实质，阳指脏器的功能活动，二者互相依存，不可分离。真阳寓于命门之中，为先天之真火，是肾生理功能的动力，亦可说是人体热能的源泉。真阴则与真阳相对而言，指肾的阴液（包括肾所藏的精），是真阳功能活动的物质基础。

[6] 迕（wǔ）：违背，相抵触。

[7] 夷涂：平坦的道路。涂，通"途"。

[8] 兄：此段摘自曾国藩同治六年正月初二日在河南周口致沅弟（曾国荃）家书。故自称兄云云。家书余文如下："……吾九年以来，痛戒无恒之弊。看书写字，从未间断；选将练兵，亦常留心；此皆自强能立工夫。奏疏公牍，再三斟酌，无一过当之语、自夸之词，此皆圆融能达工夫。至于怨天本有所不敢，尤人则常不能免，亦皆随时强制而克去之。弟若欲自儆惕，似可学阿兄丁戊二年之悔，然后痛下箴砭，必有大进。"

[9] 得力：受益；得其助力。

[10] 可行可藏：行藏，指出处或行止。《论语·述而》："子谓颜渊曰：'用之则行，舍之则藏，惟我与尔有是夫！'子路曰：'子行三军，则谁与?'子曰：'暴虎冯河，死而无悔者，吾不与也，必也临事而惧，好谋而成者

也。'" 可行可藏，即 "用之则行，舍之则藏" 之意也。

[11] 能立、能达：自己能够有所树立，通达事理，也能使别人有所树立、通达事理。《论语·雍也》孔子答子贡问仁，曰："夫仁者，己欲立而立人，己欲达而达人，能近取譬，可谓仁之方也已。"

[12] 不怨、不尤：不埋怨天，不怪罪人。语出《论语·宪问》："不怨天，不尤人，下学而上达，知我者其天乎！"

【今译】

13.1 修养身心，道理不必太多，知识不可太杂，与自己切身相关，每天早晚都用得着的，不过一两句话，这也就是所谓简易可行的守约之道。

13.2 大凡疾病缠身的人，能够依靠自己的力量意志战胜疾病的，大约会采取两种方法：一种是以顽强的意志统帅气息，一种是以静制动。人之所以疲惫不振，是由于气息微弱。而意志顽强的人，气息也会随着意志而发生变化。比如早上贪睡，就强迫自己早起，从而养成早起的习惯；平时如百无聊赖，就正襟端坐，凝神养气，意志也就随之转强。这是以意志统帅气息的道理。一个人如果长期生病，气息自然虚怯，常常心怀惴惴，唯恐自己性命不保，这种担忧经常困扰于心中，就是做梦也不能安静恬然。必须将生前之名，身后之事，以及一切虚妄缥缈的念头，一律扫除干净，那时自然会有一种恬淡闲适的意味，而心情寂定之后，真阳自然应运而生。这就是以静制动的方法了。

13.3 身外的境遇有时会遇到挫折，这时不要太过烦闷焦虑，把不顺心的事置之度外，排遣一空，终究会走上坦途。

13.4 心应该让它安定，气也会随之安定；神应该让它安定，身体也会随之安定。

13.5　自古以来，凡能成大事者，必须要有远大的理想，同时还要从细微处入手，脚踏实地地走好每一步，这两个方面缺一不可。

13.6　为兄我自问近年来自己立身处世，有所得益之处，只有一个"悔"字诀。我当年自以为本领很大，能屈能伸，可行可藏，又常常只看见人家的不是。自从丁巳、戊午大悔大悟之后，才知道自己其实全无本领，凡事都见得人家有几分对的地方，所以自从戊午至今已经过了九年，相比四十岁以前，大不相同。大约以孔子所说能立己立人、能达己达人为体，以不怨天、不尤人为用。所谓"立"，就是发奋图强，自强不息，在天地之间站得住；所谓"达"，就是人情练达，办事圆融，无论身处何时何地，都能行得通。

【原文】

13.7　不为圣贤，便为禽兽。莫问收获，但问耕耘。

13.8　古人办事，掣肘[1]之处，拂逆[2]之端，世世有之，人人不免。恶其拂逆，而必欲顺从，设法以诛锄异己[3]者，权奸之行径也。听其拂逆，而动心忍性[4]，委曲求全，且以无敌国外患而亡[5]为虑者，圣贤之用心也。借人之拂逆，以磨砺我之德性，其庶几乎！①

13.9　与胡中丞[6]商江南军事，胡言凡事皆须精神贯注，心有二用，则必不能有成。余亦言军事不日进则日退，二人互许为知言。②

---

① 按：本章第8条摘自同治元年九月二十五日曾国藩日记。
② 按：本章第9条摘自咸丰十年四月十五日曾国藩日记。

13.10　研幾工夫[7] 最要紧。颜子①之有不善，未尝不知[8]，是研幾也。周子②曰："幾善恶。"[9]《中庸》[10] 曰："潜虽伏矣，亦孔之昭。"[11] 刘念台③曰："卜动念以知幾。"[12] 皆谓此也。失此不察，则心放而难收矣。

【注释】

[1] 掣肘（chè zhǒu）：拉着胳膊。比喻有人从旁牵制，工作受干扰。

[2] 拂逆：违背；不顺。

[3] 诛锄异己：诛：杀；锄：铲除。指消灭和清除在政治上反对自己或与自己意见不合的人。

[4] 动心忍性：动心：使内心惊动；忍性：使性格坚韧。指不顾外界阻力，坚持下去。《孟子·告子下》："故天将降大任于斯人也，必先苦其心志，劳其筋骨，饿其体肤，空乏其身，行拂乱其所为，所以动心忍性，曾益其所不能。"

[5] "无敌国外患而亡"：语出《孟子·告子下》："入则无法家拂（bì）

---

① 颜子：即颜回，字子渊，又称颜渊。孔子最得意的弟子。《论语·为政》："子曰：吾与回言终日，不违，如愚。退而省其私，亦足以发。回也不愚。"这里的"退而省其私"，也就是"研幾"。"不迁怒，不贰过""无伐善，无施劳""闻一以知十""箪食瓢饮，不改其乐"等等，也都是颜回的美德和优点。在"孔门四科"中，颜回在"德行"门里排行第一。后世将其和孔子并称"孔颜"。

② 周子即周敦颐。周敦颐（1017—1073），字茂叔，原名敦实，避英宗旧讳而改名。道州营道（今湖南道县）人，谥元，称元公，学者称濂溪先生。北宋著名思想家，理学的奠基人。理学家程颐、程颢皆为其弟子。著有《太极图说》《通书》《周元公集》等。

③ 刘念台：即刘宗周（1578—1645），字起东，号念台，山阴（今浙江绍兴）人，明朝末年著名理学家。其学之要，在"诚意"，在"慎独"，人称之为"千秋正学"。曾经做过仪制主事、右通政使、顺天府尹、工部左侍郎、左都御史等官。学者称他为蕺山先生。著有《刘子全书》。刘宗周还是一个极富民族气节的爱国者。清军攻陷杭州，宗周正进餐，听此消息，推食恸哭，自是绝食二十三日而逝。天下敬仰为"泰山北斗"。

士，出则无敌国外患者，国恒亡。"意思是，一个国家如果内无明法度的良臣和辅佐君主的贤士，外无敌国的侵扰，这个国家常常因过分安逸而灭亡。

[6] 胡中丞：即胡林翼。明清时命副都御史或金都御史出任巡抚，故俗称巡抚为中丞。胡曾任湖北巡抚，故有此称。

[7] 研幾：亦作"研机"。穷究精微之理。幾：动之微也。语出《易·系辞上》："夫易，圣人之所以极深而研幾也。"韩康伯注："极未形之理则曰深，动适微之会则曰幾。"

[8] "有不善，未尝不知"：语出《周易·系辞下》："子曰：'颜氏之子，其殆庶几乎？有不善未尝不知，知之未尝复行也。'"指颜回善于克己，自己有一点不善的念头和言行，从来没有不觉察到的，一旦觉察到，就决不再重犯。可与《论语·雍也》"不迁怒，不贰过"同参。

[9] "幾善恶"：语出周敦颐《通书》："诚无为，幾善恶。"是说诚之为物，有如太极，本来自然无私，故无所谓善恶；而人的幾微之念一萌动，才有善恶是非的分辨。

[10]《中庸》：儒家的经典之一。原属《礼记》的一篇，宋代把它和《礼记》中的《大学》独立出来，同《论语》《孟子》配合称《四书》。《中庸》的作者究竟是谁，向有不同看法。司马迁认为是孔子的孙子子思所作（见《史记·孔子世家》）。

[11] "潜虽伏矣，亦孔之昭"：虽然在深处躲藏，仍然会被人看到。引自《诗经·小雅·正月》。孔：很。昭：《诗经》原作"炤"，意为明显。

[12] "卜动念以知幾"：卜：猜测。知幾：看出事物发生变化的隐微征兆。猜测一个人的念头，就知道他将要做什么。语出刘忠介《人谱》六条。其文云："凛闲居以体独，卜动念以知幾，谨威仪以定命，敦大伦以凝道，备百行以考德，迁善改过以作圣。"

【今译】

13.7　（立身处世，不过两个极端）不做圣贤，便为禽兽。

凡事先不必求收获如何，只须辛勤耕耘，问心无愧即可。

13.8　古人办事，受到干扰阻挠，遇到挫折不顺，这样的情况可以说世世有之，人人不免。如果讨厌别人拂逆自己，而一定要其驯服顺从，甚至想方设法去诛锄异己，这是不折不扣的权奸行径。反过来，如果听任别人拂逆自己，而动心忍性，磨练自己的意志，甚至委曲求全，而心里忧虑的只是国家在无敌国外患的情况下，反而会日趋衰亡，这就是圣贤才会有的心思了。借助别人的拂逆，来磨砺自我的德性意志，这就差不多了罢！

13.9　我与胡中丞商量江南的军机大事，胡中丞说，凡事都必须全神贯注地去做，如果心有二用，就必定不会成功。我也说过军事不日进则日退的话。我们都认为对方说得有理。

13.10　研究事物发展变化的精微道理最为要紧。颜回对自己不好的一面或者缺点，没有不知道的，这就是研究精微之理的功夫。周敦颐也说："幾微之动，善恶始分。"《中庸》里也引《诗经》的话说：虽然在深处躲藏，仍然会被人看到。刘宗周则说：猜测一个人的念头，就知道他将要做什么。说的都是同样的道理。如果对事物发展变化的苗头毫无觉察，那么就心思散放而难收了。

【原文】

13.11　诵《养气章》[1]，似有所会，愿终身私淑[2] 孟子，虽造次颠沛[3]，皆有孟夫子在前，须臾不离，或到死之日，可以仰希[4] 万一。

13.12　神明[5] 则如日之升，身体则如鼎之镇[6]，此二语可守者也。惟心到静极时，所谓未发之中[7]，寂然不动之体，毕竟未体验出真境来。意者，只是闭藏之极，逗[8] 出一点生意来，如冬至一阳初动[9] 时乎？贞之固[10] 也，乃所以为元[11] 也；蛰之坏[12] 也，乃所以为启也；谷之坚实也，乃所以为始播之种子也。然则不可以为种子者，不可谓之坚实之谷也。此中无满腔生意，若万物皆资始[13] 于我心者，不可谓之至静之境也。然则静极生阳，盖一点生物之仁心也；息息静极，仁心之不息，其参天两地[14] 之至诚乎！颜子三月不违[15]，亦可谓洗心退藏[16]、极静中之真乐者矣。

13.13　我辈求静，欲异乎禅氏入定[17]，冥然罔觉[18] 之旨，其必验之此心，有所谓一阳初动，万物资始者，庶可谓之静极，可谓未发之中寂然不动之体也。不然，深闭固拒[19]，心如死灰，自以为静，而生理或几乎息矣，况乎其不能静也？有或扰之，不且憧憧往来[20] 乎？深观道体[21]，盖阴先于阳信矣，然非实由体验得来，终掠影[22] 之谈也。

13.14　自戒惧而约之，以至于至静之中，虽少偏倚，而其守不失，则极其中而天地位[23]，此绵绵者，由动以之静也。自谨独[24] 而精之，以至于应物[25] 之处，无少差谬，而无适不然，则极其和而万物育，此穆穆者，由静以之动也。

【注释】

[1]《养气章》：《孟子·公孙丑上》的一篇，引文见《勇毅章》注释。

[2] 私淑：私下敬慕效仿而未直接拜师得到传授。《孟子·离娄下》："予未得为孔子徒也，予私淑诸人也。"

[3] 造次颠沛：造次：慌忙，仓促。颠沛："颠"假借为"蹎"，跌倒，倒下，比喻动荡，困苦。《论语·里仁》："君子无终食之间违仁，造次必于是，颠沛必于是。"

[4] 仰希万一：崇仰企及于万一。

[5] 神明：这里指人的精神。

[6] 如鼎之镇：像三足的鼎那样稳立不动。

[7] 未发之中：语出《中庸》：“喜怒哀乐之未发，谓之中；发而皆中节，谓之和。中也者，天下之大本也；和也者，天下之达道也。”朱熹解释说：“喜怒哀乐，情也。其未发，则性也，无所偏倚，故谓之中。发皆中节，情之正也，无所乖戾，故谓之和。”

[8] 逗：逗引。

[9] 一阳初动：阳气刚刚萌动。指冬至（12 月 21、22 或 23 日）这一天太阳经过冬至点，北半球白天最短，夜间最长。邵康节曰：“冬至子之半，天心无改移。一阳初动处，万物未生时。”

[10] 贞之固：即贞固，守持正道，坚定不移。

[11] 元：开始。

[12] 蛰之坏：昆虫类蛰伏之时。坏：以土封隙。

[13] 资始：借以发生、开始。《易·彖辞》：“大哉乾元，万物资始，乃统天。”

[14] 参天两地：为《易》卦立数之义。《易·说卦》：“参天两地而倚数。”孔颖达疏：“倚，立也。既用蓍求卦，其揲蓍所得，取奇数于天，取耦数于地。”引申为人之德可与天地相比。亦作“参天贰地”。

[15] 颜子三月不违：《论语·雍也》：子曰：“回也，其心三月不违仁，其余则日月至焉而已矣。”三月，指长时期。日月，指短时间。

[16] 洗心退藏：洗心，比喻清除邪念、杂念。退藏，退归躲藏世俗的名利。语出《易经·系辞》：“圣人以此洗心，退藏于密，吉凶与民同患。”

[17] 入定：僧人修行的一种方法，端坐闭眼，心神专注。

[18] 冥然罔觉：糊涂愚昧，无知无觉。

[19] 深闭固拒：固，坚决；拒，拒绝。形容坚决不接受别人的意见。《汉书·楚元王传》：“今则不然，深闭固距，而不肯试，猥以不诵绝之，欲以杜塞余道，绝灭微学。”

[20] 憧憧（chōng chōng）往来：往来不断，心神不定的样子。语出《易·咸》："憧憧往来，朋从尔思。"

[21] 道体：道的本体。

[22] 掠影：一闪而过的影子。比喻粗略的印象。

[23] 天地位：天地各安其位。《礼记·中庸》："喜怒哀乐之未发，谓之中；发而皆中节，谓之和。中也者，天下之大本也；和也者，天下之达道也。致中和，天地位焉，万物育焉。"

[24] 谨独：犹慎独。谓在独处时亦谨慎不苟。《礼记·中庸》："道也者，不可须臾离也，可离非道也。是故君子戒慎乎其所不睹，恐惧乎其所不闻。莫见乎隐，莫显乎微。故君子慎其独也。"

[25] 应物：顺应事物。这里指待人接物。

【今译】

13.11 我读《孟子·养气章》时，似乎有所领会，所以愿意终身私淑孟子，向他学习，即使匆忙造次之间，颠沛流离之时，都有孟夫子在前面须臾不离地引导着我。或许等到我死的时候，能够景仰希及孟夫子于万一吧。

13.12 人的精神好比太阳升起，身体则如三足鼎稳固站立，这两句话值得遵循。只有心到静极时，也就是《中庸》所谓的喜怒哀乐未发时候的中正平和状态，那是全身上下寂然不动，毕竟尚未体验出真正的意境。所谓意，只是闭心藏神到了极点，才会偶尔引逗出一点生意来。这就好比冬至时节一阳初动的情景：坚贞强固，是为了一元更始；等到惊蛰一过，冻土开启，万物开始滋荣发育。谷物之所以坚实，就是为了充当始播的种子。对于谷物而言，不可以作种子的，就算不上坚实之谷，因为此中并没有蕴藏满腔的生机。如果把万物的生长繁育都寄托于自己的心中，那就不能叫做至静的境界。既然这样，那么安静阴柔到了极点，也就会滋生出蕴含生机的阳刚之气，因为只要有哪怕一点生物的仁心，就会生生不息，虚静之极，仁心就会永动不息，这难道不是可以与天地相比的至诚德行吗？当年颜回能够做到长时间内不违背仁德，也可以称得上洗心退藏、在极静之境中体会真正快乐的人了。

13.13　我们追求安静，想要与佛禅的入定不同，必须要用心去体验冥然无觉的真谛。经典中所说的一阳初动之时，万物借以滋生更始，大概可以算得上静极之境，也可以称得上"未发之中"或者"寂然不动之体"吧。反之，如果深闭固拒，心如死灰，自以为是静极了，可是生理上的基本需求或许也要停止了，更何况这样的人往往并不能真正安静下来呢？如果遇到外界的干扰或诱惑，岂不又要心神不定、憧憧往来吗？如果深入仔细地观察道的本体，就会发现，先阴后阳之说的确是可信的，然而倘若不是从实践经验中体悟得来，终究不过是浮光掠影之谈罢了。

13.14　因为戒惧而约束自己的行为，以至于进入至静的境界之中，虽然减少了偏倚，但其所守并没有丧失，这样便达到"中庸"的境界，而天地万物也就各安其位了。这种绵绵不绝的状态，就是由动而至静使然。还有一种情况是，自己奉行君子慎独之道并精益求精，以至于待人接物从善如流，毫无差谬，并且无适而不然，无往而不利，那么这也就达到"致中和""万物育"的境界了。这种静穆端庄之态，就是由静以至动所使然。

【原文】

13.15　"天行健，君子以自强不息"[1]；"地势坤，君子以厚德载物"[2]。"颐，君子以慎言语，节饮食"[3]；"损，君子以惩忿窒欲"[4]；"益，君子以见善则迁，有过则改"[5]；"鼎，君子以正位凝命"[6]。此六卦之大象，最切于人。颐以养身养德，鼎以养心养肾，尤为切要。

13.16　读书之道，朝闻道而夕死[7]，殊不易易[8]。闻道者必真知而笃信[9]之，吾辈自己不能自信，心中已无把握，焉能闻道？

13.17　余生平略述先儒之书，见圣贤教人修身，千言万语，而要以不忮不求为重。忮者，嫉贤害能，妒功争宠，所谓"怠者不能修，忌者畏人修"[10]之类也。求者，贪利贪名，怀土怀惠[11]，所谓"未得患得，既得患失"[12]之类也。忮不常见，每发露于名业相侔势位相埒[13]之人；求不常见，每发露于货财相接，仕进相妨[14]之际。

13.18　将欲造福，先去忮心[15]，所谓人能充无欲害人之心，而仁不可胜用也。将欲立品，先去求心，所谓人能充无穿窬之心，而义不可胜用也[16]。忮不去，满怀皆是荆棘；求不去，满腔日即卑污。余于此二者，常加克治[17]，恨尚未能扫除净尽。尔等欲心地干净，宜于此二者，痛下工夫，并愿子孙世世戒之。

【注释】

[1]"天行健，君子以自强不息"：《易经》第一卦乾卦的象辞。天（即自然）的运行刚强劲健，相应于此，君子也应刚毅坚卓，精进不已。

[2]"地势坤，君子以厚德载物"：《易经》第二卦坤卦的象辞。意谓大地的气势厚实和顺，君子应增厚美德，容载万物。

[3]"颐，君子以慎言语，节饮食"：《易经》第二十七卦颐卦的象辞。意谓君子应该言语谨慎，节制饮食。

[4]"损，君子以惩忿窒欲"：《易经》第四十一卦损卦的象辞。意谓君子应该克制愤怒，抑制嗜欲。

[5]"益，君子以见善则迁，有过则改"：《易经》第四十二卦益卦的象辞。意谓君子应该择善而从，见贤思齐，有了过失要及时改正。

[6]"鼎，君子以正位凝命"：《易经》第五十卦鼎卦的象辞。原文曰："木上有火，鼎，君子以正位凝命。"意谓君子应当像鼎那样端正而稳重，凝聚力量，完成自己的使命。

[7]朝闻道而夕死：语出《论语·里仁》："子曰：'朝闻道，夕死可矣。'"一般释为，如果早晨明白了大道，晚上死掉也值得。窃谓"闻"者，达也。此句可以译作"如果有朝一日能使大道行于天下，就是当晚死去也是值得的。"参见拙著《论语新识》，广西师范大学出版社2022年版。

[8]易易：简易；容易。

[9]笃信：坚定地相信。笃：忠实，坚定。《论语·泰伯子》："笃信好学，守死善道。"

[10]"怠者不能修，忌者畏人修"：怠惰的人不能自我修养，而忌妒的人害怕别人修身。语出韩愈《原毁》。

[11]怀土怀惠：指小人整天想着土地田产和私利实惠。怀：思。语出《论语·里仁》："子曰：'君子怀德，小人怀土；君子怀刑，小人怀惠。'"

[12]"未得患得，既得患失"：没有得到的时候担心得不到，得到以后又担心会失去。《论语·阳货》："子曰：'鄙夫可与事君也与哉？其未得之也，患得之。既得之，患失之。苟患失之，无所不至矣。'"成语"患得患失"即本此。

[13]相侔（móu）：亦作"相牟"。相等。相埒（liè）：相等。

[14]仕进相妨：在仕进之路上互相妨碍。

[15]忮（zhì）心：嫉妒心。忮：恨，害，嫉妒。《诗经·邶风·雄雉》："不忮不求，何用不臧？"郑玄笺："我君子之行，不疾害，不求备于一人，其行何用为不善。"又，《论语·子罕》："子曰：'衣敝缊袍，与衣狐貉者立而不耻者，其由也与？"不忮不求，何用不臧？"'子路终身诵之。子曰：

‘是道也，何足以臧？’”

[16] “人能充无欲害人之心”数句：语出《孟子·尽心下》：“孟子曰：‘人皆有所不忍，达之于其所忍，仁也；人皆有所不为，达之于其所为，义也。人能充无欲害人之心，而仁不可胜用也；人能充无穿窬之心，而义不可胜用也；人能充无受尔汝之实，无所往而不为义也。士未可以言而言，是以言餂之也；可以言而不言，是以不言餂之也。是皆穿窬之类也。’”充，扩充。餂（tiǎn）：用甜言蜜语诱取、探取。

[17] 克治：谓克制私欲邪念。

【今译】

13.15 《周易》象辞里说：“天行健，君子以自强不息”；“地势坤，君子以厚德载物”。又说，“颐，君子以慎言语，节饮食”；“损，君子以惩忿窒欲”；“益，君子以见善则迁，有过则改”；“鼎，君子以正位凝命”。这六种卦的象辞，最为切合人心。颐卦主张君子应当修身养德，鼎卦主张君子应当养心养贤，所以这两卦特别重要。

13.16 读书之道，有所谓“朝闻道夕死可矣”之说，要做到这点，很不容易。闻道者，一定是真正了解道并且笃信不移的人。我们自己尚且不能自信，心中已无把握，怎么能闻道呢？

13.17 我生平对先儒之书略加传述，发现古代的圣贤教人修身，虽有千言万语，但尤以“不忮不求”为重。所谓“忮”，就是嫉贤害能，妒功争宠，也就是韩愈《原毁》所说的“怠者不能修，而忌者畏人修”的一类人。所谓“求”，就是贪利贪名，心里只想着田产和实惠，也就是《论语》中夫子所说的“未得患得，既得患失”的一类人。“忮心”并不常见，一般只发生在名望事业或势力地位相等的人之间。“求心”也不常见，每每只在互相有了金钱利害关系，或者仕途晋身彼此竞争而有所妨害的时候才会发生。

13.18　如果想要造福当世，必须先去掉"忮心"，这也就是孟子所谓"人如果能扩充不想加害于人之心，则仁爱就会不可胜用"的意思。如果想要确立自己的美好品德，必须先去掉"求心"，这也就是孟子所谓"人如果能扩充不想穿墙逾隙、窃人钱财之心，道义就不可胜用"的意思。忮害之心不去，心里满怀恶念就如荆棘丛生；贪求之心不去，满腔私欲，心灵就会日益卑污。我对于这两种私心杂念，经常加以克制，遗憾的是尚且未能扫除干净。你们要想心地干净，应当在这两方面，痛下工夫，并且希望自己的子孙世世都能引以为戒。

【原文】

13.19　附作《忮求诗》二首录左：

善莫大于恕，德莫凶于妒。妒者妾妇行，琐琐奚比数！己拙忌人能，己塞忌人遇；己若无事功，忌人得成务；己若无党援，忌人得多助。势位苟相敌，畏逼又相恶[1]。己无好闻望，忌人文名著；己无贤子孙，忌人后嗣裕[2]。争名日夜奔，争利东西骛。但期一身荣，不惜他人污。闻灾或欣幸，闻祸或悦豫，问渠何其然？不自知其故！尔室神来格[3]，高明鬼所顾。天道常好还，嫉人还自误。幽明丛诟忌，乖气相倚伏，重者裁汝躬，轻则减汝祚[4]。我今告后生，悚然大觉悟。终身让人道，曾不失寸步。终身祝人善，曾不损尺布。消除嫉妒心，普天零甘露，家家获吉祥，我亦无恐怖。（右《不忮》）

知足天地宽，贪得宇宙隘。岂无过人姿，多欲为患害。在约每思丰，居困常求泰，富求千乘车，贵求万钉带。未得求速赏，既得求勿坏。芬馨比椒兰，磐固方泰岱。求荣不知厌，志亢神愈忕[5]。岁燠有时寒，日明有时晦。时来多善缘，运去生灾怪。诸福不可期，百殃纷来会。片言动招尤，举足便有碍。戚戚抱殷尤[6]，精爽日凋瘵[7]。矫首望八荒[8]，乾坤一何大。安荣无遽欣，患难无遽憝[9]。君看十人中，八九无倚赖。人穷多过我，我穷犹可耐。而况处夷涂，奚事[10]生嗟气？于世少所求，俯仰有余快。俟命[11]堪终古，曾不愿乎外[12]。（右《不求》）

【注释】

[1] 相恶（xiāng wù）：彼此憎恨。《左传·昭公二十一年》："貔为少司马，多僚为御士，与貔相恶。"

[2] 裕：丰富，多。

[3] 来格：来临；到来。

[4] 祚（zuò）：福，赐福。

[5] 忕：同"汰"，奢侈。《左传·昭公二十年》："汰侈无礼已甚，乱所在也。"

[6] 殷尤：同"隐忧"，深深的忧虑。

[7] 凋瘵（zhài）：衰败；困乏。指困穷之民或衰败之象。

[8] 八荒：八方边远地区。

[9] 憝（duì）：怨恨，憎恶。

[10] 奚事：何事。

[11] 俟命：听天由命。《礼记·中庸》："上不怨天，下不尤人，故君子居易以俟命，小人行险以徼幸。"郑玄注："俟命，听天任命也。"

[12] 不愿乎外：君子不愿去做本分以外的事。《礼记·中庸》："君子素其位而行，不愿乎其外。素富贵行乎富贵，素贫贱行乎贫贱，素夷狄行乎夷狄，素患难行乎患难。君子无入而不自得焉。"

【今译】

13.19　附作《怯求诗》二首抄录于后：

善莫大于恕，德莫凶于妒。妒者妾妇行，琐琐奚比数！

己拙忌人能，己塞忌人遇；己若无事功，忌人得成务；

己若无党援，忌人得多助。势位苟相敌，畏逼又相恶。

己无好闻望，忌人文名著；己无贤子孙，忌人后嗣裕。

争名日夜奔，争利东西骛。但期一身荣，不惜他人污。

闻灾或欣幸，闻祸或悦豫，问渠何其然？不自知其故！

尔室神来格，高明鬼所顾。天道常好还，嫉人还自误。

幽明丛诟忌，乖气相倚伏，重者裁汝躬，轻说减汝祚。

我今告后生，悚然大觉悟。终身让人道，曾不失寸步。

终身祝人善，曾不损尺布。消除嫉妒心，普天零甘露，

家家获吉祥，我亦无恐怖。（右为《不忮》之诗）

知足天地宽，贪得宇宙隘。岂无过人姿，多欲为患害。

在约每思丰，居困常求泰。富求千乘车，贵求万钉带。

未得求速赏，既得求勿坏。芬馨比椒兰，磐固方泰岱。

求荣不知厌，志亢神愈忕。岁燠有时寒，日明有时晦。

时来多善缘，运去生灾怪。诸福不可期，百殃纷来会。

片言动招尤，举足便有碍。戚戚抱殷尤，精爽日凋瘵。

矫首望八荒，乾坤一何大。安荣无遽欣，患难无遽憝。

君看十人中，八九无倚赖。人穷多过我，我穷犹可耐。

而况处夷涂，奚事生嗟气？于世少所求，俯仰有余快。

俟命堪终古，曾不愿乎外。（右为《不求》之诗）

【原文】

13.20　日课四条：

一曰慎独则心安。自修之道，莫难于养心。心既知有善，知有恶，而不能实用其力，以为善去恶，则谓之自欺。方寸之自欺与否，盖他人所不及知，而己独知之。故《大学》之《诚意》章，两言慎独[1]。果能好善如好好色，恶恶如恶恶臭[2]，力去人欲以存天理[3]，则《大学》之所谓自慊[4]，《中庸》之所谓戒慎恐惧[5]，皆能切实行之。即曾子之所谓自反而缩[6]，孟子之所谓仰不愧、俯不怍[7]，所谓"养心莫善于寡欲"[8]，皆不外乎是。故能慎独，则内省不疚[9]，可以对天地，质[10]鬼神，断无行有不慊于心则馁[11]之时。人无一内愧之事，则天君[12]泰然，此心常快足宽平，是人生第一自强之道，第一寻乐之方，守身之先务也。

【注释】

[1]《诚意》章：《大学》中有名的一章。慎独：指在独处中谨慎不苟。《礼记·大学》两处提到"慎独"，曰："所谓诚其意者，毋自欺也。如恶恶臭，如好好色，此之谓自慊。故君子必慎其独也。小人闲居为不善，无所不至，见君子而后厌然，掩其不善，而著其善。人之视己，如见其肺肝然，则何益矣。此谓诚于中，形于外，故君子必慎其独也。"

[2] 好（hào）好（hǎo）色，恶（wù）恶（è）臭（xiù）：语出《礼记·大学》，文见前注。喜爱美丽的颜色，厌恶腐臭的气味。好（hǎo）色，美色。臭，气味，较现代单指臭（chòu）味的含义更为宽泛。

[3] 去人欲以存天理：语出《礼记·乐记》："夫物之感人无穷，而人之好恶无节，则是物至而人化物也。人化物也者，灭天理而穷人欲者也。于是

有悖逆诈伪之心，有淫泆作乱之事。"宋明理学家在此基础上进一步提出"存天理，灭人欲"。如程颐论"人心惟危，道心惟微"云："人心，私欲，故危殆。道心，天理，故精微。灭私欲则天理明矣。"（《二程遗书》卷二十四）朱熹也说："圣人千言万语，只是教人存天理，灭人欲。""学者须是革尽人欲，复尽天理，方始为学。"（《朱子语类》卷四）又说："去其气质之偏，物欲之蔽，以复其性，以尽其伦。"（同书卷七）又，有弟子问："饮食之间，孰为天理，孰为人欲？"朱熹答曰："饮食者，天理也；要求美味，人欲也。"（同书卷十三）可知古之圣贤并非要压抑人之正当欲望，而是要人"存天理之公"，以"去人欲之私"也。

〔4〕自慊（qiè）：自足；自快。心安理得的样子。

〔5〕戒慎恐惧：《中庸》里的主要观点。"君子戒慎乎其所不睹，恐惧乎其所不闻。莫见乎隐，莫显乎微，故君子慎其独也。"意思是说，君子在没有人看到的地方，更是小心谨慎。在没有人听到的地方，更是恐惧害怕。也是慎独之意。

〔6〕自反而缩：语出《孟子·公孙丑上》："子好勇乎？吾尝闻大勇于夫子矣：自反而不缩，虽褐宽博，吾不惴焉？自反而缩，虽千万人，吾往矣。"自反：自我反省，"缩"有"理直"之意。大意为："自我反省，如果没有道理，哪怕是黎民百姓，我能不怕吗？相反，如果自我反省之后能够理直气壮，无愧于良心道理，即使是千军万马，我也勇往直前，决不退缩！"按：此处以为曾子语。

〔7〕仰不愧、俯不怍：仰起头来觉得自己无愧于天，低下头去觉得自己不愧于人。怍（zuò）：惭愧。《孟子·尽心上》："孟子曰：'君子有三乐，而王天下不与存焉。父母俱在，兄弟无故，一乐也；仰不愧于天，俯不怍于人，二乐也；得天下英才而教育之，三乐也。'"

〔8〕养心莫善于寡欲：君子修养身心，没有比减少嗜欲更好的了。《孟子·尽心下》："养心莫善于寡欲。其为人也寡欲，虽有不存焉者，寡矣；其为人也多欲，虽有存焉者，寡矣。"

[9] 内省不疚：指自我反省时，内心并不感到惭愧不安，即没有做有愧于心的事。《论语·颜渊》："司马牛问君子。子曰：'君子不忧不惧。'曰：'不忧不惧，斯谓之君子已乎？'子曰：'内省不疚，夫何忧何惧？'"

[10] 质：问。

[11] 行有不慊于心则馁：一旦你的行为问心有愧，这种浩然之气就会缺乏力量了。语出《孟子·公孙丑上》："其为气也，至大至刚，以直养而无害，则塞于天地之间。其为气也，配义与道；无是，馁也。是集义所生者，非义袭而取之也。行有不慊于心，则馁矣。"

[12] 天君：旧谓心为思维器官，称心为天君。

【今译】

13.20　每天的功课共有四条：

第一条：慎独则心安。自我修养之道，没有比养心更难的了。心里既然知到自己有善有恶，却不能真正尽力去发扬善，摒弃恶，这就是自我欺骗。自己心里是否自欺，他人是不知道的，只有自己明白。所以《礼记·大学》的《诚意》一章，两次说到"慎独"之道。如果真能做到喜欢善像喜欢美色，讨厌恶如同讨厌恶臭一样，尽力去掉贪欲，保存天理，那么《大学》中所说的"自慊"，《中庸》中所谓"戒慎恐惧"等等，便都能切实做到。就连曾子所说的"自反而缩"，孟子所说的"仰不愧于天，俯不怍于人"，以及"养心莫善于寡欲"等等道理，也都不外乎"慎独"二字。所以，如能真正做到慎独，则内心自我反省时就不会有愧疚，甚至可以对天地，问鬼神，就绝对不会有"行有不慊于心则馁"的时候。一个人如果没有一件令内心愧疚的事，就会心地泰然，常常感到快乐满足、宽厚和平。这是人生第一自强之道，第一寻乐之方，也是守身的第一要务。

【原文】

二曰主敬则身强。"敬"之一字，孔孟持以教人，春秋士大夫亦常言之。至程、朱[1] 则千言万语，不离此旨。内而专静纯一，外而整齐严肃，"敬"之工夫也。"出门如见大宾，使民如承大祭"[2]，"敬"之气象也。"修己以安百姓"[3]，"笃恭而天下平"[4]，"敬"之效验也。程子谓："上下一于恭敬，则天地自位，万物自育，气无不和，四灵[5] 毕至，聪明睿智，皆由此出，以此事天飨帝，盖谓敬则无美不备也"[6]。吾谓"敬"字切近之效，尤在能固人饥肤之会，筋骸之束。庄敬日强，安肆日偷[7]，皆自然之征应。虽有衰年病躯，一遇坛庙祭献之时，战阵危急之际，亦不觉神为之悚，气为之振，斯足知敬能使人身强矣。若人无众寡，事无大小，一一恭敬，不敢懈慢[8]，则身体之强健，又何疑乎？

【注释】

[1] 程、朱："程"即二程，宋代大理学家程颢、程颐兄弟；"朱"即朱熹。三人开创了程朱理学，对后世影响深远。今按：孔子教弟子，多次提到"敬"，如"敬事而信""修己以敬""言忠信，行笃敬""居敬而行简""居处恭，执事敬"等等，皆是。宋儒程颐也说："涵养须用敬，进学在致知。"（《二程遗书》卷十八）朱熹也讲"主敬""居敬""持敬"，认为"持敬是穷理之本"。"敬"之功夫，实乃儒学内圣之秘钥也。

[2] "出门如见大宾，使民如承大祭"：出门办事要像去见贵宾一样庄重，役使百姓要像主持大型祭祀典礼一样庄敬。语出《论语·颜渊》，详见第十一章《兵机》注。

[3] "修己以安百姓"：修养自身，安抚百姓。《论语·宪问》："子路

问君子。子曰：'修己以敬。'曰：'如斯而已乎？'曰：'修己以安人。'曰：'如斯而已乎？'曰：'修己以安百姓。修己以安百姓，尧舜其犹病诸。'"

[4]"笃恭而天下平"：《礼记·中庸》："是故君子笃恭而天下平。"意谓君子诚笃恭敬则天下太平。

[5]四灵：指麟、凤、龟、龙。

[6]"程子谓"数句：见朱熹《近思录》卷四《存养》。

[7]"庄敬日强，安肆日偷"：端庄恭敬，身体就会越来越强健；安逸放纵，身体就会越来越虚弱。偷：苟且。《礼记·表记》："子曰：'君子庄敬日强，安肆日偷。'"

[8]人无众寡，事无大小，一一恭敬，不敢懈慢：《论语·尧曰》："君子无众寡，无小大，无敢慢，斯不亦泰而不骄乎？"详见第八章《仁爱》注释。

【今译】

第二条：主敬则身强。"敬"这个字，孔子、孟子用来教育人，春秋时的士大夫也常谈及。到了宋代的二程和朱熹，就更是千言万语，不离此旨。内心专静纯一，外表整齐严肃，这就是"敬"的工夫。《论语》所说的"出门如见大宾，使民如承大祭"，可谓"敬"的气象。孔子所说的"修己以安百姓"，以及《中庸》的"笃恭而天下平"，都是"敬"的效验。程子谓："如果上下都能恭敬如仪，天地就会自安其位，万物就会自动孕育，阴阳之气无不和顺，传说中的麟、凤、龟、龙四灵悉数出现，聪明睿智，也都由此产生。以此敬事上天，献给人君，可谓天下万物，无美不备。"我认为，"敬"字最切近的功效，关键在于它能保持人的身体康健，筋骸坚强。诚如《礼记》所言："庄敬日强，安肆日偷。"这都是自然的征兆和反应。即使已是衰老之年，孱弱之体，一旦遇到坛庙祭献之类的重大活动，或者战阵危急之时，也会觉得精神为之一悚，气血为之一振，这就足以证明，敬能使人身体强健了。如果一个人，能够做到人无论众寡，事无论大小，都能一一恭敬地对待，不敢稍有懈慢，那么此人身体的强健，又有什么可怀疑的呢？

【原文】

三曰求仁则人悦。凡人之生，皆得天地之理以成性，得天地之气以成形。

我与民物[1]，尤大本同出一源，若但知私己，而不知仁民爱物[2]，是于大本一源之道，已悖而失之矣。至于尊官厚禄，高居人上，则有拯民溺、救民饥[3]之责。

读书学古，粗知大义，即有觉后知、觉后觉[4]之责。若但知自了，而不知教养庶汇[5]，是于天之所以厚我者，辜负甚大矣。孔门教人，莫大于求仁，而其最切者，莫要于欲立立人、欲达达人[6]数语。立者自立不惧，如富人百物有余，不假外求；达者四达不悖[7]，如贵人登高一呼，群山四应。人孰不欲己立己达，若能推以立人达人，则与物同春矣。后世论求仁者，莫精于张子①之《西铭》[8]。彼其视"民胞物与"，宏济群伦，皆事天者性分当然之事，必如此，乃可谓之人，不如此，则曰悖德，曰

---

① 张子：即北宋思想家张载（1020—1077），字子厚，凤翔郿县（今陕西眉县）横渠镇人，世称横渠先生。其学说对明清之际的王夫之有很大影响，并为其所继承和发展。他在认识论上主张"德性所知，不萌于见闻"；在人性学说上提出"天地之性"和"气质之性"这一相对的命题；在教育思想上强调"学以变化气质"。所著有《正蒙》《经学理窟》《易说》等，编入《张子全书》。

贼^[9]。诚如其说，则虽尽立天下之人，尽达天下之人，而曾无善劳^[10]之足言，人有不悦而归之者乎？

【注释】

[1] 民物：百姓与万物。

[2] 仁民爱物：仁：仁爱。对人亲善，进而对生物爱护。旧指官吏仁爱贤能。《孟子·尽心上》："亲亲而仁民，仁民而爱物。"又，张载《西铭》："民，吾同胞；物，吾与也。"

[3] 拯民溺、救民饥：拯救百姓的困顿与饥饿。《孟子·离娄下》："禹思天下有溺者，犹己溺之也。稷思天下有饥者，犹己饥之也。"

[4] 觉后知、觉后觉：让先知理者帮助后来者知理，让先觉悟者引导后来者觉悟。《孟子·万章上》："天之生此民也，使先知觉后知，使先觉觉后觉也。"

[5] 庶汇：庶类，万类。

[6] 欲立立人、欲达达人：自己想要立身修德，也要让别人立身修德。自己想要通达事理，也要让别人通达事理。《论语·雍也》："夫仁者，己欲立而立人，己欲达而达人。能近取譬，可谓仁之方也已。"

[7] 四达不悖：《礼记·乐记》："礼乐刑政，四达而不悖，则王道备矣。"四达：通达四方。悖，乱也。

[8]《西铭》：又称《订顽》，是张载著作中最著名的篇章，被后世学者推崇备至，甚至与《论语》《孟子》等经典相提并论。《西铭》全文如下："乾称父，坤称母；予兹藐焉，乃混然中处。故天地之塞，吾其体；天地之帅，吾其性。民，吾同胞；物，吾与也。大君者，吾父母宗子；其大臣，宗子之家相也。尊高年，所以长其长；慈孤弱，所以幼其幼；圣，其合德；贤，其秀也。凡天下疲癃、残疾、惸独、鳏寡，皆吾兄弟之颠连而无告者也。于时保之，子之翼也；乐且不忧，纯乎孝者也。违曰悖德，害仁曰贼，济恶者不才，其践形，惟肖者也。知化则善述其事，穷神则善继其志。不愧屋漏为无

忝，存心养性为匪懈。恶旨酒，崇伯子之顾养；育英才，颍封人之锡类。不弛劳而厎豫，舜其功也；无所逃而待烹，申生其恭也。体其受而归全者，参乎！勇于从而顺令者，伯奇也。富贵福泽，将厚吾之生也；贫贱忧戚，庸玉汝于成也。存，吾顺事；没，吾宁也。"张载在此文中，精心设计了一个"民胞物与"的"大同"世界。

[9] 曰悖德，曰贼：均出自张载《西铭》："违曰悖德，害仁曰贼。"

[10] 善劳：自夸其善，自显其功。《论语·公冶长》："颜渊曰：'愿无伐善，无施劳。'"

【今译】

第三条：一个人追求仁德，就会感到愉悦。大凡人的生命，都是得天地之理而成其性，得天地之气以成其形。

自我与百姓及世间万物，从大体上说乃是同出一源，如果只知道偏爱自己，而不知道对人亲善，进而对万物爱惜呵护，这已经悖离甚至丧失了大本一源之道。至于那些享有高官厚禄的人，高居人上，就更有拯救百姓疾苦和饥馑的责任了。

读圣贤书，向古人学习，粗知大道仁义，就负有启迪后知者、教育后觉者的责任。如果只知自我完善，而不知教化天下百姓，这对于上天厚待我们的本意的辜负就太大了。孔子教育弟子和门人，最重要的就是追求仁德之心，而其中最切要的，就是"己欲立而立人、己欲达而达人"这几句话。事业确立的人对于自己能否成功并不忧惧，如同富人家财丰富，百物有余，并不需要向外人假借乞求一样；通达事理的人畅通无阻，四通八达，如同地位尊贵的人登高一呼，群山四应一样。只要是人，谁不想成就事业，通达事理呢？如果能够推己及人，帮助别人确立事业，通达事理，那么，就会像世间万物一样永远兴旺了。后世谈论求仁之道的人，没有比宋代张载的《西铭》一文更精到的了。他认为将仁义之道推广到天下百姓与万物，广泛救济，普渡众生，都是侍奉上天的人性分之内、理所当然的事，唯有如此，才可以称得上人，不如此，就是悖德害仁的贼。如果真能像张载所说的那样，一个人能使天下人都能建功立业，通达事理，而他自己却从来不说任何伐善施劳的大话，天下还有谁不心甘情愿地归顺他、拥戴他呢？

【原文】

四曰习劳则神钦[1]。凡人之情，莫不好逸而恶劳，无论贵贱智愚老少，皆贪逸而惮于劳，古今之所同也。人一日所着之衣，所进之食，与一日所行之事，所用之力相称，则旁人趋[2] 之，鬼神许之，以为彼自食其力也。若农夫织妇，终岁勤动，以成数石之粟，数尺之布；而富贵之家，终岁逸乐，不营一业，而食必珍羞，衣必锦绣，酬豢[3] 高眠，一呼百诺。此天下最不平之事，鬼神所不许也。其能久乎？古之圣君贤相，若汤①之昧旦丕显[4]，文王②日昃不遑[5]，周公③夜以继日、坐以待旦[6]，盖无时不以勤劳自励。《无逸》[7] 一篇，推之于勤则寿考[8]，逸则夭亡，历历不爽[9]。为一身计，则必操习技艺，磨炼筋骨，困知勉行，操

---

① 汤：即成汤，子姓，名履，又名天乙，河南商丘人。汤是契的第十四代孙，主癸之子，商朝开国君主，又称商汤。
② 文王：指姬昌（前1152—前1056），周太王之孙，季历之子，周朝奠基者。岐周（今陕西岐山）人。其父死后，继承西伯侯之位，故称西伯昌。西伯昌四十二年，姬昌称王，在位50年，史称周文王。
③ 周公：姬姓，名旦，周文王姬昌第四子，周武王姬发之弟，曾两次辅佐周武王东伐纣王，并制礼作乐。是西周初期杰出的政治家、军事家、思想家、教育家，被尊为"元圣"。因其采邑在周，爵为上公，故称周公。

心危虑，而后可以增智慧而长才识。为天下计，则必己饥己溺，一夫不获，引为余辜。大禹①之周乘四载，过门不入[10]，墨子②之摩顶放踵，以利天下[11]，皆极俭以奉身，而极勤以救民。故荀子好称大禹、墨翟之行，以其勤劳也。军兴以来，每见人有一材一技，能耐艰苦者，无不见用于人，见称于时；其绝无材技，不惯作劳者，皆唾弃于时，饥冻就毙。故勤则寿，逸则夭；勤则有材而见用，逸则无能而见弃；勤则博济斯民，而神祇钦仰，逸则无补于人，而神鬼不歆。是以君子欲为人神所凭依，莫大于习劳也。

（以上曾语）

【注释】

[1] 习劳则神钦：习于勤劳则神也会佩服。

[2] 韪：是，对。赞同。

[3] 酣豢（huàn）：谓沉醉于享乐之中。

[4] 昧旦丕显：《尚书·太甲上》："先王昧爽丕显，坐以待旦。"昧旦：天色尚未明的时候；丕：大；显：显扬。天尚未亮时就起床，思考怎样才能使德业发扬光大。

[5] 日昃不遑：语出《尚书·无逸》："自朝至于日中昃，不遑暇食，用咸和万民。"孔颖达疏："遑亦暇也。重言之者，古人自有复语。犹云'艰难'也。"一说，没有闲暇时间从容地吃饭。

[6] 夜以继日、坐以待旦：旦：天亮。坐着等天亮。比喻办事勤劳。《尚书·太甲上》："先王昧爽丕显，坐以待旦。"又见《孟子·离娄下》："仰而

---

① 大禹：姒姓，名文命。史称大禹、帝禹，为夏后氏首领，夏朝的第一位天子，后人也称他为夏禹。

② 墨子：名翟（dí），相传为春秋末期战国初期宋国人。生前担任宋国大夫。墨家学派的创始人，著名的思想家、教育家、科学家、军事家。

思之，夜以继日；幸而得之，坐以待旦。"

[7]《无逸》：《尚书》中的一篇。是周公旦对大小当权者的训诫，要求他们吸取夏、商两代灭亡的教训，"无淫于观、于逸、于游、于田"，即不要好逸恶劳，声色狗马，荒于政事。

[8] 寿考：年高；长寿。

[9] 历历不爽：清清楚楚，没有差错。爽：错。

[10] 过门不入：传说大禹治水，路过家门却不进去。形容恪尽职守，公而忘私。《孟子·离娄下》："禹稷当平世，三过其门而不入。"

[11] 摩顶放踵（zhǒng）：从头顶到脚跟都擦伤了。形容不辞劳苦，不顾身体。《孟子·尽心上》："墨子兼爱，摩顶放踵，利天下为之。"

【今译】

第四条：如果习于勤劳，神灵也会钦佩。人情之常，没有不好逸恶劳的，无论贵贱、智愚、老少，人都贪图安逸而惮于操劳，这是古今相同的人之本性。如果人们平日所穿的衣服，所吃的食物，与他们平日所做的事，所用的力大体相称，那么无论旁人还是鬼神，都会赞同他，称许他，认为他是自食其力。至于农夫织妇，一年到头勤劳不停，不过是收获几石粟，几尺布；而富贵之家，终年安逸享乐，无所事事，却吃的都是珍馐佳肴，穿的都是绫罗绸缎，酣畅饮酒，高枕而卧，并且一呼百应。这真是天下最不公平的事，就是鬼神也不会赞同，怎么能够长久呢？古代的圣君贤相，比如昧旦丕显的商汤，日昃不遑的周文王，夜以继日、坐以待旦的周公，他们都是为天下百姓废寝忘食，不辞劳苦，并以此自励自强的。《尚书》中《无逸》一篇，其得出的结论是，勤劳则会长寿，放逸则会夭亡，真是屡试不爽的至理名言。如果为一己之私打算，就必须操习技艺，磨炼筋骨，不断勉励自己知行合一，操心危虑，而后才可以增长智慧和才识。如果为天下谋划，就一定自己忍受劳苦，只要天下有一人没有收获，也会视作自己的过错。传说中大禹治水多年，三过家门而不入；墨子为了有利于天下，从头顶到脚跟都擦伤了也在所不惜；这些都是对待自己极端节俭，救济百姓极端勤苦的榜样。荀子喜欢称道大禹、墨翟的行为，正是因为他们勤劳的缘故。自从军兴以来，常常看到那些有一技之长，且能吃苦耐劳的人，没有不被重用，且被时人称道的。而那些没有一点才能，又不习惯劳作的人，都被大家所唾弃，饥寒交迫，狼狈就死。所以说，勤劳的人就会长寿，安逸的人常常早夭；勤劳的人常常有才，而后得到重用；安逸的人往往一无所长，而被世人所抛弃；勤劳便能广济众生，神鬼钦仰，而安逸则不仅对人毫无帮助，就是神鬼也不会护佑。因此，君子要想成为人神都能凭依的人，没有比习于勤劳更重要的了。

（以上曾国藩语）

附　录
曾国藩治兵语录辑补

一、书信之属

1. 就现在之额兵练之，而化为有用，诚为善策，然习气太盛，安能更铸其面目而荡涤其肠胃？恐岳王复生，半年可以教成其武艺；孔子复生，三年不能变革其恶习。（咸丰三年二月与魁荫亭）

2. 军行战胜，尤须坚明约束，无令骚扰地方。闻有并非楚勇、并非湘勇随之以去者，奸淫掳掠，无所不至，尤须认真访查，斩数人以惩其余，是为至要。（咸丰三年二月与刘长佑）

3. 军士所过，有取民间一草一木不给钱者，即行正法。望两君日以斯言训儆之。（咸丰三年二月二十六日与刘长佑、王鑫）

4. 周金城之教艺，尽是花法，不中实用。其徒八十人，多油滑浮动，难可深恃。弟前分三十人至贡院教湘勇，后见手足非是，仍尔谢遣。鄙意周之禀给太丰，未可浮慕戚氏教阵之虚名，反忘场上目击之实效。（咸丰三年三月初七复张亮基）

5. 二十二日接到十九日慈谕，训戒军中要务数条。谨一一禀复：

——营中吃饭宜早，此一定不易之理。……男营中起太晏，吃饭太晏，是一大坏事。营规振刷不起，即是此咎。……

——扎营一事，男每苦口教各营官，又下札教之。言"筑墙须八尺高，三尺厚；壕沟须八尺宽，六尺深；墙内有内濠一道，墙外有外濠二道或三道；濠内须密钉竹签"云云。各营官总不能遵行。季弟于此等事尤不肯认真。男亦太宽，故各营官不甚听话。岳州之溃败，即系因未能扎营之故，嗣后当严戒各营也。

——调军出战，不可太散。……。

——破贼阵法，平日男训戒极多，兼画图训诸营官。二月十三日，男亲画贼之莲花抄尾阵。……慈训言当用常山蛇阵法，必须极熟极精之兵勇乃能如此。昨日岳州之败，贼并未用抄尾法，交手不过一个时辰，即纷纷奔退。若使贼用抄尾法，则我兵更胆怯矣。若兵勇无胆无艺，任凭好阵法，他也不管，临阵总是奔回，实可痛恨。

——拿获形迹可疑之人，以后必严办之，断不姑息。（咸丰四年三月二十五日禀父书）

6. 弟不虑阁下之不善抚士，不善用奇，为谋，为勇，俱非所虑，但虑寸心稍存轻敌之见，则恐为士卒所窥，亦足长其骄气。（咸丰三年四月二十七日与张荣组）

7. 目今武弁中陋劣极多，苟有一长可取，即未宜轻摈之也。（咸丰三年五月二十四日复夏廷樾）

8. 近时所调之兵，天涯一百，海角五十，卒与卒不习，将与将不和，此营既败，彼营掉臂而不顾，哆口而微笑，各营习见。夫危急之际，无人救应。谁肯向前独履危地，出万死之域，以博他人之一微笑？鄙意欲练勇万人，呼吸相顾，痛痒相关，赴火同行，蹈汤同往。胜则举杯酒以让功，败则出死力以相救。（咸丰三年九月初二日与文希范）

9. 带勇之人，诚如来示"不苟求乎全材，宜因量以器使"，然血性为主，廉明为用，三者缺一，若失轫轺，终不能行一步

也。（咸丰三年九月二十六日与彭洋中）

10. 此次募勇，成军以出，要须卧薪尝胆，勤操苦练，养成艰难百战之卒，预为东征不归之计。若草率从事，驱不教之土，执蛊脆之器，行三千里之远，以当虎狼百万之贼，未与交锋而军士之气固已馁矣，虽有一二主者忠义奋发，亦无以作其众而贞于久也。（咸丰三年十月初三日复夏廷樾）

11. 然鄙意以为，壮勇贵精而不贵多。……要须简择精严，临阵不至兽骇鸟散，则虽少亦决其有济。（咸丰三年十月与刘蓉书）

12. 湘勇佳处有二：一则性质尚驯，可以理喻情感；一则齐心相顾，不肯轻弃伴侣。其不佳处亦有二：一则乡思极切，无长征久战之志；一则体质薄脆，不耐劳苦，动多疾病。（咸丰三年十一月初一日复刘蓉书）

13. 其带勇之人，概求吾党血性男子，有忠义之气，而兼娴韬钤之秘者，与之共谋。（咸丰三年十一月初一日复林源恩书）

14. 三叠枪阵法、撒星阵法，皆本之李穆堂侍郎。自为破贼妙法，特操演不熟，则临事仍旧散乱。古法可用者多，总在平日习惯，临阵不尽弃去，斯为有补也。（咸丰三年十一月初一日复林源恩书）

15. 军心总不坚定，颇可虞也。现在力求镇定，总以不出队、不开仗为主。（咸丰四年闰七月初二日致澄弟温弟沅弟季弟）

16. 凡用兵之道，本强而故示敌以弱者，多胜；本弱而故示敌以强者，多败。敌加于我，审量而后应之者，多胜；漫无审量，轻以兵加于敌者，多败。（咸丰十一年二月十七日复宋梦兰）

17. 但浪战浪追，为我军向来大弊。此次必须谋定后战，切不可蛮攻蛮打，徒伤士卒。（咸丰六年五月十四与彭鹏、罗萱书）

18. 攻城最忌蛮攻。兵法曰："将不胜其忿而蚁附之，杀士卒三分之一而城不拔者，此攻之罪也。"故仆屡次寄书，以蛮攻为戒。（咸丰六年五月二十四日与罗萱书）

19. 久顿坚城之下，士气日损，直思所以抽掣之法，善退之道。军事以气为主，瀹去旧气，乃能重生新气。若不改头换面，长守此坚壁，以日夜严防而不得少息，则积而为陈腐之气，如败血之不足以养身也。望两君子精心维持，于十里之外求一善地，相机而退扎一步，养息此气。今日之善退，正以为他日善进之地。（咸丰六年七月十五日与林源恩、李元度）

20. 敌援军多能战之士，如逼开仗，我省兵六营者不可出队太早，冲锋太快，须待楚军先打，而省兵后进，无以怯弱为耻。队伍切要整齐，无使前者冲锋，后者不继，待为敌援军所笑。（咸丰六年七月十八日致彭鹏、罗萱）

21. 仆于用兵，深以"主客"为重。扑营同以营盘为主，扑者为客；野战则以先至战地者为主，后至战地者为客；临阵则以先呐喊放枪者为主，后呐喊放枪者为客。（咸丰六年八月初八日与彭鹏罗萱）

22. 十一日击太和援贼，尚为得手。与此贼战有两难御者：一则以多人张虚声，红衣黄旗漫山弥谷，动辄二万三四万不等，季洪岳州之败，梧冈樟树之挫，皆为多所震眩也。一则以久战伺暇隙，我进则彼退，我退则彼又进，顽钝诡诈，揉来揉去，若生手遇之，或有破绽可伺，则彼必乘隙而入，次青在抚州诸战是也。二者皆难于拒御。所幸多则不悍，悍则不多。盖贼多则中有裹胁之人。彼亦有生手。彼亦有破绽，吾转得乘隙而入矣。（咸丰六年十二月二十七日与沅弟书）

23. 围城之法，扎营不宜太近。一则开仗之势太蹙，一则军

事尚隐尚诡，不宜使敌人丝毫毕知也。（咸丰七年正月二十二日与沅弟书）

24. 古之成大事者，规模远大与综理密微二者阙一不可。弟之综理密微精力较胜于我。军中器械其略精者，宜另立一簿，亲自记注，择人而授之。古人以铠仗鲜明为威敌之要务，恒以取胜。刘峙衡于火器亦勤于修整，刀矛则全不讲究。余曾派褚景昌赴河南采买白蜡杆子，又办腰刀分赏各将弁，人颇爱重。弟试留心此事，亦综理之一端也。至规模宜大，弟亦讲求及之。但讲阔大者，最易混入散漫一路。遇事颠顿，毫无条理，虽大亦奚足贵？等差不紊，行之可久。斯则器局宏大，无有流弊者耳。（咸丰七年十月初四日致沅弟书）

25. 前信言牵率出队之弊，关系至重。……宁可数月不开一仗，不可开仗而毫无安排算计。（咸丰七年十月十五日致沅弟）

26. 军营虽以人多为贵，而有时亦以人多为累，凡军气宜聚不宜散，宜忧危不宜悦豫；人多则悦豫，而气渐散矣。营虽多而可恃者惟在一二营，人虽多而可恃者惟在一二人。如木然，根好株好而后枝叶有所托；如屋然，柱好梁好而后椽瓦有所丽。……遇小敌时，则枝叶之茂、椽瓦之美尽可了事；遇大敌时，全靠根株培得稳，柱梁立得固，断不可徒靠人数之多，气势之盛。倘使根株不稳，柱梁不固，则一枝折而众叶随之，一瓦落而众椽随之，败如山崩，溃如河决，人多而反以为累矣。（咸丰七年十月二十七日与沅甫书）

27. 打仗之道，在围城之外，节太短，势太促，无埋伏，无变化，只有队伍整齐，站得坚稳而已。欲灵机应变出奇制胜，必须离城甚远，乃可随时制宜。凡平原旷野开仗与深山穷谷开仗，其道迥别。去吉城四十里，凡援贼可来之路，须令哨长、队长轮流前往该处看明地势，小径小溪、一丘一注细细看明，各令详述于弟之前，或令绘图呈上。万一有出队迎战之时，则各哨队皆已了然于心。古人忧学之不讲，又曰明辨之，余以为训练兵勇，亦须常讲常辨也。（咸丰七年十一月二十五日致沅弟书）

28. 带勇之法，以体察人才为第一；整顿营规，讲求战守次之。（咸丰七年十二月十四日与沅甫九弟）

29. 带勇总以能打仗为第一义。现在久顿坚城之下，无仗可打，亦是闷事。如可移扎水东，当有一二大仗开。第弟营之勇，锐气有余，沉毅不足，气浮而不敛，兵家之所忌也，尚祈细察。偶作一对联箴弟云：打仗不慌不忙，先求稳当，次求变化；办事无声无息，既要精到，又要简捷。（咸丰八年正月初四与沅弟）

30. 昔耿恭简公谓居官以耐烦为第一要义，带勇亦然。（咸丰八年二月十七日与沅弟书）

31. 初五日，城贼猛扑，凭壕对击，坚忍不出，最为合法。凡扑人之墙，扑人之壕，扑者客也，应者主也。我若越壕而应之，则是反主为客，所谓致于人者也。我不越境，则我常为主，所谓致人而不致于人也。稳守稳打，彼自意兴索然。峙衡好越壕击贼，吾常不以为然。凡此等处悉心推求，皆有一定之理。迪安善战，其得诀在"不轻进不轻退"六字，弟以类求之可也。（咸丰八年四月十七日与沅弟书）

32. 弟之职分，以战守为第一义，爱民次之，联络上下官绅及营弁勇又次之。已屡言之矣，务望持之以恒，始终如一为要。（咸丰八年四月二十三日与沅甫九弟）

33. 治军之道，总以能战为第一义。倘围攻半岁，一旦被贼冲突，不克抵御，或致小挫，即令望毁于一朝。故探骊之法，以善战为得珠，能爱民为第二义，能协和上下官绅为第三义。（咸丰

八年四月初九日与沅甫）

34. 用兵之道与读书同，不日进则日退，须"日知其所亡，月无忘其所能"为妙。（咸丰八年十月二十六日与张运兰片）

35. 军事非权不威，非势不行。弟处无权、无势之位，常冒争权、争势之嫌，年年依人，顽钝寡效。惟冀一、二有道君子，赐之针砭，兼亮苦衷，即深夜冥行，庶有见明之日。（咸丰九年二月十八日加邵懿辰片）

36. 军事不可无悍鸷之气，而骄气即与之相连；不可无安详之气，而惰气即与之相连。有二气之利而无其害，有道君子尚难养得恰好，况弁勇乎？（咸丰九年三月十五日复胡林翼，收入《求阙斋日记·军谋》）

37. 贼出大队前来搦战，我军坚坐不动，反客为主，最为得势。（咸丰九年六月初六日致沅弟书）

38. 军事如枪法，门户宜紧；如拳法，有伸有缩。若公入之太深，则有伸无缩矣。（咸丰九年十二月初八日复胡林翼）

39. 近年军中阅历有年，益知天下事当于大处着眼，小处下手。陆氏但称先立乎其大者，若不辅以朱子铢积寸累工夫，则下梢全无把握。故国藩治军，摒去一切高深神奇之说，专就粗浅纤悉处致力，虽坐是不免大有功效，然为钝拙计，则犹守约之方也。（咸丰九年十月二十一日致吴廷栋）

40. 凡与诸将语，理不宜深，令不宜烦，愈易愈简愈妙也。不特与诸将语为然，即吾辈治心、治身，理亦不可太多，知亦不可不太杂，切身日日用得着的不过一两句，所谓守约也。（咸丰九年十月二十八日复李榕。亦见本书《治心》章）

41. 军事有骄气、惰气，皆败气也。孔子之"临事而惧"，则绝骄之源；"好谋而成"，则绝惰之源。平日无时不谋，无事不

谋，自无惰时矣。（咸丰九年十二月二十三日致李榕，收入《求阙斋日记·军谋》）

42. 云岩打仗，能出则向前，入则殿后，此一端已有可为统领之质。又有血性而不忘本，有诚意而不扰民，若加意培养磨炼，将来或可成大器也。（咸丰十年四月初八日复李续宜）

43. 弟在军中，望常以爱民诚恳之意，理学迂阔之语，时时与弁兵说及，庶胜则可以立功，政亦不致造孽。当此大乱之世，吾辈立身行间，最易造孽，亦最易积德。吾自三年初招勇时，即以爱民为第一义，历年以来，纵未必行得到，而寸心总不敢忘爱民两个字，尤悔颇寡。（咸丰十年四月二十二日与沅弟）

44. 兵多则拓地远鹜，兵少则敛抑退回。（咸丰十年五月初十日复胡林翼）

45. 吾湖南近日风气，蒸蒸日上。凡在行间，人人讲求将略，讲求品行，并讲求学术。弟与沅弟既在行间，望以讲求将略为第一义。点名、看操等粗浅之事必躬亲之，练胆、料敌等精微之事必苦思之。品学二者，亦宜以余力自励。（咸丰十年六月二十七日与季弟）

46. 弟军新手太多，若遇狂风巨浪，恐有摇惑之象，弟须常常密察而预计之。（咸丰十年六月十六日与沅弟）

47. 办理营中小事，教训弁勇，仍宜以"勤"字作主，不宜以"命"字谕众。（咸丰十年七月初八日与沅弟、季弟）

48. 二十三史除班、马外，皆文人以意为之，不知甲仗为何物，战阵为何事，浮词伪语，随意编造，断不可信。仆于《通鉴》中之不可信者，皆用笔识出矣。退庵若以编辑二十三史成书，为治军之蓝本，则门径已差，难与图功，阁下与之至交，须劝之尽弃故纸，专从事于点名、看操、查墙子诸事也。（咸丰十年

七月十九日复李元度）

49. 军旅之才，以朴讷安定为主，自是至论。（咸丰十年九月初九日复郭嵩焘、郭昆焘）

50. 大抵欲言兵事者，须默揣本军之人才，能坚守者几人，能陷阵者几人；欲言经济，须默揣天下之人才，可保为督抚者几人，可保为将帅者几人。（咸丰十年九月初十日致沅弟书）

51. 大约军事之败，非傲即惰，二者必居其一；巨室之败，非傲即惰，二者必居其一。（咸丰十年九月二十四日致沅、季二弟书）

52. 贼初来之日，不必出队与战，但在营内静看，看其强弱虚实，看得千准万准，可打则出营打仗，不可打则始终坚守营盘，或有几分把握。（咸丰十年十月初五日与沅弟书）

53. 现讲求守垒之法，贼来则坚守以待援师，倘有疏虞，则志有素定，断不临难苟免。回首生年五十，除学问未成，尚有遗憾外，余差可免于大戾。贤弟教训后辈子弟，总以勤苦为体，谦逊为用，以药佚骄之积习，余无他嘱。（咸丰十年十月二十日致沅弟季弟）

54. 长虑却顾，因谨慎而拙滞，此正恃用兵之短处。（咸丰十年十月二十二日复胡林翼）

55. 守城煞非易事，银米、子药、油盐有一不备，不可言守备矣。又须得一谋勇兼优者，为一城之主。凡备多则力分，心专则虑周。（咸丰十年十一月二十一日复左宗棠，收入《求阙斋日记类钞·军谋》）

56. 凡打仗，一鼓再鼓而人不动者，则气必衰减；凡攻垒，一扑再扑而人不动者，则气必衰减。（咸丰十年十一月二十日复左宗棠，收入《求阙斋日记类钞·军谋》）

57. 择地有两法：有自固者，有扼贼者。自固者择高山、择要隘，扼贼者择平坦必经之路，择浅水津渡之处。嗣后每立一军，则修碉二十座以为老营。环老营之四面方三百里，皆可往来梭剿，庶几可战可守，可奇可正，得四军可靠者，则变化无穷。（咸丰十年十二月初八日复左宗棠）

58. 战事如鸡之伏卵，如妇之产子，气机惟己独知之，非他人所能遥度也。（咸丰十年十二月十八日致左宗棠，见本书《勤劳》章）

59. 吾家兄弟带兵，以杀人为业，择术已自不慎，惟于禁止扰民、解散胁从、保全乡官三端痛下工夫，庶几于杀人之中，寓止暴之意。（咸丰十一年正月二十八日与沅弟）

60. 凡军行太速，气太锐，其中必有不整不齐之处，惟有一"静"字可以胜之。不出队，不呐喊，枪炮不能命中者，不许乱放一声，稳住一二日，则大局已定。（咸丰十一年二月二十二日与沅、季弟书）

61. 游勇抢奇者，假号牌入休城者，务乞立正军法，愈严愈好。若不与以猛剂，则此后葛藤愈多，整顿愈难。（咸丰十一年三月二十五日复张运兰）

62. 凡办大事，半由人力，半由天事。如此次安庆之守，濠深而墙坚，稳静而不懈，此人力也。其是否不至以一蚁溃堤，以一蝇玷圭，则天事也。（咸丰十一年四月初三日与沅弟）

63. 既已带兵，无全不出队之理。惟后濠太深，则出队易而收队难，且被人约期，则诸多牵挂，反不如自出自收，一主一见之为便也。（咸丰十一年四月初十日与沅、季弟）

64. 约期打仗，最易误事，余所见甚多。（咸丰十一年四月十二日与沅弟）

65. 攻城攻垒，总以敌人出来接仗，击败之后，乃可乘势攻之。若敌人静守不出，无隙可乘，则攻坚徒损精锐。（咸丰十一年

四月十二日致沅弟书）

66. 用兵人人料必胜者，中即伏败机；人人料必挫者，中即伏生机。老子云：两军相对，哀者胜矣。（咸丰十一年四月十二日与沅弟书）

67. 肢体虽大，针灸不过数穴；疆土虽广，力争不过数处。（咸丰十一年四月二十八日复胡林翼）

68. 接二十三日信，知二十二日风浪极大，幸获保全，极慰极慰。贼虽凶悍，始终未近大濠。我军所以辛苦异常者，在一面击各路扑濠之贼，一面修濠外之炮垒，未免太劳。余意专守大濠，神不外散，力不旁分，待贼入外濠之内，我以群子火蛋打之，愈近则伤者愈多，似难站脚。以后可否专守内大濠，不必出濠与贼争锋？祈弟酌之。（咸丰十一年七月二十四日致沅弟书）

69. 剿抚兼施之法，须在军威大振之后。目下各路俱获大捷，贼心极涣，本可广为招抚。第抚以收其头目，散其党众为上。收其头目，准其略带党众数百人为次；收其头目，准其带所部二三千如韦军者，为又次；若准其仍带全部，并盘踞一方，则为下矣。今之李兆寿踞滁、全者是也。弟可于此四等中酌度办理。（同治元年三月二十九日与沅弟）

70. 营中无事，以勤操为第一要义。操队伍则临阵不至散乱，操枪炮则临阵不至乇放。（同治元年二月初三日复江长贵）

71. （李世忠）辈暴戾险诈，最难驯驭。投诚六年，官至一品，而其党众尚不脱盗贼行径。吾辈待之之法，有应宽者二，有应严者二。应宽者：一则银钱慷慨大方，绝不计较，当充裕时，则数十百万掷如粪土，当穷窘时，则解囊分润，自甘困苦；一则不与争功，遇有胜仗，以全功归之，遇有保案，以优奖笼之。应严者：一则礼文疏淡，往还宜稀，书牍宜简，话不可多，情不可密；一则剖明是非，凡渠部弁勇有与百姓争讼，而适在吾辈辖境，及来诉告者，必当剖决曲直，毫不假借，请其严加惩治。应宽者，利也，名也；应严者，礼也，义也。四者兼全，而手下又有强兵，则无不可相处之悍将矣。（同治元年四月十一日与沅弟）

72. 大约选将以打仗坚忍为第一义；而说话宜有条理，利心不可太浓，两者亦第二义也。（同治元年六月二十三日与沅弟）

73. 凡善将兵者，日日申诫将领，训练士卒。遇有战阵小挫，则于其将领责之戒之。甚者或杀之，或且泣且教，终日絮聒不休，正所以爱其部曲，保其本营之门面声名也。不善将兵者，不责本营之将弁，而妒他军之胜己，不求部下之自强，而但恭维上司，应酬朋辈，以要求名誉，则计更左矣。余对两弟絮聒不休，亦犹对将领且责且戒，且泣且教也。（同治元年七月初一日致沅弟季弟）

74. 身居绝地，只有死中求生之法，切不可专盼多军，致将卒始因求助而懈弛，后因失望而气馁也。（同治元年闰八月十六日与沅弟）

75. 凡用兵最重"气势"二字。此次弟以二万人驻于该处，太不得势。兵勇之力，须常留其有余，乃能养其锐气，缩地约守，亦所以蓄气也。（同治元年九月初九日与沅弟、季弟书）

76. 然制胜之道，实在人而不在器。鲍春霆并无洋枪洋药，然亦屡当大敌。……和、张在金陵时，洋人军器最多，而无救于十年三月之败。弟若专从此等处用心，则风气所趋，恐部下将士，人人有务外取巧之习，无反己守拙之道；或流于和、张之门径而不自觉，不可不深思，不可不猛省。真美人不甚争珠翠，真书家不甚争笔墨，然则将士之真善战者，岂必力争洋枪洋药乎？

（同治元年九月十一日与沅弟）

77. 审机审势，犹在其后，第一先贵审力。审力者，知己知彼之切实工夫也。……古人云：兵骄必败。老子云：两军相对哀者胜矣。不审力，则所谓骄也；审力而不自足，即老子之所谓哀也。（同治元年九月二十四日与沅弟）

78. 弟坚持不浪战之义，甚是甚是。凡行兵须蓄不竭之气，留有余之力。《左传》所称再衰三竭，必败之道也。弟营现虽士气百倍，而不肯浪战，正所谓留有余之力也。（同治元年九月三十日与沅弟）

79. 凡行军最忌有赫赫之名，为天下所指目，为贼匪所必争。莫若从贼所不经意之处下手，既得之后，贼乃知其为要隘，起而争之，则我占先着矣。（同治元年十月初三日与沅弟书）

80. 罗罗山于五年八月至南康湖口一看，知其不足以图功，即决然舍我而去，另剿湖北。其时有识者，皆佩服罗山用兵能识时务，能取远势；余虽私怨罗山之弃余而他往，而亦未尝不服其行军有伸有缩，有开有合也。（同治元年十月十三日与沅弟）

81. 古人用兵，最重"变化不测"四字。弟行军太少变化。（同治元年十月十三日与沅弟）

82. 用兵之道，全军为上，保城池次之。（同治元年十月十五日与沅弟）

83. 练兵如八股家之揣摩，只要有百篇烂熟之文，则布局立意，常有熟径可寻，而腔调亦左右逢源。凡读文太多，而实无心得者，必不能文者也。用兵亦宜有简练之营，有纯熟之将领，阵法不可贪多而无实。（同治元年十月十七日与沅弟书，亦收入《挺经·卷十·诡道》）

84. 弟在军已久，阅事颇多，以后宜多用活兵，少用呆兵；

多用轻兵，少用重兵。进退开合，变化不测，活兵也；屯宿一处，师老人顽，呆兵也；多用大炮辎重，文员大众，车船难齐，重兵也；器械轻灵，马驮辎重，不用车船轿夫，飙驰电击，轻兵也。弟军积习已深，今欲全改为活兵、轻兵，势必不能，姑且改为半活半呆，半轻半重，亦有更战互休之时。望弟力变大计，以金陵、金柱为呆兵、重兵，而以进剿东坝、二溧为活兵、轻兵，庶有济乎！（同治元年十月二十日与沅弟）

85. 渠言外之意，觉弟兵不可野战。吾则因金陵士卒用命，乐为之死，觉弟兵尽可野战。不知弟自度己力，野战果有几分把握否？要之能得众心，未有不可酣战之理。望弟决从余计，分作两支：一支呆兵，屯扎金陵；一支活兵，凡金柱、东坝、小丹阳、二溧、句容等处，听弟择地而驻，相机而进。有急则两枝互相救应，去金陵总在二百里内外也，何如？（同治元年十月二十三日与沅弟）

86. 余之拙见，总宜有呆兵，有活兵，有重兵，有轻兵，缺一不可。（同治元年十月二十七日与沅弟）

87. 炸弹轮船虽利，然军中制胜，究在人不在器。（同治元年十二月十一日复左宗棠）

88. 次青之于平江勇，则有爱而无憎，有奖而无激。柳子厚所谓"虽曰爱之，其实害之"。（同治二年三月初一日复李鸿章）

89. 弟统二万余人，必须分出一支活兵在外。半活半呆，半剿半守，更番互换，乃能保常新之气。（同治二年三月十八日与沅弟）

90. 至军务之要，亦有二语。曰"坚守已得之地，多筹游击之师"而已。（同治二年三月二十九日与沅弟）

91. 不筹出一支结实可靠之活兵，在外纵横驰击，而专以合围攻坚为念，似非善计。咸丰三、四、五年，向帅在金陵，兵不满三万，饷亦奇绌，向军与金陵悍贼相持，而又分兵援庐州，援宁国，打镇江，打芜湖，中外皆称向兵为天下劲旅，而余不甚以为然者，以其不能从大处落墨、空处着笔也。弟用兵之规模远胜于和，而与向相等。……空处全不着笔，专靠他军，可尽恃乎？（同治二年五月初四日与沅弟）

92. 贪贼中资财，最易误事，吾见前此诸军因贪抢贼赃，转胜为败者，指不胜屈。每谓骚扰为人鬼关，贪财为生死关，盖言爱民则人，扰民则鬼，力战遗财则生，贪财忘战则死也。（同治二年五月初十日复李榕）

93. 合围之道，总以断水中接济为第一义。百余里之城，数十万之贼，断非肩挑陆运所能养活。（同治二年五月二十一日与沅弟）

94. 军威大振，贼胆必寒，然我之谋之仍不可少一"慎"字。全副精神断贼之接济文报，看似小事，却有大益。（同治二年五月二十二日与沅弟）

95. 凡办大事，以识为主，以才为辅；凡成大事，人谋居半，天意居半。往年攻安庆时，余告弟不必代天作主张。墙濠之坚，军心之固，严断接济，痛剿援贼，此可以人谋主张者也。克城之迟速，杀贼之多寡，我军士卒之病否，良将之有无损折，或添他军来助围师，或减围师分援他处，或功隳于垂成，或无心而奏捷，此皆由天意主张者也。譬之场屋考试，文有理法才气，诗不错平仄抬头，此人谋主张者也。主司之取舍，科名之迟早，此天意主张者也。若恐天意难凭，而必广许神愿，行贿请枪；若恐人谋未臧，而更多方设法，或作板绫衣以抄夹带，或蒸高丽参以磨墨。合是皆无识者之所为。弟现急求克城，颇有代天主张之意。……愿弟常存畏天之念，而慎静以缓图之，则善耳。（同治二

年七月二十一日与沅弟）

96. 古人用兵，最贵变化不测。吾生平用兵，失之太呆，弟亦好从呆处着想。（同治二年八月初九日与沅弟）

97. 其孝陵卫以北，不妨空缺，不必合围。盖大致米粮难入，则城中强者可得，弱者难求，必有内变争夺之事。若合围太紧，水息不通，无分强弱，一律颗粒难通，则反足以固其心，而无争夺内变，投诚私逃之事矣。不知弟亲历其境，以余此说为然否？（同治二年十月二十二日与沅弟）

98. 古来大战争、大事业，人谋仅占十分之三，天意恒居十分之七。往往积劳之人非即成名之人，成名之人非即享福之人。此次军务，如克复武汉、九江、安庆，积劳者即是成名之人，在天意已算十分公道，然而不可恃也。吾兄弟但在"积劳"二字上着力，"成名"二字则不必问及，"享福"二字则更不必问矣。……吾所嘱者二端：一曰天怀淡定，莫求速效；二曰谨防援贼、城贼内外猛扑，稳慎御之。（同治二年十一月十二日与沅弟）

99. 兵多而无劲旅，帅贵而好粉饰，亦可虑也。（同治三年四月十八日与沅弟）

100. 余所见将才杰出者极少，但有志气，即可予以美名而奖成之。（同治五年九月初九日谕纪泽、纪鸿书）

二、日记之属

1. 盖凡带勇之人，皆不免稍肥私囊。余不能禁人之不苟取，但求我身不苟取。以此风示僚属，即以此仰答圣主。（咸丰六年十一月二十九日与澄弟书）

2. 凡将才有四大端：一曰知人善任，二曰善觇敌情，三曰临战胆识，四曰营务整齐。（咸丰七年十月二十七日）

3. 有能统领各营者，便专责成。亲兵营须轮流择派。（以上两条对下属李希庵说。）驻扎宜择要地。各将领征剿，以神速为贵，故变动不居；大帅以镇定为贵，故以静制定，斯得主有常。统领之权宜略重。官场照例之事不宜忽略。营员不可经手捐项厘金。应咨应札，应批之件宜神速。（以上五条对下属温甫说。）营外不可有茶馆、烟馆。出六成队不可有七成争军。（以上两条对下属迪庵说。）（咸丰八年七月初七日）

4. 与元守论弓箭。渠言如用笔，以和手为贵，轻重大小初无定式，为力不同科也。……未初，见何竟海，与之鬯论时贤，因言傲为凶德，骄为败征。竟海诵王阳明言丹朱、商均亦不过一个"傲"字。……又思战阵之事，须半动半静，动者如水，静者如山。又思兵不得已而用之，常存不敢为先之心，须人打第一下，我打第二下也。（咸丰九年二月二十八日）

5. 太史公所谓循束者，法立令行，能识大体而已。后世专尚慈惠，或以煦煦为仁者当之，失循吏之义矣。因思为将帅之道，亦以法立令行，整齐严肃为先，不贵煦妪也。（咸丰九年三月二十四日）

6. 饭后出城，看各营合操，吉中营为中路先锋，护军右营为接应；湘前营为右路先锋，岳字中营、后营为接应；强中营、振字营为左路先锋，振副营、升字营为接应；余立中路之后，护军中营、右营及戈什哈等排列护之。各营皆派队在前，装作贼队，与官军对敌。回合数次之后，皆撤作圆墙子，凡撤十一处，各放排枪三轮，然后卷塘收队。中路吉字三营先收，护右营次之，余次之，护中、护左又次之。右路湘前营先收，岳中营次之，岳后又次。左路振字营先收，强中次之。振副次之，升营又次之。（咸

丰九年四月初三日）

7. 初更后，与李少荃、许仙屏言团练之无益于办贼，直可尽废。如必欲团练，则不可不少假以威权。（咸丰九年四月十八日，收入《求阙斋日记类钞·军谋》）

8. 君子之道与将帅之道相反者三：党援、权势、分兵救危。（咸丰九年九月十七日附记）

9. 夜与李申夫论营务处之道，一在树人，一在立法。有心人不以不能战胜攻取为耻，而以不能树人立法为耻。树人之道有二：一曰知人善任，一曰陶熔造就。（咸丰九年九月初六日，收入《求阙斋日记类钞·军谋》）

10. 军中骄气则有浮淫之色，惰气则有晻滞之色，须时时察看而补救之。（咸丰九年十一月二十五日，收入《求阙斋日记类钞·军谋》）

11. 夜与表弟彭毓橘谈带兵之道，"勤""恕""廉""明"四字缺一不可。（咸丰九年十一月初一日）

12. 日来，心绪总觉不自在，殆孔子所谓"不仁者不可与久处约"者。军中乃争权挈势之场，又实非处约者所能济事。求其贞白不移，淡泊自守，而又足以驱使群力者，颇难其道尔！（咸丰九年十二月初七日）

13. 论作文宜通小学、训诂，又论军务须从日用眠食上下手。（咸丰十年二月二十九日）

14. 念天下之稍有才智者，必思有所表见以自旌异于人。好胜者此也，好名者亦此也。同当兵勇，则思于兵勇中翘然而出其类；同当长夫，则思于长夫中翘然而出其类；同当将官，则思于将官中翘然而出其类；同为主帅，则思于众帅中翘然而出其类。虽才智有大小、深浅之不同，其不知足、不安分，则一也。能打

破此一副庸俗共有之识见，而后可与言道。(咸丰十年闰三月十一日，收入《求阙斋日记类钞·军谋》)

15. 是夜读《史记·律书》，古人以用兵之道通于声律，故听音乐而知兵之胜败，国之存亡。余生平于音律、算法二者一无所解，故不能知兵耳。(咸丰十年十月二十四日，收入《求阙斋日记类钞·军谋》)

16. 思州县之道，以四者为最要：一曰整躬以治署内，一曰明刑以清狱讼，一曰课农以尽地力，一曰崇俭以兴廉让。将领之道，以四者为最要：一曰戒骚扰以安民，一曰禁烟赌以儆惰，一曰勤训练以御寇，一曰尚廉俭以率下。(咸丰十一年八月十七日)

17. 余因古人治兵之道，作诗之法，皆与音乐相通，而懵然不知，深以为耻。(咸丰十一年十一月二十七日)

18. 用兵之难，莫大于见人危急而不能救。(咸丰十一年二月初四日，收入《求阙斋日记类钞·军谋》)

19. 是日，因节字营勇闹事，杀一人，枷二人。因一人买帽子，讹夺店子之帽，又打店家之眼，双纠众入县署打破轿子，打伤县官也。近日，节字营名声甚坏，俟九弟到，当商换营官。(咸丰十年三月二十七日)

20. 与胡中丞熟商江南军事。夜，胡公论及：凡事皆须精神贯注，心有二用则不能成。余亦言军事不日进则日退，断无中立之理。二人者皆许为知言。(咸丰十年四月十五日，见《治心》章)

21. 汪梅村信，哀痛恻怛告示：一，裁官、裁绿营兵；二，和夷；三，以楚营法兵部江南之兵勇；四，严禁骚扰，宾礼才俊；五，粮台综核名实，局员以少为贵，举廉惩贪；六，核实保举，慎重名器。七，屏术数星卜之士；八，守碉卡险要；九，拙速疾驱，不可顿兵坚城。(咸丰十年四月二十九日)

22. 日内思傲为凶德，凡当大任者，皆以此字致于颠覆。用兵者，最戒骄气、惰气。作人之道，亦惟"骄""惰"两字误事最甚。（咸丰十年九月二十一日）

23. 细思余所统之兵，可用之劲兵近二万人，其次尚有万余人，而水师及安庆陆兵尚不在内，乃近日军势不振如此，实属调度乖方，可愧可愤。（咸丰十年十一月十四日）

24. 早饭后，与九弟罃谈圣贤成己成物、立人达人之道，言统带兵勇，不可存沽恩市德之意。（同治元年二月十八日）

25. 早饭后清理文件。旋出西门观杨占彪、阳华坤两营操演。其收队之法，系学多将军隆阿者，极为稳快。其法仍用四方阵，面均向外。前者向敌，且战且退；后者面向归路，防贼抄尾；左者排列枪炮，防贼包左；右者排列枪炮，防贼抄右；收归者皆在方阵之中空处行走。如左前隅之第一排，打枪甫毕，即缩入中空处走归；左后隅之末排站队，左前隅第二排打枪毕，又缩入中空处走归；左后隅之末排站队；第三排亦然；第四、五等排亦然；右前隅之一、二、三、四等排亦然。行走一二十里始终有四方阵，排列不乱，实收队时，万全无弊之良法也。（同治元年四月初六日）

26. 然风雨交加，夜黑如磐，深以防守为虑。（同治元年九月二十四日）

27. 念各营官去年辛苦异常，无以劳之，思每人给对联一付，下半日共写十七对。（同治二年二月初六日）

28. 近日思百种弊病，皆从懒生。懒则弛缓，弛缓则治人不严，而趣功不敏，一处迟则百处懈矣。（同治三年二月初一日，见本书《勇毅》章第32条、《勤劳》章第3条）

29. 申刻阅本日文件，余皆阅李秀成之供，约四万字，一一

校对。本日仅校二万余字，前八叶已理于昨日校过，后十叶尚未校也。酉刻将李秀成正法。（同治三年七月初六）

30. 念世变方殷，捻逆即将窜苏境为切肤之灾，而余忝窃高位大名，不能捍御，忧愧无已！（同治六年七月十四日）

31. 早饭后清理文件。出门至大校场看操。初看中军所统之练军千人，即直隶六军之一也。凡演急战阵、藤牌阵、连环阵三图，每图六七变，皆花法也。次阅赵喜义所带之义胜后营，系洋枪队，而间用长予者。次阅李德英所带之义胜前营，队伍不甚整齐，末操杂技亦平平，无足观。（同治八年二月十六日）

32. 课程十二条：

一、主敬。整齐严肃，无时不惧。无事时心在腔子里，应事时专一不杂。清明在躬，如日之升。

二、静坐。每日不拘何时，静坐四刻，体验来复之仁心。正位凝命，如鼎之镇。

三、早起。黎明即起，醒后勿沾恋。

四、读书不二。一书未完，不看他书。东翻西阅，徒务徇为人。

五、读史。丙申年购《廿三史》，大人曰："尔借钱买书，吾不惮极力为尔弥缝，尔能圈点一遍，则不负我矣。"嗣后每日圈点十叶，间断不孝。

六、谨言。刻刻留心，第一工夫。

七、养气。气藏丹田。无不可对人言之事。

八、保身。十二月奉大人手谕曰："节劳，节欲，节饮食。"时时当作养病。

九、日知所亡。每日读书记录心得语，有求深意是徇人。

十、月无亡所能。每月作诗文数首，以验积理之多寡，养气之盛否。不可一味耽著，最易溺心丧志。

十一、作字。饭后写字半时。凡笔墨应酬，当作自己课程。凡事不待明日，愈积愈难清。

十二、夜不出门。旷功疲神，切戒切戒。（道光二十二年十二月初七日）

33. 人才以陶冶而成，不可眼孔太高，动谓无人可用。（咸丰九年九月二十四日，亦见《求阙斋日记类钞·治道》及本书《用人》章）

34. 盛世创业垂统之英雄，以襟怀豁达为第一义；末世扶危救难之英雄，以心力劳苦为第一义。（咸丰十年六月二十七日，意见《求阙斋日记类钞·治道》）

35. 为督抚之道，即与师道无异。其训饬属员殷殷之意，即与人为善之意，孔子所谓"诲人不倦"也；其广咨忠益，以身作则，即取人为善之意，孔子所谓"为之不厌"也。为将帅者之于偏裨亦如此，为父兄者之于子弟亦如此，为帝王者之于臣工亦如此，此皆以君道而兼师道。故曰"作之君，作之师"，又曰"民生于三事之如一"，皆此义尔。（同治元年初三日，亦见《求阙斋日记类钞·治道》）

36. 田单攻狄，鲁仲连策其不能下，已而果三月不下。田单问之，仲连曰："将军之在即墨，坐则织蒉，立则仗锸，为士卒倡。将军有死之心，士卒无生之气。闻君言，莫不挥涕奋臂而欲战，此所以破燕也。当今将军东有夜邑之奉，西有淄上之娱，黄金横带而骋乎淄渑之间，有生之乐，无死之心，所以不胜也。"余尝深信仲连此语，以为不刊之论。同治三年，江宁克复后，余见湘军将士骄盈娱乐，虑其不可复用，全行遣撤归农。至四年五月，余奉命至河南、山东剿捻，湘军从者极少，专用安徽之淮勇。余见淮军将上虽有振奋之气，亦乏忧危之怀，窃用为虑，恐其不能平贼。庄子云："两军相对，哀者胜矣。"仲连所言以忧勤而胜，以娱乐而不胜，亦即孟子"生于忧患，死于安乐"之指也。其后，余因疾病疏请退休，遂解兵柄，而合肥李相国卒用淮军以削平捻匪，盖淮军之气尚锐。忧危以感士卒之情，振奋以作三军之气，二者皆可以致胜，在主帅相时而善用之已矣。余专主忧勤之说，殆知其一，而不知其二也。聊志于此，以识吾见理之偏，亦见古人格言至论不可举一概百，言各有所当也。（《求阙斋日记类钞·军谋》）

37.《史记》叙韩信破魏豹以木罂渡军，其破龙且以囊沙壅水，窃尝疑之。魏以大将柏直挡韩信，以骑将冯敬挡灌婴，以步将项它挡曹参，则两军之数范亦各不下万人。木罂之所渡几何？至多不过二三百人，岂足以制胜平？沙囊壅水，下可渗漏，旁可横溢，自非兴工严塞，断不能筑成大堰，壅之使下流竟绝。如其宽河盛涨，则塞之固难，决之亦复不易；若其小港微流，易壅易决，则决后未必遂不可涉渡也。二者揆之事理，皆不可信。叙兵事莫善于《史记》，史公叙兵莫详于《淮阴传》，而其不足据如此。孟子曰："尽信书，则不如无书。"君子之做事，既征诸古籍，诹请人言，而又必慎思而明辨之，庶不至冒昧从事耳。（《求阙斋日记类钞·军谋》）

38. 约期打仗最易误事。然期不可约，信则不可不通也。（《求阙斋日记类钞·军谋》）

39. 军中须得好统领、营官，统领、营官须得好，真心实肠是第一义；算路程之远近，算粮仗之缺乏，算彼已之强弱，是第二义；二者微有把握。此外良法虽多，调度虽善，有效有不效，尽人事以听天而已。（《求阙斋日记类钞·军谋》）

40. 古人有言曰："作事威克厥爱，虽小必济。"娄敬所谓"逆取顺守"，亦此意也。军营用民夫，其先则广取之，虐役之，其后则体恤必周，给钱必均。法可随处变通，总须用人得当耳。（《求阙斋日记类钞·军谋》）

41. 洋烟为坏营规之最，尽行汰去，不可稍存姑待之意。黎明点名，卯正辰初即可点毕，嗣后每早或查营，或点名，或看操，三者总行其一，不专行查营一事也。（《求阙斋日记类钞·军谋》）

42. 练勇之道，必须营官昼夜从事，乃可渐几于熟，如鸡伏卵，如炉炼丹，未宜须臾稍离。（《求阙斋日记类钞·军谋》）

43. 战阵之事，须半动半静，动如水，静如山。（《求阙斋日记类钞·军谋》）

44. 凡修垒以濠深为妙，木城及外墙均有流弊，恐反为贼遮蔽炮子也。（《求阙斋日记类钞·军谋》）

45. 修碉之事：军士四出征剿，有老家以为基址，亦行军一法也。择地有两法，有自固者，有扼贼者。自固者，择高山，择要隘；扼贼者，择平坦必经之路，择浅水津渡之处。嗣后，每立一军则修碉二十座以为老营，环老营之四面方三百里皆可往来梭剿，庶几可战可守，可奇可正，得四军可靠者则变化无穷，于景镇作一榜样，而他军效法行之。（《求阙斋日记类钞·军谋》）

46. 余至武昌火药局看造火药之法：以铜为轮，以铁为辗，圜地为大磨盘，以牛碾之。盘大径二丈三尺，周围七丈许。每盘用四牛，每牛速曳两轮。盘外周围，沟槽约宽八寸许，火药在槽内，牛行槽外，驭牛之人行槽内，每牛以一人驭之。每两牛四轮之后，则有铲药者一人随之，执铜铲于槽内铲动，庶辗过之后，火药不患太紧也。又有小磨盘，磨磺与磨麦相似，仅用一人。又

217

有柜筛磺筛炭，其法绝精，非图说不能明。（《求阙斋日记类钞·军谋》）

47. 窄路打胜仗，全系头敌数人。若头敌站不住，后面虽有好手亦被人挤退了。（《求阙斋日记类钞·军谋》）

48. 明戚继光《纪效新书》中，有"立牌"，即古之盾也；有"圆牌"，即今之藤牌也，统谓之曰"挡牌"。又有所谓"刚柔牌"者，其法以生漆牛皮蒙于外，而以湖棉搓成小团及头发装于内。盖戚氏自以巧思制造，非有所师于古也。古之干盾，所以捍御矢石。今之挡牌，所以捍御炮子。炮子所当，无坚不破，岂矢石所可同日而语哉！国藩初办水师时，尝博求御炮子之法：以鱼网数层，悬空张挂，炮子一过即穿，不能御也；以絮被渍湿张挂，炮子一过即穿，不能御也；以生牛皮悬于船旁，以藤牌陈于船梢，不能御也；又作数层厚牌，以竹鳞排于外为一层，牛皮为一层，水絮为一层，头发为一层，合而成牌，亦不能御也。以此而推，戚氏之刚柔牌不足以御炮子明矣。鸟枪子，如梧子大者，或有法以御之。抬枪子、劈山炮子，凡大如黄豆以上者，竟无拒御之法。近时杨军门载福等深知炮子之无可御，摒弃鱼网、水絮、牛皮等物，一切不用，直以血肉之躯植立船头，可避者听之，不可避者当之。而其麾下水师弁勇，亦相率而植立，直前无所回避。明于此义，而古来干盾、橹牌诸器皆可废矣。友人刘腾鸿峙衡治军，刁斗森严，凛不可犯。临阵则埋根行首，坚立如山，有名将之风，惟过于自恃。在武昌时，尝独立城下，呼贼以炮击之。贼发十余炮不中，乃还。在瑞州时，亦如是，卒以殉难。殄我壮士，人百莫赎。此则刚毅太过，于好谋而成之道少有违耳。（《求阙斋日记类钞·军谋》）

三、杂著之属

1. 至于行军之道，择将为先。得一将则全军振兴，失一将则士气消阻。(咸丰六年正月初九日《遵奉谕旨缕陈各路军情折》)

2. 省三用兵，亦能模厉捷出，不主故常。二十从戎，三十而拥疆寄，声施烂然，为时名将。惟所向有功，未遭挫折，蔑视此房之意多，临事而惧之念少。若加以悚惕戒慎，豪侠而其敛退气象，尤可贵耳。(《大潜山房诗题语》)

3. 苟善治军，必见其有战则胜，有攻则取。若不以目所共见者为效，而但凭心所悬揣者为高，则将以虚薄为辩而贱名检，以望空为贤而笑勤恪。(《笔记二十七则·克勤小物》)

4. 凡用兵，主客奇正，夫人而能言之，未必果能知之也。守城者为主，攻者为客。守营垒者为主，攻者为客。中途相遇，先至战地者为主，后至者为客。两军相持，先呐喊放枪者为客，后呐喊放枪者为主。两人持矛相格斗，先动手戳第一下者为客，后动手即格开而即戳者为主。中间排队迎敌为正兵，左右两旁抄出为奇兵，屯宿重兵，坚扎老营与贼相持者为正兵，分出为游兵，飘忽无常，伺隙狙击者为奇兵。意有专向、吾所恃以御寇者为正兵，多张疑阵，示人以不可测者为奇兵。旌旗鲜明，使敌不敢犯者为正兵，羸马疲卒、偃旗息鼓、本强而故示以弱者为奇兵。建旗鸣鼓、屹然不动者为正兵，佯败佯退、设伏而诱敌者为奇兵。忽主忽客，忽正忽奇，变动无定时，转移无定势，能一一区而别之，则于用兵之道思过半矣。(《笔记二十七则·兵》)

5. 臣窃谓用兵之道，随地形、贼势而变者也，初无一定之规、可泥之法。或古人著绩之事，后人效之而无功；或今日致胜

之方，异日狃之而反败。惟知陈迹之不可狃，独见之不可恃，随处择善而从，庶可常行无弊。(《再议练军事宜折》)

6. 《史记》叙韩信破魏豹，以木罂渡军；其破龙且，以囊沙壅水，窃尝疑之。魏以大将柏直当韩信，以骑将冯敬当灌婴，以步将项它当曹参，则两军之数，殆亦各不下万人。木罂之所渡几何？至多不过二三百人，岂足以制胜乎？沙囊壅水，下可渗漏，旁可横溢，自非兴工严塞，断不能筑成大堰。壅之使下流竟绝，如其宽河盛涨，则塞之固难，决之亦复不易。若其小港微流，易壅易决，则决后未遂不可涉渡也。二者揆之事理，皆不可信。叙兵事莫善于《史记》，史公叙兵莫详于《淮阴传》，而其不足据如此。孟子曰："尽信书则不如无书。"君子之作事，既征诸古籍，诹诸人言，而又必慎思而明辨之，庶不至冒昧从事耳。(《笔记二十七则·史书》)

7. 近年从事戎行，每驻扎之处，周历城乡。所见无不毁之屋，无不伐之树，无不破之富家，无不欺之穷民。大抵受害于贼者十之七八，受害于兵者亦有二三，目击心伤，喟然私叹，行军之害民一至此乎！故每于将官委员告诫，总以禁止骚扰为第一义。(《劝戒营官四条》，收入《求阙斋日记类钞·军谋》)

8. 担当大事，全在"明强"二字。《中庸》学、问、思、辨、行五者，其要归于愚必明，柔必强。凡事非气不举，非刚不济，即修身养家，亦须以明强为本。"难禁风浪"四字璧还，甚好甚慰。古来豪杰皆以此四字为大忌。吾家祖父教人，亦以"懦弱无刚"四字为大耻。故男儿自立，必须有倔强之气。惟数万人困于坚城之下，最易暗销锐气。弟能养数万人之刚气而久不销损，此是过人之处，更宜从此加功。(《挺经·卷四·明强》)

9. 此时自治毫无把握，遽求成效，则气浮而乏，内心不可不察。进兵须由自己作主，不可因他人之言而受其牵制。非特进兵为然，即寻常出队开仗亦不可受人牵制。应战时，虽他营不愿而我营亦必接战；不应战时，虽他营催促，我亦且持重不进。若彼此皆牵率出队，视用兵为应酬之文，则不复能出奇制胜矣。（《挺经·卷十·诡道》）

10. 久战之道，最忌"势穷力竭"四字。力则指将士精力言之，势则指大局大计及粮饷之接续。贼以坚忍死拒，我亦当以坚忍胜之。惟有休养士气，观衅而动，不必过求速效，徒伤精锐，迨瓜熟蒂落，自可应手奏功也。（《挺经·卷十一·久战》）

11. 凡与贼相持日久，最戒浪战。兵勇以浪战而玩，玩则疲；贼匪以浪战而猾，猾则巧。以我之疲战贼之巧，终不免有受害之一日。故余昔在营中诫诸将曰："宁可数月不开一仗，不可开仗而毫无安排算计。"（《挺经·卷十一·久战》）

12. 大抵军政吏治，非财用充足，竟无从下手处。自王介甫以言利为正人所诟病，后之君子例避理财之名，以不言有无，不言多寡为高。实则补救时艰，断非贫穷坐困所能为力。叶水心尝谓，仁人君子不应置理财于不讲，良为通论。（《挺经·卷十二·廪实》）

13. 以正理言之，即孔子忠敬以行蛮貊之道。以阴机言之，即勾践卑辱以骄吴人之法。闻前此沪上兵勇多为洋人所侮慢，自阁下带湘淮各勇到防，从无受侮之事。孔子曰能治其国家，谁敢侮之。我苟整齐严肃，百度修明，渠亦自不至无端欺凌。既不被欺凌，则处处谦逊，自无后患。柔远之道在是，自强之道亦在是。（《挺经·卷十二·廪实》）

14. 以精微之意，行吾威厉之事，期于死者无怨，生者知警，而后寸心乃安。待之之法，有应宽者二，有应严者二。应宽者：一则银钱慷慨大方，绝不计较，当充裕时，则数十百万掷如粪土，当穷窘时，则解囊分润，自甘困苦；一则不与争功，遇有胜仗，以全功归之，遇有保案，以优奖笼之。应严者：一则礼文疏淡，往还宜稀，书牍宜简，话不可多，情不可密；一则剖明是非，凡渠部弁勇有与百姓争讼，而适在吾辈辖境，及来诉告者，必当剖决曲直，毫不假借，请其严加惩治。应宽者，利也，名也；应严者，礼也，义也。四者兼全，而手下又有强兵，则无不可相处之悍将矣。（《挺经·卷十三·峻法》）

15. 恃己之所有夸人所无者，世之常情也；忽于所习见、震于所罕见者，亦世之常情也。轮船之速，洋炮之远，在英、法则夸其所独有，在中华则震于所罕见。若能陆续购买，据为己物，在中华则见惯而不惊，在英、法，亦渐失其所恃。购成之后，访募覃思之士，智巧之匠，始而演习，继而试造，不过一二年，火轮船必为中外官民通行之物，可以剿发逆，可以勤远略。（《挺经·卷十四·外王》）

16. 师夷之智，意在明靖内奸，暗御外侮也。列强乃数千年未有之强敌。师其智，购其轮船机器，不重在剿办发逆，而重在陆续购买，据为己有。粤中猖獗，良可愤叹。夷情有损于国体，有得轮船机器，仍可驯服，则此方生灵，免遭涂炭耳。有成此物，则显以宣中国之人心，即隐以折彼族之异谋。各处仿而行之，渐推渐广，以为中国自强之本。（《挺经·卷十四·外王》）

17. 古之英雄，意量恢拓，规模宏远，而其训诫子弟，恒有恭谨厚藏，身体则如鼎之镇。以贵凌物，物不服；以威加人，人不厌。此易达事耳。声乐嬉游，不宜令过。蒱酒渔猎，一切勿为；供用奉身，皆有节度。奇服异器，不宜兴长。又宜数引见佐吏，相见不数，则彼我不亲；不亲，无因得尽人情；人情不尽，复何由知众事也。数君者，皆雄才大略，有经营四海之志，而其教诫子弟，则约旨卑思，敛抑已甚。（《挺经·卷十七·藏锋》）

18. 凡设官所以养民，用兵所以卫民。官吏不爱民，是民蠹也；兵将不爱民，是民贼也。……昔杨素百战百胜，官至宰相；朱温百战百胜，位至天子。然二人皆惨杀军士，残害百姓，千古骂之如猪如犬。关帝、岳王争城夺地之功不多，然二人皆忠主爱民，千古敬之如天如神。愿该镇以此为法，以彼为戒，念念不忘百姓，必有鬼神祐助，此不扰民之说也。（《批浙江处州陈镇国瑞具禀暂驻归德并饷项军火如何筹措等情》，同治四年六月初十日批）

四、奏疏之属

1. 练军所当参用者：一曰文法宜简。勇丁朴诚耐苦，不事虚文，营规只有数条，别无文告，管辖只论差事，不计官阶。挖濠筑垒，刻日而告成。运米搬柴，崇朝而集事。兵则编籍入伍，伺应差使，讲求仪节，即有一种在官人役气象。及其出征，则行路须用官车，扎营须用民夫。油滑偷惰，积习使然。而前此所定练军规制，至一百五十余条之多，虽士大夫不能骤通而全记。文法太繁，官气太重。此当参用勇营之意者也。一曰事权宜专。一营之权全付营官，统领不为遥制；一军之权，全付统领，大帅不为遥制。近来江楚良将为统领时，即能大展其才，纵横如意，皆由事权归一之故。今直隶六军统领迭次更换，所部营哨文武各官，皆由总督派拨。下有翼长分其任，上有总督揽其全，统领并无进退人才、总管饷项之权，一旦驱之赴敌，群下岂肯用命？总理衙门、户部、兵部层层检制，虽良将亦瞻前顾后，莫敢放胆任事，又焉能尽其所长？此亦当参用勇营之意者也。一曰情意宜洽。勇营之制，营官由统领挑选，哨弁由营官挑选，什长由哨弁挑选，勇丁由什长挑选。譬之木焉，统领如根，由根而生干、生枝、生叶，皆一气所贯通，是以口粮虽出自公款，而勇丁感营官挑选之恩，皆若受其私惠。平日既有恩谊相孚，临阵自能患难相顾。今练军之兵，离其本营本汛，调入新哨新队，其挑取多由本营主政。新练之营官不能操去取之权，而又别无优待亲兵、奖拔健卒之柄，上下隔阂，情意全不相联，缓急岂可深恃？此虽欲参用勇营之意，而势有所不能者也。

2. 练军增一兵，底营即减一兵，无论底饷、练饷均归一处支放。或因事斥革，即由练营募补，底营不得干预，冀可少变积习。此外尚须有酌改。如马队不应杂于步队各哨之内，应另立马队营，使临敌不至溷乱。一队不应增至二十五人，应仍为什人一队，使士卒易知易从。

3. 练军宜添学扎营之法。每月拔营一次，行二三百里为率。令兵丁修垒浚濠，躬亲畚筑，以习劳勤；不坐差车以惯行走，增募长夫，以任樵汲负重之事。至部臣所议，兵丁宜讲衣冠礼节，臣意老营操演，可整冠束带，以习仪文。拔营行走，仍帕首短衣，以归简便。凡此皆一张一弛，择善而从者也。

4. 良将者，可幸遇而不可强求者也。……遇上选则破格优待，尽其所长；遇中材则随处防维，无使越分，庶几两全之道。

5. 直隶练军，寻诸众论，不外二法：一曰就本管之镇将练本管之弁兵；一曰调南人之战将，练北人之新兵。访闻前此六军，用本管镇将为统领者，其情易通，而苦阖营无振作之气；用南人战将为统领者，其气稍盛，而苦上下无联络之情。将欲救二者之弊，气之不振，本管官或不胜统率之任，当察其懈弛，择人而换之。情之不联，南将或不知士卒之艰，当令其久处积诚以感之。（以上诸条见《曾文正公全集》第一册《国史本传》）

6. 臣窃维天下之大患，盖有二端：一曰国用不足，一曰兵伍不精。兵伍不精，各省不一。……至于财用之不足，内外臣工，人人忧虑。……臣今冒昧之见，欲请汰兵五万，仍复乾隆四十六年以前之旧。……自古开国之初，恒兵少而国强。其后兵愈多，则力愈弱；饷愈多，则国愈贫。……凡兵以劳而强，以逸而弱。承平日久，京营之兵既不经战阵之事，又不见蒐狩之典，筋力日懈，势所必然。……昔宋臣庞籍汰庆历兵八万人，遂以大苏边储；明臣戚继光练金华兵三千人，遂以荡平倭寇。臣书生愚见，以为今日论兵，正宜法此二事。（《议汰兵疏》，咸丰元年三月初九）

7. 自军兴以来二年有余，时日不为不久，糜饷不为不多，调集大兵不为不众，而往往见贼逃溃，未闻有与之鏖战一场者；往往从后尾追，未闻有与之拦头一战者；其所用兵器，皆以大炮、鸟枪远远轰击，未闻有短兵相接以枪钯与之交锋者；其何故哉？皆由所用之兵未经训练，无胆无艺，故所向退怯也。今欲改弦更张，总宜以练兵为务。臣拟现在训练章程宜参访前明戚继光、近人傅鼐成法，但求其精，不求其多。但求有济，不求速效。诚能实力操练，于土匪足资剿捕，即于省城防守，亦不无裨益。（《敬陈团练查匪大概规模折》，咸丰二年十二月二十二日）

8. 夫古今所以激励军士者，重赏以鼓好胜之心，严刑以诛奔溃之卒，故可用也。……古之谋大事者，克一二名城不以为喜，得一二良将、数千精卒则以为大喜；失一二名城不以为忧，失一二良将、损伤数十壮士则以为忧；即素称精劲之师，或积劳而疲，或饷匮而散，或不和而骄骞，则愈引以为忧。（《湖北兵勇不可复用折》，咸丰五年四月初一日）

9. 行军本有次第，贼情时有变更，既难侥幸于不可必成之功，又岂敢臆断于不可逆料之事。（《钦奉四次谕旨复陈折》，咸丰十年七月二十三日）

10. 大抵驭苗之策有二：一曰剿，一曰抚。抚苗之策亦有二：一曰赦其罪而不资其力，一曰资其力而并予以权。凡良圩之出财出力，以从苗者，非心服也。彼携朝命以临之，不得已而为所胁耳。自夏间党羽离散，苗事渐衰。（《复陈皖北军情并察度苗练折》，同治元年闰八月二十七日）

五、诗文之属

保守平安歌

一　莫逃走

众人谣言虽满口，我境切莫乱逃走。

我境僻处万山中，四方大路皆不通。

我走天下一大半，惟有此处可避乱。

走尽九州并四海，惟有此处最自在。

别处纷纷多扰动，此处却是桃源洞。

若嫌此地不安静，别处更难逃性命。

只怕你们太胆小，一闻谣言便慌了。

一人仓忙四山逃，一家大小泣嗷嗷。

男子纵然逃得脱，妇女难免受煎熬。

壮丁纵然逃得脱，老幼难免哭号咷。
文契纵然带着走，钱财不能带分毫。
衣服纵然带着走，猪牛难带一根毛。
走出门来无屋住，躲在山中北风号。
夜无被铺床板凳，日无锅甑切菜刀。
受尽辛苦破尽财，其实贼匪并未来。
只因谣言自惊慌，惹起土匪吵一场。
茶陵道州遭土匪，皆因惊慌先徙走。
其余各县逃走人，多因谣言吓断魂。
我境大家要保全，切记不可听谣言。
任凭谣言风浪起，我们稳坐钓鱼船。
一家安稳不吃惊，十家太平不躲兵。
一人当事不害怕，百人心中有柄把。
本乡本土总不离，立定主意不改移。
地方公事齐心办，大家吃碗安乐饭。

二　要齐心

我境本是安乐乡，只要齐心不可当。
一人不敌二人智，一家不及十家强。
你家有事我助你，我家有事你来帮。
若是人人来帮助，扶起篱笆便是墙。
只怕私心各不同，你向西来我向东。
富者但愿自己好，贫者却愿大家穷。
富者狠心不怜贫，不肯周济半毫分。
贫者居心更难说，但愿世界遭抢劫。
各怀私心说长短，彼此有事不相管。

227

纵然亲戚与本家，也是丢开不管他。

这等风俗实不好，城隍土地都烦恼。

万一邻境土匪来，不分好歹一笔扫。

富者钱米被人抢，贫者饭碗也难保。

我们如今定主意，大家齐心共努力。

一家有事闻锣声，家家向前作救兵。

你救我来我救你，各种人情各还礼。

纵然平日有仇隙，此时也要解开结。

纵然平日打官方，此时也要和一场。

大家吃杯团圆酒，都是亲戚与朋友。

百家合成一条心，千人合做一双手。

贫家饥寒实可怜，富家量力略周旋。

邻境土匪不怕他，恶龙难斗地头蛇。

个个齐心约伙伴，关帝庙前立誓愿。

若有一人心不诚，举头三尺有神明。

三　操武艺

要保一方好土地，大家学些好武艺。

武艺果然学得精，纵然有事不受惊。

石头要打二十丈，石灰罐子也一样。

木板只要五寸宽，箭箭要中靶子上。

石头灰罐破得阵，叉钯锚子一齐进。

靶子也立一块板，板上先凿四个眼。

眼内安个小木球，戳在锚子尖上留。

只要枝枝戳得准，保守地方总安稳。

火器虽然是个宝，鸟铳却要铸得好。

火药也要办得真，不然炸裂反伤人。

铳手若是不到家，不如操演不用他。

惟有一种竹将军，装得火药大半斤。

三股麻绳紧紧缠，一炮响动半边天。

件件武艺皆无损，石头锚子更要紧。

石头不花一文钱，锚子耍出一道圈。

若是两个习得久，打尽天下无敌手。

读书子弟莫骄奢，学习武艺也保家。

耕田人家图安静，学习武艺也不差。

匠人若能学武艺，出门也有防身计。

商贾若能学武艺，店中大胆做生意。

雇工若能武艺全，又有声名又赚钱。

白日无闲不能学，夜里学习也快乐。

临到场上看大操，个个显出手段高。

各有义胆与忠肝，家家户户保平安。

爱民歌

咸丰八年在江西建昌大营作

三军个个仔细听，行军先要爱百姓。

贼匪害了百姓们，全靠官兵来救人。

百姓被贼吃了苦，全靠官兵来作主。

第一扎营不要懒，莫走人家取门板。

莫拆民房搬砖石，莫踹禾苗坏田产。

莫打民间鸭和鸡，莫借民间锅和碗。

莫派民夫来挖壕，莫到民家去打馆。
筑墙莫拦街前路，砍柴莫砍坟上树。
挑水莫挑有鱼塘，凡事都要让一步。
第二行路要端详，夜夜总要支帐房。
莫进城市占铺店，莫向乡间借村庄。
人有小事莫喧哗，人不躲路莫挤他。
无钱莫扯道边菜，无钱莫吃便宜茶。
更有一句紧要书，切莫掳人当长夫。
一人被掳挑担去，一家啼哭不安居。
娘哭子来眼也肿，妻哭夫来泪也枯。
从中地保又讹钱，分派各团并各都。
有夫派夫无派钱，牵了骡马又牵猪。
鸡飞狗走都吓倒，塘里吓死几条鱼。
第三号令要严明，兵勇不许乱出营。
走出营来就学坏，总是百姓来受害。
或走大家讹钱文，或走小家调妇人。
邀些地痞做伙计，买些烧酒同喝醉。
逢着百姓就要打，遇着店家就发气。
可怜百姓打出血，吃了大亏不敢说。
生怕老将不自在，还要出钱去陪罪。
要得百姓稍安静，先要兵勇听号令。
陆军不许乱出营，水军不许岸上行。
在家皆是做良民，出来当兵也是人。
官兵贼匪本不同，官兵是人贼是禽。
官兵不抢贼匪抢，官兵不淫贼匪淫。

若是官兵也淫抢，便同贼匪一条心。
官兵与贼不分明，到处传出丑声名。
百姓听得就心酸，上司听得皱眉尖。
上司不肯发粮饷，百姓不肯卖米盐。
爱民之军处处喜，扰民之军处处嫌。
我的军士跟我早，多年在外名声好。
如今百姓更穷困，愿我军士听教训。
军士与民如一家，千记不可欺负他。
日日熟唱爱民歌，天和地和又人和。

解散歌

莫打鼓来莫打锣，听我唱个解散歌。
如今贼多有缘故，大半都是掳进去。
掳了良民当长毛，个个心中都想逃。
官兵若杀胁从人，可怜冤枉无处伸。
良民一朝被贼掳，吃尽千辛并万苦。
初掳进去就挑担，板子打得皮肉烂。
又要煮饭又搬柴，上无衣服下无鞋。
看看头发一寸长，就要逼他上战场。
初上战场眼哭肿，又羞又恨又懵懂。
向前又怕官兵砍，退后又怕长毛斩。
一年两载发更长，从此不敢回家乡。
一封家信无处寄，背地落泪想爷娘。
被掳太久家太贫，儿子饿死妻嫁人。

半夜偷逃想回家，层层贼卡有盘查。

又怕官军盘得紧，跪求饶命也不准。

又怕团勇来讹钱，抢去衣服并盘缠。

种种苦情说不完，说起阎王也心酸。

我今到处贴告示，凡是胁从皆免死。

第一不杀老和少，登时释放给护照。

第二不杀老长发，一尺二尺皆遣发。

第三不杀面刺字，劝他用药洗几次。

第四不杀打过仗，丢了军器便释放。

第五不杀做伪官，被胁受职也可宽。

第六不杀旧官兵，被贼围捉也原情。

第七不杀贼探子，也有愚民被驱使。

第八不杀捆送人，也防乡团捆难民。

人人不杀都胆壮，各各逃生寻去向。

贼要聚来我要做，贼要掳来我要放。

每人给张免死牌，保你千妥又万当。

往年在家犯过罪，从今再不算前账。

不许县官问陈案，不许仇人告旧状。

一家骨肉再团圆，九重皇恩真浩荡。

一言普告州和县，再告兵勇与团练。

若遇胁从难民归，莫抢银钱莫剥衣。

水师得胜歌

三军听我苦口说，教你水战真秘诀。

第一船上要洁净，全仗神灵保性命。

早晚烧香扫灰尘，敬奉江神与炮神。

第二湾船要稀松，时时防火又防风。

打仗也要去得稀，切莫拥挤吃大亏。

第三军器要整齐，船板莫沾半点泥。

牛皮圈子挂桨柱，打湿水絮封药箱。

群子包包要缠紧，大子个个要合膛。

抬枪磨得干干净，大炮洗得溜溜光。

第四军中要肃静，大喊大叫须严禁。

半夜惊营莫急躁，探听贼情莫乱报。

切莫乱打锣和鼓，亦莫乱放枪和炮。

第五打仗不要慌，老手心中有主张。

新手放炮总不准，看来也是打得蠢。

远远放炮不进当，看来本事也平常。

若是好汉打得进，越近贼船越有劲。

第六水师要演操，兼习长矛并短刀。

荡桨要快舵要稳，打炮总要习个准。

斜斜排个一字阵，不慌不忙听号令。

出队走得一线穿，收队排得一络连。

慢的切莫丢在后，快的切莫走在前。

第七不可抢贼赃，怕他来杀回马枪。

又怕暗中藏火药，未曾得财先受伤。

第八水师莫上岸，止许一人当买办。

其余个个要守船，不可半步走河沿。

平时上岸打百板，临阵上岸就要斩。

八条句句值千金，你们牢牢记在心。
我待将官如兄弟，我待兵勇如子侄。
你们随我也久长，人人晓得我心肠。
愿尔将官莫懈怠，愿尔兵勇莫学坏。
未曾算去先算回，未曾算胜先算败。
各人努力各谨慎，自然万事都平顺。
仔细听我得胜歌，升官发财笑呵呵。

陆军得胜歌

咸丰六年在江西南昌省城作

三军听我苦口说，教你陆战真秘诀。
第一扎营要端详，营盘选个好山岗。
不要低洼潮湿地，不要一坦大平洋。
后有退步前有进，一半见面一半藏。
看定地方插标记，插起竹竿牵绳墙。
绳子围出三道圈，内圈略窄外围宽。
六尺墙脚八尺壕，壕要筑紧墙要牢。
正墙要高七尺满，子墙只有一半高。
烂泥碎石不坚固，雨后倒塌一缸糟。
一营只开两道门，门外驱逐闲杂人。
周围挖些好茅厕，免得热天臭气熏。
三里以外把个卡，日日守卡夜夜巡。
第二打仗要细思，出队要分三大支。
中间一支且扎住，左右两支先出去。

另把一支打接应，再要一支埋伏定。
队伍排在山坡上，营官四处好瞭望。
看他那边是来路，看他那边是去向。
看他那路有伏兵，看他那路有强将。
那处来的真贼头，那边做的假模样。
件件看清件件说，说得人人都胆壮。
他呐喊来我不喊，他放枪来我不放。
他若扑来我不动，待他疲了再接仗。
起首要阴后要阳，出队要弱收队强。
初时交手如老鼠，越打越强如老虎。
打散贼匪四山逃，迫贼专从两边抄。
逢屋逢山搜埋伏，队伍切莫乱分毫。
第三行路要分班，各营队伍莫乱参。
四六队伍走前后，锅帐担子走中间。
不许争先太拥挤，不许落后太孤单。
选个探马向前探，要选明白真好汉。
每日先走二十里，一步一步仔细看。
遇着树林探村庄，遇着河水探桥梁。
遇着岔路探埋伏，左边右边都要防。
遇着贼匪来迎敌，飞马回报不要忙。
看定地势并虚实，迟到一刻也不妨。
前有探马走前站，后有将官押尾帮。
过了尾帮落后边，插他耳箭打一千。
第四规矩要肃静，有礼有法有号令。
哨官管兵莫太宽，营官亦要严哨官。

出营归营要告假，朔日望日要请安。

若有公事穿衣服，大家出来站个班。

营门摆设杖和枷，闲人进来便锁拿。

不许吸烟并赌博，不许高声大喧哗。

奸淫掳掠定要斩，巡更传令都要查。

起更各哨要安排，传齐夫勇点名来。

营官三夜点一次，哨官每夜点一回。

任凭客到文书到，营门一闭总不开。

衣服装扮要料峭，莫穿红绿惹人笑。

哨官不许穿长衣，兵勇不许穿软料。

脚上草鞋紧紧穿，身上腰带紧紧缠。

头上包巾紧紧扎，英雄样子都齐全。

第五军器要整齐，各人制件好东西。

杂木杆子溜溜圆，又光又硬又发绵。

常常在手摸得久，越摸越熟越值钱。

锚头只要六寸长，耍出杨家梨花枪。

大刀要轻腰刀重，快如闪电白如霜。

枪炮钻洗要干净，铅子个个要合膛。

生漆皮桶盛火药，勤翻勤晒见太阳。

锄锹镢子要粗大，斧头要嵌三分钢。

火球都要亲手制，六分净硝四分磺。

旗帜三月换一次，红的印心白的镶。

统领八面营官四，队长一面哨官双。

树树摇出如龙虎，对对来去似鸳鸯。

第六兵勇要演操，清清静静莫号嘈。

早习大刀并锚子，晚习扒墙并跳壕。

壕沟要跳八尺宽，墙子要扒七尺高。

树个靶子十丈远，火球石子手中抛。

闲时寻个宽地方，又演炮队又演枪。

鸟枪手劲习个稳，抬枪眼力习个准。

灌起铅子习打靶，翻山过水习跑马。

事事操习事事精，百战百胜有名声。

者个六条句句好，人人唱熟是秘宝。

兵勇甘苦我尽知，生怕你们吃了亏。

仔细唱我得胜歌，保你福多又寿多。

晓谕新募乡勇

为晓谕事。照得本部堂招你们来充当乡勇，替国家出力。每日给你们的口粮，养活你们，均是皇上的国帑。原是要你们学些武艺，好去与贼人打仗拼命。你们平日如不早将武艺学得精熟，将来遇贼打仗，你不能杀他，他便杀你；你若退缩，又难逃国法。可见学的武艺，原是保护你们自己性命的。若是学得武艺精熟，大胆上前，未必即死；一经退后，断不得生。此理甚明。况人之生死有命存焉。你若不该死时，虽千万人将你围住，自有神明护佑，断不得死；你若该死，就坐在家中，也是要死。可见与贼打仗，是怕不得的，也可不必害怕。

于今要你们学习拳棍，是操练你们的筋力；要你们学习枪法，是操练你们的手脚；要你们跑坡跳坑，是操练你步履；要你们学习刀、矛、钯、叉，是操练你们的技艺；要你们看旗帜、听号令，是操练你们的耳目；要你们每日演阵，住则同住，行则同行，要快大家快，要慢大家慢，要上前大家上前，要退后大家退后，是要操练你们的行伍，要你们齐心。你们若是操得筋力强健，手足伶俐，步履便捷，技艺纯熟，耳目精明，而又大家齐心，胆便大了。一遇贼匪，放炮的放炮，放枪的放枪，刀、矛、钯、又一齐上前，见一个杀一个，见十个杀十个，那怕他千军万马，不难一战成功。你们得官的得官，得赏的得赏，上不负皇上深仁厚泽，下即可慰本部堂一片苦心。本部堂予尔等有厚望焉。

（下略）

劝诫营官四条

一曰禁骚扰以安民。

所恶乎贼匪者，以其淫掳焚杀，扰民害民也；所贵乎官兵者，以其救民安民也。若官兵扰害百姓，则与贼匪无殊矣。故带兵之道，以禁止骚扰为第一义。百姓最怕者，惟强掳民夫、强占民房二事。掳夫则行者辛苦，居者愁思；占房则器物毁坏，家口流离。为营官者，先禁此二事，更于淫抢压买等事一一禁止，则造福无穷矣。

二曰戒烟赌以儆惰。

战守乃极劳苦之事，全仗身体强壮，精神完足，方能敬慎不败。洋烟、赌博二者，既费银钱，又耗精神，不能起早，不能守夜，断无不误军事之理。军事最喜朝气，最忌暮气，惰则皆暮气也。洋烟瘾发之人，涕泪交流，遍身瘫软；赌博劳夜之人，神魂颠倒，竟日痴迷，全是一种暮气。久骄而不败者，容或有之，久惰则立见败亡矣。故欲保军士常新之气，必自戒烟赌始。

三曰勤训练以御寇。

训有二端：一曰训营规，二曰训家规。练有二端：一曰练技艺，二曰练阵法。点名、演操、巡更、放哨，此将领教兵勇之营规也；禁嫖赌、戒游惰、慎语言、敬尊长，此父兄教子弟之家规也。为营官者，待兵勇如子弟，使人人学好，个个成名，则众勇感之矣。练技艺者，刀矛能保身，能刺人；枪炮能命中，能及远。练阵法者，进则同进，站则同站，登山不乱，越水不杂，总不外一熟字。技艺极熟，则一人可敌数十人；阵法极熟，则千万人可使如一人。

四曰尚廉俭以服众。

兵勇心目之中，专从银钱上着意。如营官于银钱上不苟，则兵勇畏而且服；若银钱苟且，则兵勇心中不服，口中讥议，不特扣减口粮，截旷而后议之也。即营官好多用亲戚本家，好应酬上司朋友，用营中之公钱，谋一身之私事，也算是虚糜饷银，也难免兵勇讥议。欲服军心，必先尚廉介；欲求廉介，必先崇俭朴。不妄花一钱，则一身廉；不私用一人，则一营廉；不独兵勇畏服，亦且鬼神钦伏矣。

治军条规四种

开仗条规

一、出队要分三大支，临时再多分几小支。凡有房屋之处，须分一支，以防埋伏。小山之后，须分一支；树林之中，须分一支。

二、队伍要占住山坡，排立不动。营官要四处往来，登高瞭望。

三、打仗要打个"稳"字。贼呐喊我不呐喊，贼开枪我不开枪。贼来冲扑时，扑一次，我也站立不动；扑两次，我也站立不动；稳到两个时辰，自然是大胜仗。

四、前队用好手五百以备冲锋，后队用好手五百以备救败，中间大队略弱些也不妨。前队若小挫，后队好手出去救败；前队若得胜，后队好手不动，专等收队时在梢尾行走。

五、刀矛对杀之时，要让贼先动手，我后动手。头一下已过，第二下未来之时，我拨他头一下，正好杀他。

守夜条规

一、扎营之处，凡有来路，派人于五里之外守卡。四五更时，另派亲信人查卡。

二、每棚派两人守上半夜，派两人守下半夜。不许打更，传令者大声，接令者低声。每夜派哨官四人巡更。从二更起，每哨官巡一更。周围巡查，查本哨兼查别哨之勇。

三、起更即关营门。无论客来、文书来，均不许开营门。贼来不许出队，不许点灯，不许呐喊，说话悄悄静静。预备枪炮、火毽，看准再打。

扎营条规

一、扎营之地，忌低洼潮湿，水难泄出；忌坦地平洋，四面受敌；忌坐山太低，客山反高；忌斜坡半面，炮子易入。

二、扎营之地，须择顶上宽平，旁面陡峻者、四面陡峻者难得，或一面、二面陡峻亦好。

三、择背山面水者兵法。右背山陵，前左水泽，亦难择此好地。但或前或左或右有一面阻水者，即易御敌。择砍柴挑水便利者，汲道最关紧要，如为贼所断，则不可守。

四、每到一处安营，无论风雨寒暑，队伍一到，立刻修挖墙壕，一时成功。未成之先，不许休息，亦不许与贼搦战。

五、墙子须八尺高，一丈厚。筑墙子不用门板、竹木。里外皆用草坯、土块砌成，中间用土筑紧。每筑尺余，横铺长条小树，庶免雨后崩裂之患。上有枪炮眼，内有子墙，为人站立之地。

六、壕沟须一丈五尺深，愈深愈好，上宽下窄。壕中取出之土，须覆于二丈以外。不可太近，不可堆高，恐大雨时，客土仍流入壕中也。花篱用木须粗大，约长五尺余，埋土中约深二尺。坚筑旁土，以攀摇不动为主。或用二三层，或用五六层。

七、凡墙子、壕沟、花篱，三者缺一不可。墙子取其高而难登也；壕沟取其深而难越也；花篱取其难遽近前也。曰垒、曰壁、曰土城，名虽不同，皆墙子之类也。曰池、曰堑、曰陷马坑，不甚宽长，其上虚铺以土；曰梅花坑，乱挖深坑，约四五尺，大小无定，名虽不同，皆壕沟之类也。曰木城，立木圆排，周围如城；曰栅，亦系立木，不必周围皆有；乱钉者曰梅花桩，分层次者曰花篱笆；鹿角树之有权丫者曰拗马桩；曰档木，中有横木，用小木斜穿，以架于地；曰地刺，用竹削尖，钉于地，曰铁蒺藜、曰铁菱角，名虽不同，皆花篱之类也。墙子只可修筑一道，壕沟则两道、三道更好。花篱等，则五层、六层更好。

八、一营开两门，前门宜正大，后门宜隐僻。营宫中军帐对前门，中留甬道，宜阔。亲兵各棚扎甬道两旁，前哨扎前门，后哨扎后门，左哨扎左，右哨扎右。两帐相距略宽，以留水火之路。营外开厕数处，宜远，营内开厕两处，专备夜间之用。火药，挖一地窖，上覆草棚，用泥涂之，仍安气眼，免其潮湿。

行路条规

一、凡拔营时，以七成队预备打仗，以三成队押夫。若贼在前，则七成队走前，锅帐担子走中间，以三成队在后押之。若贼在后，则以三成队走前，押锅帐担子同行，留七成队在后防贼。如有十营、八营同日拔行，则各营七成队伍分班行走，不许此营之队参入彼营队中，尤不许锅帐担子参入七成队中。至押夫之三成队，专押本营之锅帐担子，不许此营与彼营混乱。

二、凡拔营，须派好手先走。或营官，或统领，或哨官、哨长，皆可择其善看地势、善看贼情者向前探看。在大队之前十里，或二十里，仔细看明。一探树林，二探村庄，恐有贼匪埋伏在内。身边带七、八个人，每遇一条岔路，即派一人往看。若遇过桥过渡，尤须谨慎，恐大队过水之后，遇贼接仗，进则容易，退则万难。

三、每营派一弁在后押尾，凡锅帐担子过完之后，查明恐有病者落后，又恐本营勇夫在后滋事，又恐游勇假名滋闹。

后　记

　　本书最初名为《曾胡治兵语录》，2007 年由广西师范大学出版社出版。2019 年又加修订、增补和导读，以《曾胡治兵语录导读》之名由岳麓书社推出。2024 年秋，承蒙上海远东出版社（下称"远东社"）美意，本书以"大儒兵法"之目得以再版，对我来说当然是值得高兴的。私心以为，远东社所拟的"大儒兵法"真是一个很好的题目，"问题意识"十分显豁，值得深入研讨一番。为此，特在寒假前后，花了两个多月时间细读先秦诸子兵法论说，撰写了一篇两万多字的长文，以为新版序言。

　　新瓶装旧酒，聊以报知音。感谢远东社给了我一个重新审视兵家和儒家关系的机会。感谢本书的责编吴蔓菁女史，作为一名年轻的编辑，她为此书贡献了专业和高效的工作。我很庆幸，这个跨越 18 年的写作和出版之旅，除了读书和写作的快乐外，也让我收获了很多值得珍惜的缘分和友谊。

刘　强

2025 年 3 月 1 日写于守中斋